Swami Abhedananda:
Ramakrishna: Seine Botschaft
nach den Aufzeichnungen von M.

aus dem Englischen übersetzt von

Gabriele Ebert

Bibliografische Informationen der Deutschen Bibliothek

Die Deutsche Bibliothek verzeichnet diese Publikation in der Deutschen National-
bibliografie; detaillierte bibliografische Daten sind im Internet über
http://dnb.ddb.de abrufbar.

Swami Abhedananda: Ramakrishna: Seine Botschaft
1. Auflage, 2020
Titel der Originalausgabe:
Abhedananda: The Gospel of Ramakrishna
The Vedanta Society, New York, 1907
Herstellung und Verlag: BoD – Books on Demand, Norderstedt
ISBN: 9783752898026
Umschlaggestaltung: BoD
Printed in Germany

Ramakrishna, 1881

INHALTSVERZEICHNIS

Ramakrishna (1836-1886) gilt als der größte Heilige Indiens des 19. Jahrhunderts. Er wurde im abgelegenen bengalischen Dorf Kamarpukur, etwa hundert Kilometer von Kalkutta (heute offiziell Kolkata) entfernt, geboren. Religion spielte eine beherrschende Rolle in der Dorfgemeinschaft. Bereits in jungen Jahren geriet er in religiöse Ekstase und hatte Visionen, was sich in seinem späteren Leben sehr verstärkte.

Mit sechzehn wurde er zum Geldverdienen mit seinem älteren Bruder nach Kalkutta geschickt und wurde schließlich im Kali-Tempel in Dakshineswar, einem nördlichen Vorort von Kalkutta, Priester. Er heiratete Sarada Devi. Die Ehe wurde aber nie vollzogen.

Es war ihm daran gelegen, alle Richtungen der Weltreligionen auf ihre Wahrheit zu überprüfen. Deshalb durchlief er sie Schritt für Schritt, zuerst die hinduistischen Schulen Tantrismus, Vishnuismus und Vedanta. Dabei stellte sich jeweils der richtige Lehrer für ihn ein. Danach wandte er sich dem Islam und Christentum zu. Er kam zu dem Schluss, dass alle Religionen zum selben spirituellen Ziel führen, was eine seiner wesentlichen Botschaften ist.

In den späteren Jahren stellten sich Schüler ein, wobei er zwischen den Sannyasin-Schülern (Mönchs-Schülern) und den verheirateten Schülern (Laienschüler) unterschied. In der letzten Phase seines Lebens erkrankte er an Kehlkopfkrebs, woran er 1886 starb. Sein Werk wurde von Vivekananda fortgesetzt, der es auch im Westen verbreitete.

Der Klassiker über Ramakrishna schlechthin ist „Gospel of Ramakrishna". Das „Gospel" wurden von Mahendranath Gupta (abgekürzt M., 1854-1932) verfasst, der ein verheirateter Schüler Ramakrishnas und Rektor und Lehrer an verschiedenen Colleges in Kalkutta war, und umfasst die letzten vier Jahre des Lebens des Heiligen. 1882 besuchte er im Alter von siebenundzwanzig Ramakrishna zum ersten Mal in Dakshineswar. Er hatte soeben sein Studium beendet und seine erste Anstellung angetreten.

Von Anfang an machte sich Mahendranath über die Begegnungen mit Ramakrishna Notizen. Er dachte nicht daran, sie jemals zu veröffentlichen. Erst 1897 brachte er, von Ramakrishnas Frau Sarada bestärkt, zwei englischsprachige Broschüren mit Exzerpten der Gespräche unter dem Titel „The Gospel of Ramakrishna" (in Anlehnung an die Evangelien der Bibel) heraus, die vor allem für westliche Interessierte und zur Unterstützung der beginnenden Ramakrishna-Mission im Westen gedacht waren. Swami Abhedanandas Buch, das 1907 erschienen ist, beruht auf dieser englischen Version.

1902-1903 veröffentlichte Mahendranath die bengalische verkürzte Version „Ramakrishna Kathamrita", die er später erweiterte und von 1902 bis 1932 in fünf Bänden veröffentlichte. 1942 veröffentlichte Swami Nikhilananda, der viele Jahre in der Ramakrishna Mission in New York wirkte, eine vollständige englische Übersetzung des ausführlichen Ramakrishna Kathamrita.[1] Diese vollständige Übersetzung beträgt über 1000 Seiten. Davon gibt es noch eine verkürzte Version.[2]

Abhedananda (1866-1939) war ein direkter Sannyasin-Schüler Ramakrishnas. Swami Vivekananda schickte ihn 1897 nach New York, um der dortigen Vedanta Society vorzustehen. Später gründete er den Ramakrishna Vedanta Math in Kalkutta und Darjeeling.

Es war mir ein Anliegen, dieses grundlegende Werk über Ramakrishna zum ersten Mal in deutscher Übersetzung vorzulegen und wünsche ihm viele interessierte Leser, die sich von ihm inspirieren lassen.

Gabriele Ebert

[Die Fußnoten in eckigen Klammern wurden von mir hinzugefügt. Die anderen Fußnoten stammen von Swami Abhedananda.]

---

[1] s. Ramakrishna: Ein Werkzeug Gottes sein, S. 36-40.
[2] Die ausführliche Version des Gospel von Swami Nikhilananda wurde bislang nie ins Deutsche übersetzt, ist aber jetzt in Arbeit. Die gekürzte Version liegt dagegen in deutscher Übersetzung von Kurt Friedrichs vor (Das Vermächtnis). Zudem sei noch auf die Arbeit von Martin Kämpchen (s. Literaturverzeichnis) hingewiesen, der Auszüge aus der bengalischen Version direkt ins Deutsche übertragen hat.

Niranjanam Nityam anantarupam,
Bhaktânukampâ dhritavigraham vai;
Ishâvatâram Paramesham Idyam,
Tam Râmakrishnam Shirashâ Namâmah.

Gegrüßt sei Bhagavan Sri Ramakrishna, die vollkommene Verkörperung der ewigen Wahrheit, die sich in verschiedenen Gestalten manifestiert, um der Menschheit zu helfen, und die Inkarnation des höchsten Herrn, die von allen verehrt wird.

Dies ist die autorisierte englische Ausgabe von „Gospel of Ramakrishna".
Zum ersten Mal in der Geschichte der großen Retter der Welt wurden die
genauen Worte des Meisters von einem seiner hingebungsvollen Schüler
dokumentiert. Diese Worte wurden ursprünglich in der bengalischen Sprache Indiens gesprochen. Sie wurden in Form von täglichen Notizen vom
verheirateten Schüler M. [Mahendranath Gupta] niedergeschrieben. Auf die
Bitte von Sri Ramakrishnas Sannyasin-Schülern hin wurden diese Notizen
1902-1903 in Kalkutta in Bengalisch in zwei Bänden unter dem Titel "Ramakrishna Kathamrita" veröffentlicht.

Zu dieser Zeit schrieb M. mir Briefe, die mich ermächtigten, die englische
Übersetzung seiner Notizen herauszugeben und zu veröffentlichen, und
schickte mir das Manuskript in Englisch, das er selbst übersetzt hatte, zusammen mit einer originalgetreuen Abschrift eines persönlichen Briefs, den
Swami Vivekananda an ihn geschrieben hat.

Auf die Bitte M.s hin habe ich den größeren Teil des englischen Manuskripts
umgestaltet, während ich die übrigen Teile direkt aus der bengalischen Ausgabe seiner Notizen übersetzt habe. Die Überschriften, Fußnoten und den
Index[3] wie auch die Aufteilung des Gospel in vierzehn Kapitel habe ich hinzugefügt. Ich habe mich bemüht, jedes Wort so genau, einfach und um-
gangssprachlich wie möglich zu übersetzen. Einige Wiederholungen habe
ich absichtlich beibehalten, um zu zeigen, wie der Meister bei verschiedenen
Anlässen dieselben Bilder in seinen redegewandten Gesprächen benutzt hat.

Das vollständige Werk wird jetzt der westlichen Welt angeboten in der aufrichtigen Hoffnung, dass die sublime Lehre Sri Ramakrishnas den spirituellen Blick der Wahrheitssucher öffnen und allen Seelen, die um Erkenntnis
ringen, Frieden und Freiheit bringen möge.

New York, 15. Dezember 1907

Swami Abhedananda

---

[3] [hier nicht enthalten]

Swami Vivekanandas Brief an M.

Dehra Doon, 24. Nov. 1897

Mein lieber Meister Mahasaya[4],

vielen Dank für deine zweite Broschüre. Sie ist in der Tat wunderbar. Sie ist sehr ursprünglich. Niemals zuvor wurde das Leben eines großen Lehrers so unbefleckt vom Geist des Schreibers an die Öffentlichkeit gebracht, wie du es getan hast. Auch die Sprache ist vollkommen. So frisch, so auf den Punkt gebracht und außerdem so schlicht und leicht.

Ich kann nicht ausdrücken, wie sehr ich sie genossen habe. Ich bin wirklich bewegt, wenn ich sie lese. Ist das nicht seltsam? Unser Lehrer und Herr war so ursprünglich, und jeder von uns muss unbedingt auch ursprünglich sein, oder er ist nichts. Ich verstehe jetzt, warum keiner von uns vorher versucht hat, über sein Leben zu schreiben. Dieses große Werk war für dich gedacht. Er ist offensichtlich mit dir.

Mit aller Liebe und namaskar

(Sd.) Vivekananda

P.S. Sokrates Gespräche sind ganz Platon. Du bleibst völlig verborgen. Der dramatische Teil ist zudem wundervoll. Jeder mag ihn, hier und im Westen.

(Sd.) V.

Dieser Brief von Swami Vivekananda beweist, dass die Worte des Meisters von M. genau aufgezeichnet wurden.

---

[4] [Mahendranath Gupta wurde auch Meister Mahasaya genannt.]

Der Herr erklärt: "Jedes Mal, wenn die wahre Religion schwindet und Religionslosigkeit vorherrscht, manifestiere Ich Mich, und in jedem Zeitalter inkarniere Ich Mich, um das spirituelle Gesetz aufzurichten und das Böse zu vernichten." (Bhagavad Gita)

Retter

Indien hat viele große spirituelle Führer hervorgebracht, die als Retter der Menschheit anerkannt und verehrt werden. Das Leben und der Charakter eines jeden von ihnen waren so wundervoll, übermenschlich und göttlich wie das des erhabenen Menschensohns. Jeder verkörperte alle göttlichen Eigenschaften. Jeder hauchte den alten spirituellen Wahrheiten neues Leben ein und erzeugte diese spirituelle Flutwelle, die die religiöse Welt immer wieder überschwemmte, die Barrieren des Aberglaubens und der Vorurteile überwand und den Strom individueller Seelen zum Meer der Göttlichkeit trug.

Die Wellen der gegenwärtigen spirituellen Flut, die fast die halbe Welt durchquerten, haben die Ufer Amerikas berührt. Sie wurden von dem christusähnlichen Charakter und der göttlichen Persönlichkeit Bhagavan Sri Ramakrishnas hervorgebracht, der heute in Indien als eine vollkommene Manifestation der göttlichen Herrlichkeit geehrt und verehrt wird. Sein Leben war so außergewöhnlich und einmalig, dass innerhalb von zehn Jahren nach seinem Tod nicht nur die Menschen aller Klassen in seinem eigenen Land, sondern auch viele angesehene englische und deutsche Gelehrte des neunzehnten Jahrhunderts ihn bewunderten und Ehrfurcht vor ihm hatten.

Die Biografie Sri Ramakrishnas von europäischen Gelehrten

Ein kurzer Bericht über das Leben von Bhagavan Sri Ramakrishna erschien zum ersten Mal in der Januarausgabe der „Imperial and Quarterly Review" von 1896 unter dem Titel „A Modern Hindu Saint". Er war ein kluger Artikel von Prof. C. H. Tawney, der für viele Jahre Professor für Sanskrit an der Universität in Kalkutta und der angesehene Bibliothekar des India House in London gewesen war. Dieser Artikel erregte das Interesse vieler europäischer Gelehrten. Unter ihnen war Professor Max Müller, der seine Wert-

schätzung zeigte, indem er in der Augustausgabe des „Nineteenth Century"
von 1896 eine kurze Lebensbeschreibung dieses Hindu-Heiligen mit dem
Titel „A Real Mahatman" veröffentlichte.

In diesem gefeierten Artikel, der eine Zeit lang Gegenstand äußerst heftiger
Kritik bei vielen christlichen Missionaren und Theosophen sowohl in England als auch in Indien gewesen war, zeigte der bekannte Professor den Unterschied zwischen den scheinbaren Mahatmas der Theosophen und dem
wirklichen Mahatma oder der großen Seele Indiens auf, der Gottesbewusstsein erlangt hatte und dessen Göttlichkeit sich in all seinen täglichen Handlungen zeigte. Er verfasste einen kurzen Bericht über das außergewöhnliche
Leben Bhagavan Sri Ramakrishnas und zollte ihm die größte Ehre und den
größten Respekt, den ein christlicher Gelehrter einer göttlichen Manifestation im sogenannten „Heidenland" zollen konnte. 1898, verfasste und veröffentlichte er "Ramakrishna, His Life and Sayings", wofür er mehr Fakten
seines Lebens und die Aussprüche dieses exemplarischen Charakters sam-
melte.

Ramakrishna, ein wirklicher Mahatma

Professor Max Müller war tief beeindruckt von der Originalität dieses großen Heiligen und wahren Mahatma, der nicht im Bereich einer Universität
aufgewachsen war und seine Weisheit weder aus Büchern noch Schriften
noch von irgendeinem alten Propheten bezogen hatte, sondern direkt aus der
ewigen Quelle alles Wissens und aller Weisheit. Er war auch von dem brei-
ten, liberalen und völlig unkonfessionellen Geist getroffen, der die Aussprüche Bhagavan Sri Ramakrishnas durchdringt. Tatsächlich hatten das Leben
und die Aussprüche Bhagavans der konfessionellen Engstirnigkeit und dem
Fanatismus der sogenannten „religiösen Welt" den Todesstoß versetzt. Wer
seine Aussagen gelesen hat, wird von der Allgemeingültigkeit seiner spirituellen Ideale beeindruckt, die die Ideale der ganzen Menschheit umfassen.

Von Kindheit an kämpfte Sri Ramakrishna gegen konfessionelle Lehren und
Dogmen. Gleichzeitig zeigte er jedoch, dass alle Konfessionen und Glaubensrichtungen nichts weiter als die Wege sind, die die aufrichtige und
ernste Seele zum einen, universalen Ziel aller Religionen führen. Da er das
höchste Ideal jeder Religion erkannt hatte, indem er den Methoden und
Praktiken der verschiedenen Konfessionen und Glaubensrichtungen der

Welt gefolgt war, gab Bhagavan Sri Ramakrishna der Menschheit die spirituelle Erfahrung und Erkenntnis weiter, die er erlangt hatte. Jede Vorstellung, die er weitergab, war frisch von oben und unverfälscht vom menschlichen Verstand, von der Kultur oder der Bildung. Jeder Schritt in seinem Leben, von der Kindheit bis zu seinem letzten Augenblick, war außergewöhnlich. Auf jeder Stufe öffnete sich ein Kapitel einer neuen Schrift, die von der ungesehenen Hand eigens geschrieben wurde, um dem Denken im Osten und Westen zu entsprechen und die spirituellen Bedürfnisse des 20. Jahrhunderts zu erfüllen.

Bhagavan Sri Ramakrishna ist nicht nur der größte Heilige des modernen Indien, sondern auch der „wahre Mahatma". Ein wahrer Mahatma wird in der Bhagavad Gita (VII, 19) als einer beschrieben, der, nachdem er das Absolute verwirklicht hat, das göttliche Sein in allen belebten und unbelebten Gegenständen des Weltalls wahrnimmt. Sein Herz und seine Seele wenden sich nie von Gott ab. Er lebt im Gottesbewusstsein, und göttliche Eigenschaften fließen beständig durch seine Seele. Er kümmert sich weder um Berühmtheit noch Macht noch weltlichen Wohlstand. Ein wahrer Mahatma hängt nicht an seinem Körper oder den Sinnesfreuden. Er ist ein lebender Gott. Er ist völlig frei. Sein inneres Wesen wird vom selbststrahlenden Licht der göttlichen Weisheit erleuchtet, und sein Herz fließt von göttlicher Liebe über. Seine Seele wird zum Spielplatz des Allmächtigen. Sein Körper und Geist werden zum Werkzeug des göttlichen Willens. Und Bhagavan Sri Ramakrishna war solch ein wahrer Mahatma.

Selbst in diesem Zeitalter, in dem die Mehrheit der gebildeten Menschen nicht an die Existenz Gottes und der menschlichen Seele glaubt, in dem die Wissenschaft die Studenten vom spirituellen Weg abgebracht hat, in dem sinnliche Vergnügen und ein Leben im Luxus die Ideale der weltlichen Existenz geworden sind und die Menschen sich in gewinnbringende Maschinen degeneriert haben, haben wir mit unseren eigenen Augen eine große Seele gesehen, die von hunderten und tausenden nachdenklicher Männer und Frauen in Indien, Europa und Amerika als wahrer Mahatma anerkannt wird.

Diese große Seele manifestierte ihre göttlichen Eigenschaften und lebte jeden Augenblick ihrer irdischen Existenz im Gottesbewusstsein. Heute verneigen sich Tausende vor seinem Bild und verehren ihn als die letzte Manifestation der Göttlichkeit. Wer immer von seinem wundervollen Leben hört, spürt in seiner Seele, dass Ramakrishna das vollkommene Ideal der Menschheit war.

Er kam in einem unbekannten Teil Bengalens zur Welt, wo er seine frühe Kindheit verbrachte. Aber seine Jugend und reifen Jahre verbrachte er in der Nähe von Kalkutta, der Hauptstadt von British India, einer Stadt, die so weltoffen ist wie London, New York oder jede andere Großstadt der zivilisierten Welt und die Sitz der Bildung, Vornehmheit und Wissenschaft ist.

Ramakrishnas Einfluss auf die Gelehrten

Er ließ es zu, dass die skeptischen Studenten und Professoren der Colleges und Universitäten wie auch die gebildeten Männer und Frauen der Welt in direkte Berührung mit diesem selbststrahlenden Licht der göttlichen Weisheit kamen, das in seiner vollen Herrlichkeit durch seine kindliche, zarte und empfindliche Gestalt leuchtete. Gelehrte und intelligente Menschen aller Klassen strömten von überallher zu diesem Ort, der durch die Anwesenheit Bhagavans geheiligt ist. Er war das lebende Beispiel spiritueller Größe und Göttlichkeit, die sich in den großen Inkarnationen wie Christus, Buddha, Krishna, Rama, Chaitanya[5] und anderen Rettern der Welt manifestiert hat.

Wir kennen einige Skeptiker und Agnostiker, die nie an Christus, Buddha oder Krishna als göttliche Inkarnationen geglaubt und nie die Autorität der heiligen Schriften akzeptiert haben, sondern im Gegenteil behaupteten, dass das Leben von Christus und anderen Rettern nur übertriebene Berichte wären, die auf der Einbildung ihrer Schüler beruhten, die unbedingt ihre menschlichen Meister vergöttlichen wollten. Wenn solche Skeptiker und Ungläubige Ramakrishna begegneten und sein übermenschliches Leben beobachteten, wurden sie davon überzeugt, dass das Leben von Christus, Buddha, Krishna und anderen Avataren wahr und wirklich gewesen sein musste.

Dieselben Skeptiker waren, wenn sie seine göttlichen Kräfte wahrnahmen, so tief von seiner Persönlichkeit beeindruckt, dass sie sich vor ihm verneigten, den Staub seiner heiligen Füße küssten und erkannten, dass er die

---

[5] Chaitanya, der Gründer einer Vishnu-Schule, wird in Indien als Inkarnation Krishnas betrachtet. Er ist auch als "Prophet von Nuddea" bekannt, da Nuddea (oder Navadvipa) in Bengalen sein Geburtsort war. Sein anderer Name ist Herr Gouranga. Er wurde 1485 geboren und war ein Zeitgenosse Luthers.

Personifikation der Bergpredigt, die Inkarnation des Göttlichen auf Erden war und die erneute Manifestation von Christus, Buddha, Krishna und Chaitanya in einer Gestalt. Alle besonderen Eigenschaften und göttlichen Kräfte, die den wunderbaren Charakter eines jeden dieser großen Persönlichkeiten geschmückt hatten, erlebten sie in dieser ungewöhnlichen göttlichen Manifestation des 19. Jahrhunderts.

Ramakrishna als das göttliche Ideal aller Glaubensrichtungen

Haben wir nicht mit Verwunderung beobachtet, wie die Nachfolger aller großen Weltreligionen in Sri Ramakrishna ihr göttliches Ideal erkannten? Haben wir nicht gesehen, wie Quäker und rechtgläubige Christen vor ihm knieten und zu ihm beteten und ihn als Christus verehrten, wenn Bhagavan in die überbewusste Gemeinschaft mit dem himmlischen Vater eintrat, nachdem er den heiligen Namen von Jesus von Nazareth gehört hatte?

Die Moslems, die ihn besuchten, verneigten sich vor seinen heiligen Füßen und erkannten in ihm das höchste Ideal des Islam. Die Buddhisten betrachteten ihn als Sambuddha, den Erleuchteten. Die Nachfolger Chaitanyas wie Vaishnava Charan[6] und andere verehrten ihn als den zweiten Propheten von Nuddea. Die Verehrer Krishnas nannten ihn die Inkarnation Krishnas. Die Verehrer der Göttlichen Mutter erkannten, dass die Mutter des Universums durch ihn spielte. Die Nachfolger Shivas erklärten, dass Bhagavan Sri Ramakrishna ihre lebende Gottheit war, während die Sikhs, die gläubigen Verehrer Guru Nanaks[7], ihn als ihren heiligen Meister betrachteten.

Seine Nachfolger, die all diese Kräfte sahen, staunten über seine Größe und glaubten, dass seine vielseitige Persönlichkeit das lebende Beispiel und die Vollendung aller früheren Avatare und göttlichen Inkarnationen war. Und diese Wahrheit wurde immer wieder durch seine Taten wie auch durch seine eigenen Worte bewahrheitet und bestätigt: „Er, der Krishna, Rama, Christus, Buddha, Chaitanya war, ist jetzt zu Ramakrishna geworden." Bhagavan war

---

[6] Vaishnava Charan war ein großer Hindu-Heiliger und wahrer Nachfolger Chaitanyas, der ihn als die vollkommene Inkarnation der göttlichen Liebe verehrte.
[7] Guru Nanaka war der Gründer der Sikhs. Er wurde 1469 in der Nähe von Lahore im Punjab (Indien) geboren und starb 1538. Er war der erste von zehn Gurus oder spirituellen Meistern der Sikhs. Er wird von seinen Nachfolgern als eine Manifestation der Göttlichkeit betrachtet.

sich immer dieser Wahrheit bewusst und sprach davon vor der Welt wie auch vor seinen liebsten Schülern.

Seine Mission

Wie seine göttliche Persönlichkeit vielfältig war und doch eins, so war es auch seine große Mission. Sie lag darin, die zugrundeliegende Einheit in der Vielheit der Religionen aufzuzeigen und diese universale Religion zu errichten, von der die konfessionellen Religionen jeweils nur ein teilweiser Ausdruck sind. Wie bei allen anderen Rettern veranschaulichte das Leben Bhagavans seine Mission. Er verbrachte die meiste Zeit seines Lebens damit, die verschiedenen Yogamethoden zu üben. Er praktizierte jedes kleinste Detail der hingebungsvollen Übungen und verschiedenen Formen der Verehrung, wie sie von den Schriften verschiedener Nationen vorgeschrieben sind und von den Nachfolgern der verschiedenen Konfessionen und Glaubensrichtungen der Welt befolgt werden. Sein Ziel, diesen Praktiken so viel Zeit zu widmen, war herauszufinden, ob sie einen wirklichen Wert auf dem Pfad zur Vollkommenheit besaßen.

Ramakrishna war immer für die Wahrheit offen. Er akzeptierte nichts aus zweiter Hand. Er glaubte an nichts, weil es in einem Buch stand oder von einer großen Persönlichkeit verkündet wurde. Er musste die Wahrheit aus erster Hand kennen. Bevor er eine Aussage akzeptierte, musste er sie in seinem eigenen Leben als richtig erkannt haben, und dann sprach er mit anderen über seine persönliche Erfahrung, damit sie davon profitieren konnten.

Fast zwölf Jahre lang, bevor er in der Öffentlichkeit erschien oder Schüler hatte, ergründete Sri Ramakrishna wie ein Wissenschaftler den Glauben der verschiedenen Konfessionen jeder Religion, folgte ihren Methoden und übte ihre Rituale und Zeremonien mit dem vollkommenen Vertrauen und der ernsten Hingabe, er möge das Ziel verwirklichen, das durch jede Religion erreicht werden kann.

Zu seinem großen Erstaunen entdeckte er jedoch, dass er durch jede konfessionelle Methode zum Gottesbewusstsein gelangte. Jedes Mal, wenn er einem besonderen Weg folgen wollte, kam eine vollkommene Seele der entsprechenden Glaubensrichtung zu ihm, die das Ideal verwirklicht hatte, und leitete ihn auf diesem Weg. Jeder dieser großen Heiligen erkannte in Sri Ramakrishna die Manifestation der göttlichen Macht, wenn er in kurzer Zeit

18

das erlangte, was sie nicht einmal während vieler Jahre der Entsagung, Verehrung und äußerster Hingabe erreichen konnten.

Nachdem er seine Untersuchungen beendet hatte, war er bereit, seine Botschaft zu verkünden und der Welt die Früchte seiner eigenen Erfahrung und Erkenntnis zu geben. Aber ungleich anderer spiritueller Lehrer machte er sich nicht auf die Suche nach seinen Schülern und Nachfolgern. Wie eine duftende Blume nicht den Bienen hinterherjagt, sondern geduldig wartet, bis die Bienen kommen, so wartete die voll erblühte Blume der Spiritualität in Gestalt von Sri Ramakrishna auf seine Schüler, die zu ihm in den Tempelgarten in Dakshineswar am Ufer des Ganges kamen.

Als Ramakrishna das höchste Ideal jeder Yogaform erlangt und die spirituelle Einheit mit dem absoluten Brahman und der Mutter des Weltalls erkannt hatte, verbreitete sich das Gerücht, dass Ramakrishna die Vollkommenheit in diesem Leben erreicht habe. Leute aus allen Gegenden begannen, sich um ihn zu drängen. Pandits und Gelehrte jeder Nationalität wie auch hunderte von hingebungsvollen Männern und Frauen aller Konfessionen besuchten ihn und hörten seiner ursprünglichen, wundervollen Lehre zu.

Das war der Anfang seines öffentlichen Lebens als spiritueller Führer, das fast sechzehn Jahre andauerte. Während dieser Zeit tat er nichts anderes, als der Menschheit zu helfen, indem er die unbezahlbaren Juwelen der spirituellen Wahrheiten frei verteilte, die er durch sein Ringen, durch Mühsal und Entsagung verdient hatte.

Seine spirituelle Erkenntnis

Ramakrishna besaß einen fabelhaften Verstand und eine ausgeprägte Erkenntnis des wahren Wesens der Dinge und Ereignisse. Er benutzte die gewöhnlichsten Ereignisse des täglichen Lebens zur Veranschaulichung. Es gelang ihm, dass die dumpfen Gemüter weltlicher Leute die spirituelle Tiefe, Schönheit und Größe seiner sublimen Ideale verstanden. Er goss neues Leben in jedes Wort, das er äußerte, um die Seele seiner Zuhörer zu berühren. Die Leute hörten erstaunt und verehrungsvoll seinen urtypischen Ausführungen zu, über die schwierigsten Probleme von Leben und Tod, das Wesen und den Ursprung der Seele, den Ursprung des Universums und unserer Beziehung zu Gott.

Die Erkenntnis Gottes

In diesem Zeitalter des wissenschaftlichen Rationalismus zeigte Bhagavan Sri Ramakrishna der Welt, wie der Herr des Universums in diesem Leben erkannt und erlangt werden kann, und keiner außer ihm hatte es gewagt, alle Prüfungen der Skeptiker und Agnostiker zu bestehen, um zu beweisen, dass er das Gottesbewusstsein erlangt hatte. Jene, die ihn gesehen haben, jahrelang mit ihm lebten und ihn bei Tag und Nacht beobachteten, verkündeten der Welt, dass er die Verkörperung des höchsten spirituellen Ideals aller Nationen war, und dass jeder, der ihn mit Vertrauen und in Ehrfurcht verehrt, die jüngste Manifestation des Göttlichen verehrt.

Bhagavan bewies durch sein Beispiel, dass, wo immer es äußerste Sehnsucht gibt, Gott zu schauen, die Erkenntnis der absoluten Wahrheit nahe ist. Sein Leben hat der Welt demonstriert, dass selbst in diesem Zeitalter Göttlichkeit und göttliche Vollkommenheit von einem Menschen erlangt werden können, der rein, sittsam und einfach ist und dessen Hingabe aus ganzem Herzen und ganzer Seele kommt. Wir haben keinen Charakter gesehen und von keinem gehört, der reiner, einfacher, sittsamer, wahrhafter und göttlicher war als dieser vollkommene Mahatma. Er war wie die Personifikation von Reinheit und Sittsamkeit und die Verkörperung der Wahrhaftigkeit.

Sein Leben war ein Leben völliger Entsagung. Irdische Vergnügen und Komfort bedeuteten ihm nichts. Die einzige Freude, der einzigen Komfort und das einzige Glück, um die es ihm ging, war der selige Zustand von Samadhi oder Gottesbewusstsein, wenn seine Seele, befreit von den Bindungen von Körper und Geist, weit in den unendlichen Raum des Absoluten aufstieg. Dieses Samadhi war für Ramakrishna ein natürlicher Zustand. Er musste sich nie besonders bemühen, um ihn zu erlangen. Wir hörten ihn oft sagen, dass er im Alter von vier beim Anblick der schönen Farbe einer tropischen Wolke in Samadhi einging. An dieses Erlebnis erinnerte er sich immer und beschrieb es oft in seinen Gesprächen. Als er älter wurde, wurden sein Samadhi und seine Ekstase stärker und tiefer.

Sein Samadhi

In seinem Samadhi wurde sein Körper völlig bewegungslos, sein Puls und Herzschlag nicht mehr wahrnehmbar. Seine Augen waren halb offen, und wenn jemand mit dem Finger auf seinen Augapfel drückte, bewegte sich sein Körper nicht und zeigte nicht das geringste Zeichen von Empfindung. Er blieb manchmal einige Minuten lang in diesem Zustand, manchmal eine halbe oder ganze Stunde, und einmal blieb er drei Tage und Nächte darin. Dann kam er auf die Ebene des Sinnesbewusstseins zurück und erzählte von seinen Erfahrungen. Er besaß die Kraft, sich vom Käfig des physischen Organismus zu trennen und willentlich in den Zustand göttlicher Gemeinschaft einzutreten und dort zu bleiben so lange er wollte. Oft sagte er uns, dass er in Samadhi eine solche Höhe erreiche, dass er nicht mehr in seinen Körper zurückkehren könnte, wäre er ein gewöhnlicher Sterblicher, dass kein Sterblicher jemals aus dieser Art Samadhi zurückgekommen sei und dass die Göttliche Mutter ihm nur deshalb die Macht gegeben habe, auf diese Ebene zurückzukehren, damit er der Menschheit helfen und seine Mission aufbauen könne.

Seine Entsagung

Für ihn war Gott Vater, Mutter, Bruder, Schwester und alles. Er erkannte keine irdische Verwandtschaft an. Er begehrte nie Wohlstand, noch hatte er irgendeinen irdischen Besitz. Er erkannte, dass Gold nicht wertvoller als Erde war, und er haftete nicht im Geringsten an Reichtümern, da er wusste, wie vergänglich die Gegenstände sind, die man durch Wohlstand erwerben kann.

Er sagte oft, dass Unsterblichkeit nicht mit Geld gekauft werden könne, und betonte durch sein Beispiel die wahre Bedeutung der vedantischen Textstelle: „Weder durch verdienstvolle Taten noch durch Nachkommenschaft noch durch Wohlstand, sondern allein durch Entsagung kann die unsterbliche Wahrheit erlangt werden."

Entsagung von der Anhaftung an weltliche Dinge ist das Tor zum Gottesbewusstsein. Christus, Buddha, Chaitanya, Sankaracharya und alle anderen Retter und spirituellen Führer der Welt veranschaulichten dies durch ein Leben völliger Entsagung. Es ist sehr selten, in diesem Zeitalter ein vollkommenes Vorbild der Entsagung von Lust und weltlicher Anhaftung zu finden. Bhagavan Sri Ramakrishna übte das Ideal der Entsagung von Reichtümern so intensiv, dass sein Körper unwillentlich auf die Berührung von Münzen reagierte und er vor ihnen sogar in festem Schlaf zurückschreckte. Wir haben oft gesehen, wie er Schmerzen litt, wenn er gezwungen war, eine Metallmünze zu berühren. Wer könnte ein vollkommeneres Ideal der Entsagung in diesem Zeitalter des Materialismus sein!

Er erhob die Weiblichkeit.

Sri Ramakrishna lehrte, dass jede Frau, ob alt oder jung, die Göttliche Mutter darstelle. Er verehrte Gott als die Mutter des Universums und erklärte oft, dass seine Göttliche Mutter ihm gezeigt habe, dass alle Frauen die göttliche Mutterschaft auf der Erde repräsentieren. Zum ersten Mal in der religiösen Weltgeschichte wurde dieses Ideal von einer göttlichen Inkarnation gepredigt. Und darauf beruht die Befreiung der Menschen und besonders der Frauen aller Länder von Unmoral, Korruption und anderen Lastern, die in einer zivilisierten Gemeinschaft vorherrschen.

Durch sein lebendiges Beispiel hat Bhagavan die Wahrheit der spirituellen Hochzeit auf der Seelenebene sogar in diesem Zeitalter der Sinnlichkeit begründet. Er hatte eine Frau, die er immer mit Ehrfurcht behandelte und die er als die Manifestation seiner Göttlichen Mutter betrachtete. Er hatte auf der physischen Ebene nie eine sexuelle Beziehung mit ihr oder mit irgendeiner Frau.

Seine Frau, die gesegnete Jungfrau Sarada Devi, lebt immer noch als eine Verkörperung der heiligen Mutterschaft, umrundet von unzähligen spirituellen Kindern.[8] Sie hat im Gegenzug Bhagavan immer als ihre gesegnete Göttliche Mutter in menschlicher Gestalt betrachtet. Bis zum letzten Moment seiner irdischen Laufbahn war Bhagavan völlig rein, keusch und ein vollkommenes Kind seiner Göttlichen Mutter des Universums. Zudem erhob Ramakrishna das Ideal der Weiblichkeit auf die spirituelle Ebene, indem er eine Frau als seinen ersten Guru oder seine spirituelle Führerin akzeptierte.[9] Kein anderer Retter oder spiritueller Führer hat in den Annalen der Religionsgeschichte der Weiblichkeit solche Ehre erwiesen.

Sein Auftrag

Der Auftrag Bhagavan Sri Ramakrishnas war, durch sein lebendiges Beispiel zu zeigen, wie ein wahrhaft spiritueller Mensch, der der Welt der Sinne

---

[8] [Sarada Devi war 18 Jahre jünger als Ramakrishna und starb 1920.]
[9] [Die Brahmanin Bhairavi führte Sri Ramakrishna ins Tantra ein.]

gestorben ist, auf der spirituellen Ebene des Gottesbewusstseins leben kann. Er hat bewiesen, dass jede individuelle Seele unsterblich und potentiell göttlich ist. Sein Auftrag bestand darin, Harmonie zwischen den religiösen Konfessionen und Glaubensrichtungen zu schaffen.

Zum ersten Mal wurde von Ramakrishna bewiesen, dass alle Religionen wie viele Wege sind, die zum selben Ziel führen, dass die Erkenntnis desselben allmächtigen Seins das höchste Ideal des Christentums, Islam, Judentums, Zoroastrismus, Hinduismus und auch aller kleinerer Religionen der Welt ist. Sri Ramakrishnas Auftrag war, die ewige Wahrheit zu verkünden, dass es einen Gott gibt, der aber viele Aspekte hat, und dass derselbe Gott von verschiedenen Nationen unter verschiedenen Namen und Gestalten verehrt wird, dass Er persönlich, unpersönlich und jenseits davon ist, dass Er Name und Gestalt hat und doch namen- und gestaltlos ist.

Sein Auftrag war, die Verehrung der Göttlichen Mutter zu begründen und somit das Ideal der Weiblichkeit in das der göttlichen Mütterlichkeit zu erheben. Sein Auftrag war, durch sein eigenes Beispiel zu zeigen, dass wahre Spiritualität vermittelt und Erlösung durch die Gnade einer göttlichen Inkarnation erlangt werden kann. Sein Auftrag war, der Welt zu verkünden, dass übernatürliche Kräfte und die Kraft der Heilung Hindernisse auf dem Weg sind, Gottesbewusstsein zu erlangen.

Seine göttlichen Kräfte

Bhagavan Sri Ramakrishna besaß alle Yogakräfte, aber er wendete diese Kräfte nur selten an, besonders die Kraft, Krankheiten zu heilen. Zudem hinderte er seine Schüler immer daran, diese Kräfte zu suchen oder auszuüben. Aber eine Kraft, die wir ihn oft ausüben sahen, war die göttliche Kraft, den Charakter eines Sünders zu verwandeln und eine weltliche Seele durch eine einzige Berührung auf die Ebene des Überbewusstseins zu erheben. Er nahm die Sünden anderer auf seine Schultern und reinigte sie, indem er auf sie seine eigene Spiritualität übertrug und das spirituelle Auge seiner trivialen Nachfolger öffnete.

Die Tage der Prophezeiung sind vor unseren Augen vorübergegangen. Die Manifestationen der göttlichen Kräfte des Einen, der heute von Tausenden als die letzte Inkarnation der Göttlichkeit verehrt wird, haben wir mit eigenen Augen beobachtet. Gesegnet sind jene, die ihn gesehen und seine heiligen Füße berührt haben. Möge der Ruhm Sri Ramakrishnas von allen Nationen der Erde gespürt werden. Möge seine göttliche Kraft sich den ernsten und aufrichtigen Seelen seiner Verehrer aus allen Ländern und in allen zukünftigen Zeitaltern zeigen. Das ist die Bitte seines Kindes und Dieners

Abhedananda

Dakshineswar am Ganges mit dem Kali-Tempel, 1903

Wo Ramakrishna lebte

Bhagavan[10] Sri Ramakrishna lebte viele Jahre in Rani Rashmonis berühmten Tempelgarten am östlichen Ufer des Ganges im Dorf Dakshineswar, das etwa vier Meilen nördlich von Kalkutta liegt. Dieser Tempel mit dem angrenzenden Garten war von seiner Gründerin (Rani Rashmoni) der Göttlichen Mutter (Kali) geweiht. Im nordwestlichen Winkel des weiträumigen Tempelbereichs liegt ein kleiner Raum, der im Westen auf das Wasser des heiligen Ganges hinausgeht. Dieses Zimmer mit seiner heiligen Umgebung war viele Jahre lang der gesegnete Wohnbereich Bhagavan Sri Ramakrishnas, dessen göttliche Gegenwart den Ort noch heiliger machte.

Von diesem abgelegenen Winkel aus blendeten die Strahlen seiner göttlichen Herrlichkeit, die von seiner gottberauschten Seele ausgingen, die Augen der Wahrheitssucher und zogen sie zu ihm, wie ein strahlendes Feuer die Motten von überallher anzieht. Hunderte gebildeter Männer und Frauen wurden zu dieser übermenschlichen Persönlichkeit hingezogen, um in tiefster Verehrung den weisen Worten zuzuhören, die derjenige sprach, der Gott

---

[10] Bhagavan ist ein Sanskritwort und bedeutet „der gesegnete Herr".

25

erkannt hatte und der in beständigem Austausch mit der Göttlichen Mutter des Weltalls stand.

Mahendras Besuch im Tempel

Mahendranath Gupta (M.), der Verfasser des Gospel

An einem Sonntag im März 1882 hörte Mahendra [Mahendranath Gupta] von einem Freund von diesem göttlichen Mann und war so tief beeindruckt, dass er in den Tempelgarten kam, um ihm einen ehrfurchtsvollen Besuch abzustatten. Es war der Tag eines besonderen religiösen Festes, und die Leute hatten sich in großer Zahl in Sri Ramakrishnas Zimmer und auf der Veranda versammelt. Bhagavan saß auf einem Podest, und um ihn herum saßen Kedar, Suresh, Ram, Manmohan, Bijoy und viele andere Verehrer auf dem Boden. Sie blickten in sein strahlendes Gesicht und tranken den Nektar der lebendigen Worte der göttlichen Weisheit, die von seinen heiligen Lippen fielen. Mit lächelndem Gesicht sprach Sri Ramakrishna mit ihnen über die Kraft des heiligen Namens des Herrn und wahres Bhakti als das Mittel, um Gott zu schauen. Er fragte Bijoy[11]: „Was ist deiner Meinung nach das Mittel, um Gott zu erlangen?"

Die Kraft des heiligen Namens des Herrn

Bijoy: "Die Wiederholung Seines heiligen Namens, Bhagavan. In diesem Zeitalter besitzt der heilige Name des Herrn rettende Kräfte."

Bhagavan: „Ja, der heilige Name besitzt rettende Kräfte, aber man muss sich dabei auch ernsthaft sehnen. Ohne ernsthaftes Sehnen des Herzens kann keiner Gott schauen, indem er einfach Seinen Namen wiederholt. Man sollte Seinen heiligen Namen wiederholen, aber wenn der Geist an Lust und Wohlstand haftet, nützt das nicht viel. Wenn ein Mensch von einem Skorpion oder einer Tarantel gestochen wird, genügt es nicht, ein Mantra zu wiederholen. Es braucht auch eine geeignete Arznei."

Bijoy: "Bhagavan, wenn das so ist, wie hat dann Ajamila[12], der der größte Sünder war und alle Arten von Verbrechen begangen hat, Befreiung erlangen können, indem er den Namen des Herrn in seiner Todesstunde wiederholt hat?"

Ramakrishna: "Vielleicht war Ajamila in seinen früheren Inkarnationen rechtschaffen und tat viel Gutes. Zudem heißt es, dass er später asketisch lebte. Man kann auch sagen, dass im letzten Augenblick seines Lebens die Wiederholung des heiligen Namens sein Herz gereinigt hat und er deshalb Erlösung erlangte.

Wenn ein Elefant gewaschen wird, bewirft er sich gleich danach wieder mit Staub und Dreck. Aber wenn man ihn nach seinem Bad in einem sauberen Stall hält, dann kann er sich nicht mit Schmutz bedecken. Durch die Kraft des heiligen Namens kann ein Mensch gereinigt werden, aber er kann erneut sündigen, weil sein Geist schwach ist. Er kann nicht versprechen, dass er nie wieder sündigen wird.

---

[11] Bijoy ist der Vorname von Bijoy Krishna Goswami, des berühmten Predigers, Redners, Autors und spirituellen Lehrers (Acharya) des Brahmo Samaj in Kalkutta.
[12] Ajamila war ein Sünder, der durch die Wiederholung des Namens des Herrn (der auch der Name seines Sohnes war) im letzten Augenblick seines Lebens Erlösung erlangte. Die Geschichte seines Lebens steht in den Puranas und ist den Hindus gut bekannt.

Das Wasser des Ganges kann die vergangenen Sünden abwaschen, aber es gibt eine Redensart, dass die Sünden auf den Baumgipfeln hocken. Wenn ein Mensch aus dem Ganges steigt und unter einem Baum steht, fallen die Sünden auf seine Schultern und ergreifen von ihm Besitz. Diese alten Sünden reiten ihn sozusagen. Wiederhole deshalb den heiligen Namen des Herrn, aber bitte Ihn gleichzeitig um wahre Liebe und Hingabe an Ihn und dass deine Liebe für Wohlstand, Berühmtheit und Sinnesfreuden abnehmen möge, weil sie vergänglich sind. Sie dauern nur bis morgen."

Alle Religionen führen zu Gott.

„Wenn Hingabe und Liebe echt sind, kann man Gott durch jede Religion erreichen. Die Vishnuiten, die Verehrer Krishnas, erlangen Gott auf dieselbe Weise wie die Saktas, die Verehrer der Göttlichen Mutter, und jene, die dem Vedanta folgen. Jene, die dem Brahmo Samaj[13] angehören, die Moslems und Christen erkennen Gott auch durch ihre jeweilige Religion. Wenn du einem dieser Wege mit intensiver Hingabe folgst, wirst du Ihn erreichen.

Wenn es auf dem gewählten Weg irgendeinen Fehler gibt, wird Er ihn letzten Endes korrigieren. Der Mensch, der Jagannath[14] sehen will, geht vielleicht nach Süden statt nach Norden, aber jemand wird ihn früher oder später auf den rechten Weg führen, und er wird sicherlich am Ende Jagannath besuchen. Das einzige, was für die Verwirklichung nötig ist, ist Hingabe an Gott aus ganzem Herzen und ganzer Seele."

Die vielen Namen des einen Gottes

„Vishnuiten, Moslems, Christen und Hindus sehnen sich alle nach demselben Gott. Aber sie wissen nicht, dass Er, der Krishna ist, auch Shiva, die Göttliche Mutter, Christus und Allah ist. Gott ist einer, aber Er hat viele Namen. Die Substanz ist eine, aber sie wird unter verschiedenen Namen

---

[13] Der Brahmo Samaj ist die hinduistische Einheitskirche, die Raja Rammohun Roy 1830 gegründet hat. Sie hat verschiedene Zweige in Indien. Die ursprüngliche Organisation ist als Adi Samaj bekannt. Keshab Chunder Sen war der Gründer des Zweigs des New Dispensation, während Shivanath Sastri der Gründer des Sadharan Brahmo Samaj war.

[14] Jagannath bedeutet wörtlich „Herr des Universums". [Der Jagannath-Tempel in Puri ist einer der bedeutendsten vishnuitischen Tempel Indiens.]

verehrt, je nach Zeit, Ort und Nationalität Seiner Verehrer. All die verschiedenen Schriften der Welt sprechen von demselben Gott.

Er, der in den Veden als absolute Existenz, Intelligenz und Seligkeit [Sat-Chit-Ananda] oder Brahman bezeichnet wird, wird in den Tantras[15] als Shiva, in den Puranas[16] als Krishna, im Koran als Allah und in der Bibel als Christus bezeichnet."

Blinder Eifer ist nicht richtig.

„Doch die verschiedenen Glaubensrichtungen streiten miteinander. Die Verehrer Krishnas sagen zum Beispiel, dass ohne die Verehrung Krishnas nichts erreicht werden könne. Jene, die der Göttlichen Mutter hingegeben sind, denken, dass die Verehrung der Göttlichen Mutter der einzige Weg zur Erlösung sei. Ebenso sagen die Christen, dass keiner in den Himmel kommen könne, außer durch Christus. Er sei der einzige Weg und das Christentum die einzige Religion. Alle anderen Religionen seien falsch.

Das ist Engstirnigkeit. ‚Meine Religion ist wahr, während die der anderen falsch ist.' Diese Art Glaube ist nicht richtig. Es ist nicht unsere Aufgabe, die Fehler anderer Religionen zu korrigieren. Er, der die Welt erschaffen hat, wird sie zur rechten Zeit korrigieren. Unsere Pflicht besteht darin, Ihn auf dem einen oder anderen Weg zu erkennen. Gott kann auf vielen Wegen erreicht werden. Jede dieser konfessionellen Religionen zeigt einen Weg auf, der letztendlich zur Göttlichkeit führt. Ja, alle Religionen sind Wege, aber die Wege sind nicht Gott. Ich habe alle Konfessionen und Wege gesehen. Ich kümmere mich nicht mehr um sie. Die Leute, die diesen Konfessionen angehören, streiten so viel! Nachdem ich alle Religionen ausprobiert habe, habe ich erkannt, dass Gott das Ganze ist und ich Sein Teil bin, dass Er der Herr ist und ich Sein Diener bin. Auch erkenne ich, dass Er ich und ich Er bin."

---

[15] Die Tantras sind die heiligen Schriften der Shiva- und Sakta-Richtung des Hinduismus.
[16] Die Puranas sind die heiligen Schriften der Hindus, die nach den Veden autoritativ sind. Es gibt 18 große Puranas und viele kleinere.

Der persönliche und der unpersönliche Gott

„Die Leute streiten miteinander und sagen: ‚Gott ist persönlich, mit Gestalt. Er kann nicht unpersönlich und gestaltlos sein' wie die Vishnuiten, die jene kritisieren, die das unpersönliche Brahman verehren. Wenn sich die Erkenntnis einstellt, dann sind all diese Fragen erledigt. Wer Gott gesehen hat, kann genau sagen, wie Er ist. Es ist, wie Kavira[17] sagte: ‚Gott mit Gestalt ist meine Mutter. Gott ohne Gestalt ist mein Vater. Wen soll ich tadeln, wen soll ich preisen? Es ist ausgeglichen.' Er hat eine Gestalt, und doch ist Er gestaltlos. Er ist persönlich, und doch ist Er unpersönlich. Und wer kann schon sagen, welche anderen Aspekte Er noch hat!"

Das Gleichnis vom Elefanten und den blinden Männern

„Vier blinde Männer besuchten einen Elefanten. Einer berührte ein Bein des Elefanten und sagte: ‚Der Elefant ist wie eine Säule.' Der zweite berührte den Rüssel und sagte: ‚Der Elefant ist wie ein dicker Knüppel.' Der dritte berührte den Bauch und sagte: ‚Der Elefant ist wie ein großes Gefäß.' Der vierte berührte die Ohren und sagte: ‚Der Elefant ist wie eine große Getreideschwinge.' Dann begannen sie, über die Gestalt des Elefanten zu streiten.

Ein Passant, der sie auf diese Weise streiten sah, fragte, worum es ginge. Sie erzählten ihm alles und baten ihn, den Streit zu schlichten. Der Mann erwiderte: ‚Keiner von euch hat den Elefanten gesehen. Der Elefant ist nicht wie eine Säule. Seine Beine sind wie Säulen. Er ist nicht wie ein großes Wassergefäß. Sein Bauch ist wie ein Wassergefäß. Er ist nicht wie eine Getreideschwinge. Seine Ohren sind wie Getreideschwingen. Er ist nicht wie ein starker Knüppel. Sein Rüssel ist wie ein Knüppel. Der Elefant ist wie eine Kombination aus all dem.'

Auf dieselbe Weise streiten die Anhänger verschiedener Glaubensrichtungen miteinander, die nur einen Aspekt der Gottheit gesehen haben. Nur

---

[17] Kavira war ein Hindu-Heiliger, der von 1488 bis 1512 lebte. Er stammte aus der unteren Weberkaste und war der Begründer der vishnuitischen Glaubensrichtung Kavira Panth, die nach ihm benannt wurde. Seine Lehre war so breit und universal, dass sie sowohl von den Moslems als auch von den Hindus aller Kasten angenommen wurde. Auch jetzt noch gibt es tausende in den niederen Klassen der Hindus, die ihn als ihren spirituellen Meister betrachten.

derjenige, der Gott in all Seinen Aspekten gesehen hat, kann jeden Streit schlichten.‟

Das Gleichnis vom Chamäleon

„Wiederum: Zwei Personen stritten heftig über die Farbe eines Chamäleons. Einer sagte: ,Das Chamäleon auf dieser Palme ist rot.‘ Der andere widersprach ihm und erwiderte: ,Du irrst dich. Das Chamäleon ist nicht rot, sondern blau.‘ Da sie sich darüber nicht einigen konnten, gingen sie zu der Person, die immer unter diesem Baum lebte und das Chamäleon in allen Farbschattierungen beobachtet hatte.

Der Eine von ihnen fragte ihn: ,Herr, ist das Chamäleon auf diesem Baum nicht rot?‘ Die Person erwiderte: ,Ja, Herr.‘ Der andere Streiter sagte: ,Was sagst du da? Es ist nicht rot, sondern blau.‘ Die Person antwortete erneut demütig: ,Ja, Herr.‘ Er wusste, dass das Chamäleon ein Tier ist, das beständig die Farbe wechselt. Deshalb sagte er zu beiden gegensätzlichen Behauptungen ,ja‘.

Das Sat-Chit-Ananda (absolute Existenz, Intelligenz und Seligkeit) hat ebenso viele Gestalten. Der Verehrer, der Gott nur in einem Aspekt gesehen hat, kennt Ihn nur in diesem Aspekt. Aber derjenige, der Ihn in vielfältigen Aspekten gesehen hat, ist allein in der Lage, mit voller Befugnis zu sagen: ,All diese Gestalten gehören dem einen Gott. Gott hat viele Gestalten.‘ Er ist gestaltlos und mit Gestalt, und Er hat viele Gestalten, die keiner kennt.‟

Verschiedene Aspekte der Göttlichkeit

„Gott ist nicht nur persönlich und hat eine Gestalt, sondern Er kann die Gestalt von Krishna, Christus oder jeder anderen Inkarnation annehmen. Es stimmt, dass Er sich in unzähligen Gestalten manifestiert, um die Wünsche Seiner Verehrer zu erfüllen. Es stimmt aber auch, dass Er die gestaltlose, absolute Existenz, Intelligenz und Seligkeit ist.‟

Die Beziehung zwischen dem persönlichen und unpersönlichen Gott

„Die Veden beschreiben Ihn als beides, persönlich, mit einer Gestalt und Eigenschaften, und als unpersönlich, jenseits aller Gestalten und Eigenschaften. Weißt du wieso? Er ist wie der unendliche Ozean der absoluten

Existenz, Intelligenz und Seligkeit. Wie im Meer große Kälte einen Teil des Wassers zu Eis gefrieren lässt, das in verschiedenen Gestalten auf dem Wasser treibt, so kann intensive Hingabe (Bhakti) einen Teil der Göttlichkeit verdichten und sie in verschiedenen Gestalten erscheinen lassen.

Der persönliche Gott mit Gestalt existiert um Seiner Bhaktas (Verehrer) willen. Wenn die Sonne der Weisheit aufgeht, schmilzt der Eisblock und wird erneut zu Wasser. Oben, unten und auf allen Seiten durchdringt das Unendliche Sein alles. Deshalb heißt es in einem Gebet in den Schriften: ,Oh Herr, Du bist persönlich mit Gestalt. Du bist auch unpersönlich und gestaltlos. Du hast Dich in menschlicher Gestalt manifestiert und in unserer Mitte gelebt, aber in den Veden wirst Du als jenseits der Sprache und des Verstandes beschrieben, unaussprechlich, nicht wahrnehmbar und undenkbar.' Aber man kann sagen, dass Er für eine bestimmte Klasse Bhaktas immer persönlich ist und stets eine Gestalt hat. Es gibt Orte, wo das Eis nie schmilzt. Es ist kristallisiert."

Kedar[18]: "Bhagavan, in den Schriften steht auch: ,Oh Herr, Du bist jenseits der Sprache und des Verstandes, aber ich habe nur Deine persönliche Gestalt beschrieben. Bitte vergib mir dieses Vergehen.'"

Bhagavan: "Ja, Gott hat eine Gestalt und ist auch gestaltlos. Keiner kann sagen, dass Er so viel ist und nicht mehr. Für einen Verehrer (Bhakta, Gottliebenden) erscheint der Herr als ein persönliches Wesen mit einer Gestalt, aber für einen Menschen, der auf dem Weg der Unterscheidung und Erkenntnis den Zustand des ichlosen Samadhi erlangt hat, ist Er gestaltlos, unpersönlich und das Absolute Brahman."

Abend im Tempel

Die Nacht war hereingebrochen, und die Priester schwenkten die Lichter vor den Schreinen zur Begleitung von Glocken, Zimbeln und Trommeln. Vom südlichen Ende des Gartens wehte die liebliche Musik herüber, die von den Tempelmusikern auf Flöten und anderen Instrumenten gespielt wurde. Sie wurde weit über den Ganges getragen, bis sie sich verlor. Die südliche Brise

---

[18] Kedar war ein großer Bhakta oder Gottliebender. Er gehörte der Schule der Vishnuiten des Chaitanya an. Er hielt Ramakrishna für die Inkarnation der göttlichen Liebe.

war angenehm und duftete süß nach vielen Blumen. Der Mond ging auf, und der Garten wurde bald in seinem sanften Silberlicht gebadet. Die Natur wie auch die Menschen schienen sich zu freuen und auf die heilige Zeremonie des Arati (des abendlichen Gottesdienstes) vorzubereiten.

Ein Schüler nach dem anderen verabschiedete sich. Mahendra[19] und sein Freund, die die verschiedenen Tempel besucht hatten, begaben sich nun auf dem Rückweg durch den großen Innenhof zu Sri Ramakrishnas Zimmer. Als sie hinauf zur Tür des Zimmers gegangen waren, bemerkten sie, dass sie geschlossen war. Neben der Tür stand die Dienstmagd Brinda. Mahendra sagte zu ihr: „Meine gute Frau, ist der heilige Mann da?"

Brinda: "Ja, er ist drinnen."

Mahendra: "Ich nehme an, er hat viele Bücher, die er liest und studiert?"

Brinda: "Aber nein, er hat kein einziges Buch. Alles, selbst die höchste Wahrheit, kommt aus seinem Mund. Seine Worte sind alle inspiriert."

Mahendra: "In der Tat! Feiert er gerade den Abendgottesdienst? Können wir hineingehen? Sagst du ihm bitte, dass wir ihn unbedingt sehen wollen?"

Brinda: "Warum geht ihr nicht hinein, meine Kinder? Geht hinein und setzt euch vor ihn hin."

Daraufhin gingen sie ins Zimmer. Niemand war sonst da. Bhagavan Sri Ramakrishna war allein. Er saß wie am Nachmittag auf der Empore neben seinem Bett. Räucherstäbchen brannten, und die Türen waren geschlossen. Mahendra grüßte Bhagavan mit gefalteten Händen. Der wies auf eine Matte auf dem Boden. Auf seine Bitte hin nahmen Mahendra und sein Freund darauf Platz. Bhagavan fragte ihn: „Wie heißt du? Wo wohnst du? Was bist du? Was hat dich nach Barahanagore[20] geführt?"

---

[19] Mahendra ist der Vorname von Babu Mahendranath Gupta. Er war Professor für englische Literatur an der Universität von Kalkutta. Er war ein hingebungsvoller Familienvater und Schüler Ramakrishnas. Er ist der Verfasser des Ramakrishna Kathamrita (Nectar of the Sayings of Ramakrishna) in Bengalisch. Es war er, der ein Tagebuch über die Ereignisse schrieb, die jetzt in diesem Buch übersetzt wurden und enthalten sind.
[20] Barahanagore ist ein Vorort von Kalkutta.

Mahendra beantwortete alle Fragen, aber er bemerkte, dass Sri Ramakrishna sich während des Gesprächs auf etwas anderes konzentrierte, über das er meditierte. Er war auf der physischen Ebene nur halb bewusst, und sein Verhalten glich dem eines Mannes, der still mit der Angelrute dasitzt, um Fische zu fangen. Wenn der Schwimmer zittert und der Fisch anbeißt, sieht der Mann erwartungsvoll auf den Schwimmer und zieht mit aller Kraft an der Angel. Er spricht mit niemandem, sondern konzentriert sich völlig auf den Schwimmer. Solcherart war Bhagavans Konzentration in diesem Augenblick.

Mahendra erfuhr später, dass dies der Zustand von Samadhi oder Gottesbewusstsein war, der ihn unweigerlich täglich während des Abendgottesdienstes überkam. Sehr oft war er sich in diesem Zustand der äußeren Welt völlig unbewusst.

Mahendra, der seine Geistesabwesenheit bemerkte, sagte zu Sri Ramakrishna: „Bhagavan, du willst wohl lieber allein deinen Abendgottesdienst (Sandhya) feiern. Dann wollen wir dich nicht länger stören. Wir kommen ein anderes Mal wieder."

Sri Ramakrishna erwiderte: "Oh nein, ihr braucht euch nicht zu beeilen."

Aber er schwieg wieder eine Zeit lang. Dann öffnete er seine Lippen und sagte: „Sandhya? Abendgottesdienst? Das ist es nicht."

Kurz danach verabschiedete sich Mahendra von Bhagavan, der sich seinerseits von ihm mit den Worten „Komm wieder" verabschiedete.

Narendra (Swami Vivekananda), 1890

Bhagavan war in seinem Zimmer und saß auf seinem üblichen Platz auf der kleinen Empore neben seinem Bett. Es war Sonntag, und im Zimmer waren viele Verehrer. Unter ihnen war der junge, neunzehnjährige College-Student Narendra, der später der weltberühmte Swami Vivekananda wurde. Jeder bemerkte selbst zu dieser Zeit, dass er ein aufrichtiger und ernster Wahrheitssucher war und dass er alle weltlichen Sorgen hinter sich gelassen hatte. Seine Augen leuchteten von spirituellem Licht, sein Gesicht strahlte Unschuld und Einfachheit aus, und seine Worte waren voller spiritueller Kraft.

Bhagavan sprach über weltliche Leute, die die Gottesverehrer verspotten. Er wandte sich an Narendra und fragte: „Was sagst du, Narendra? Weltliche Menschen bringen alles Mögliche gegen göttliche Menschen vor. Aber sie sollten sich wie ein Elefant verhalten. Wenn ein Elefant durch eine öffentliche Straße geht, rennen Hunde hinter ihm her und bellen ihn an. Aber der Elefant hat für ihr Bellen ein taubes Ohr und geht seiner Wege. Mein Junge, nimm einmal an, die Leute sprechen hinter deinem Rücken schlecht über dich. Was denkst du dann von ihnen?"

Narendra: "Ich würde sie als einen Haufen bellender Hunde betrachten."

Gott wohnt in allen.

Bhagavan lachte und sagte: "Nein, mein Freund, soweit brauchst du nicht zu gehen. Du sollst jeden lieben. Keiner ist ein Fremder. Gott wohnt in allen Lebewesen. Ohne Ihn kann nichts existieren. Als Prahlada[21] Ihn erkannte, bat ihn der Herr, sich etwas zu wünschen. Prahlada erwiderte: ‚Wenn ich Dich gesehen habe, welche andere Wohltat brauche ich dann noch?' Der Herr fragte ihn erneut. Da bat er: ‚Wenn Du mir eine Wohltat erweisen willst, dann vergib denen, die mich verfolgt haben.'

Prahlada war der Meinung, dass seine Verfolger den Herrn verfolgten, der in ihm wohnte. Wisse, dass Gott in allen Dingen wohnt, seien sie lebendig oder leblos. Deshalb ist alles ein Gegenstand der Verehrung, seien es Menschen, Tiere oder Vögel, Pflanzen oder Mineralien.

In unserer Beziehung zu den Menschen ist alles, was wir tun können, darauf zu achten, dass wir mit guten Leuten Umgang pflegen und schlechte Gesellschaft meiden. Es stimmt zwar, dass Gott auch in den schlechten Menschen wohnt, ja sogar in einem Tiger. Daraus folgt aber sicherlich nicht, dass wir einen Tiger umarmen sollen. Man kann fragen: Warum sollen wir vor einem Tiger fortrennen, wenn Gott in dieser Gestalt wohnt? Darauf lautet die Antwort, dass Gott, der in unseren Herzen wohnt, uns anweist, vor dem Tiger davonzulaufen. Warum sollten wir Seinem Willen nicht gehorchen?"

---

[21] Prahlada war ein großer Bhakta, der von Kindheit an größten Glauben, Liebe und Hingabe an den höchsten Herrn des Weltalls gezeigt hat. Er gilt als der vollkommene Bhakta unter den Hindus. Sein Leben wird in den Puranas beschrieben.

Das Gleichnis vom Schüler und dem wilden Elefanten

„In einem Wald lebte ein Weiser, der etliche Schüler hatte. Er lehrte seinen Schülern die Wahrheit: ‚Gott wohnt in allen Dingen. Weil du das weißt, solltest du deine Knie vor jedem Gegenstand beugen.‘

Eines Tages ging ein Schüler in den Wald, um Holz zu sammeln. Auf dem Weg sah er einen Mann, der auf einem wilden Elefanten ritt und rief: ‚Aus dem Weg, aus dem Weg! Dies ist ein wilder Elefant.‘ Der Schüler erinnerte sich an die Worte des Meisters und dachte, anstatt fortzurennen: ‚Gott ist im Elefanten wie in mir. Gott kann nicht von Gott verletzt werden. Warum sollte ich wegrennen?‘ Also blieb er stehen wo er war und grüßte den Elefanten, als er näherkam. Der Elefantenführer (Mahut) schrie weiter: ‚Aus dem Weg!‘ Aber der Schüler bewegte sich nicht vom Fleck, bis er von dem wilden Elefanten geschnappt und zur Seite geworfen wurde.

Der arme Junge war verletzt, blutete und lag bewusstlos auf dem Boden. Als der Weise von dem Unfall hörte, kam er mit seinen anderen Schülern, um ihn heimzutragen. Als der unglückliche Schüler nach einiger Zeit wieder zu Bewusstsein kam, beschrieb er, was vorgefallen war. Der Weise erwiderte: ‚Mein Junge, es stimmt zwar, dass Gott sich in allem manifestiert. Aber wenn Er im Elefanten ist, ist Er dann nicht genauso im Elefantenführer (Mahut)? Warum hast du nicht auf die Warnung des Elefantenführers gehört?‘“

Gott ist in allem.

Bhagavan fuhr fort: "In den heiligen Schriften steht: ‚Gott wohnt im Wasser.‘ Aber das eine Wasser kann für den Gottesdienst verwendet werden oder zum Trinken, das andere zum Baden oder zum Waschen, während schmutziges Wasser nicht einmal angerührt werden kann. Ebenso wohnt Gott zwar in allen Menschen, trotzdem gibt es gute und schlechte Menschen. Es gibt jene, die Gott lieben, und jene, die Gott nicht lieben. Wir sollten die Göttlichkeit in allen erkennen, aber wir sollten uns nicht in Gesellschaft schlechter Menschen begeben oder jener, die Gott nicht lieben. Unsere Beziehung zu ihnen darf nicht sehr eng sein. Es ist weise, die Gesellschaft solcher Menschen zu meiden."

Narendra: "Wie sollen wir uns verhalten, wenn böse Menschen unseren Frieden zerstören oder uns angreifen?“

Bhagavan: "Ein Mensch, der in der Gesellschaft lebt, sollte etwas Tamas-Widerstand (Bösem zu widerstehen) haben, um sich selbst zu schützen. Aber das nur nach außen hin. Das Ziel ist, die Bösen daran zu hindern, dich zu verletzen. Gleichzeitig solltest du keinen anderen wirklich verletzen, weil er dich verletzt hat."

Das Gleichnis von der Schlange und dem Heiligen

„In einem Feld lebte eine große Giftschlange. Keiner wagte sich auf diesen Weg. Eines Tages kam ein heiliger Mann (Mahatma) dort vorbei, und die Schlange verfolgte den Weisen, um ihn zu beißen. Aber als die Schlange sich dem Heiligen näherte, verlor sie alle Grausamkeit und war von der Freundlichkeit des Yogis überwältigt.

Als der Weise sie sah, sagte er: ‚Mein Freund, willst du mich beißen?' Die Schlange war beschämt und antwortete nicht. Da fuhr der Weise fort: ‚Hör gut zu, mein Freund. Verletze künftig niemanden mehr.' Die Schlange verneigte sich und nickte zustimmend. Der Weise ging seiner Wege, und die Schlange kehrte in ihre Höhle zurück. Sie begann, fortan ein Leben der Unschuld zu führen, ohne den Versuch, jemanden zu verletzen.

Nach einigen Tagen folgerten alle Nachbarn, dass die Schlange ihr Gift verloren hatte und nicht mehr gefährlich war. Also begann jeder, sie zu hänseln. Sie bewarfen sie mit Steinen und zogen sie unbarmherzig am Schwanz. Ihre Schwierigkeiten fanden kein Ende.

Glücklicherweise kam der Heilige wieder des Weges. Als er die Prellungen der Schlange sah und bemerkte, dass sie böse zugerichtet war, war er davon sehr betroffen und fragte, was geschehen sei. ‚Heiliger Herr', erwiderte die Schlange, ‚das kommt daher, weil ich niemanden mehr verletze, wie du mir geraten hast. Aber sieh her, sie sind so grausam!'

Der Weise sagte lächelnd: ‚Mein Freund, ich habe dir nur geraten, niemanden mehr zu beißen. Aber ich habe nicht gesagt, du sollst andere nicht verängstigen. Obwohl du keine lebende Kreatur beißen sollst, sollst du doch die Leute auf Abstand halten, indem du sie anzischst.'"

Und Sri Ramakrishna fügte hinzu: „Es schadet nicht, wenn du böse Menschen und deine Feinde ‚anzischst' und ihnen zeigst, dass du dich schützen kannst und weißt, wie du dem Bösen widerstehen kannst. Du musst nur darauf achten, dass du dein Gift nicht ins Blut deiner Feinde versprühst. Widerstehe dem Bösen nicht, indem du im Gegenzug Böses tust."

Liebe für alle

Einer der Verehrer sagte: "Bhagavan, aber wenn jemand auf mich ärgerlich ist, bin ich unglücklich. Ich spüre, dass ich nicht in der Lage bin, jeden gleich zu lieben."

Ramakrishna: "Wenn du es so empfindest, solltest du mit dieser Person reden und versuchen, Frieden mit ihr zu schließen. Wenn du es vergeblich versucht hast, dann brauchst du daran keinen weiteren Gedanken mehr verschwenden. Nimm beim Herrn deine Zuflucht. Denk an Ihn. Lass dich von nichts anderem beunruhigen."

Verehrer: "Christus und Chaitanya haben uns beide gelehrt, die ganze Menschheit zu lieben."

Ramakrishna: "Du sollst jeden lieben, weil Gott in allen Lebewesen wohnt. Aber vor den bösen Leuten solltest du dich mit Abstand verneigen."

(Zu Bijoy lächelnd): "Stimmt es, dass die Leute dir vorwerfen, dass du mit denen Umgang pflegst, die an einen persönlichen Gott mit Gestalt glauben? Ein wahrer Gottverehrer sollte völlige Ruhe bewahren und sich nie von den Meinungen anderer beunruhigen lassen. Wie der Amboss eines Schmieds erträgt er alle Schläge und Verfolgungen und bleibt doch in seinem Glauben fest und immer derselbe."

Umgang mit den Bösen

„Böse Leute können viel über dich sagen und dich beschuldigen. Aber wenn du dich nach Gott sehnst, sollst du es mit Geduld ertragen. Man kann an Gott selbst dann denken, wenn man inmitten böser Leute ist. Die Weisen der alten Zeiten, die in den Wäldern lebten, konnten über Gott meditieren, obwohl sie von Tigern, Bären und anderen wilden Tieren umgeben waren.

Das Wesen der Bösen ist wie das eines Tigers oder Bärs. Sie greifen die Unschuldigen an und verletzen sie. Du solltest besonders vorsichtig im Kontakt mit folgenden [Menschen und Tieren] sein: Zuerst mit den Wohlhabenden. Ein Mensch, der wohlhabend ist und viele Diener hat, kann leicht einem anderen schaden, wenn er will. Du solltest sehr auf der Hut sein, wenn du mit ihm sprichst. Manchmal musst du sogar seiner Meinung zustimmen. Zweitens mit einem Hund. Wenn ein Hund dich anbellt, darfst du nicht davonrennen, sondern musst mit ihm reden und ihn beruhigen. Drittens mit einem Stier. Wenn ein Stier dich verfolgt, solltest du ihn immer beruhigen, indem du mit ihm sprichst. Viertens mit einem Trunkenbold. Wenn du ihn verärgerst, wird er dich beschimpfen und dich verfluchen. Du solltest ihn wie einen lieben Verwandten ansprechen. Dann ist er glücklich und zuvorkommend.

Wenn böse Leute mich besuchen, bin ich sehr vorsichtig. Der Charakter einiger von ihnen ist wie der einer Schlange. Sie können dich versehentlich beißen. Es kann lange dauern und viel Unterscheidung benötigen, um sich von den Wirkungen dieses Bisses zu erholen. Oder du ärgerst dich so sehr über sie, dass du dich rächen willst. Es ist hingegen nötig, gelegentlich die Gesellschaft heiliger Menschen aufzusuchen. Durch solche Gesellschaft stellt sich rechte Unterscheidung ein."

Die vier Arten der individuellen Seelen

„Es gibt vier Arten von Jivas oder individuellen Seelen: erstens Baddha, die gebundene Seele, zweitens Mumukshu, der Freiheitssucher, drittens Mukta, der Befreite, und viertens Nitya-Mukta, der ewig Befreite. Diese Welt ist wie ein Netz. Die Seele ist der Fisch, und der Herr der Erscheinungswelt ist der Fischer. Wenn ein Fischer sein Netz einholt, versuchen einige Fische, dem Netz zu entkommen. Sie kämpfen um Freiheit. So sind auch die Seelen der zweiten Art, der Mumukshus, der Freiheitssucher. Aber von den Fischen, die kämpfen, entkommen nur wenige.

Ebenso erlangen nur wenige Seelen die Freiheit. Sie gehören der dritten Art, den Muktas, an. Es gibt jedoch einige Fische, die von Natur aus vorsichtig sind und nie ins Netz fallen. So sind die Seelen der vierten Art, der Nitya-Muktas, die nie vom Netz der Erscheinungswelt gefangen werden und immer frei sind wie Narada[22] und andere wie er.

---

[22] In den Hindu-Schriften wird Narada als der ideale Gottliebende beschrieben. Er sprach immer mit dem Herrn. Der Herr Vishnu wählte ihn als Seinen meistgeliebten Boten aus.

Die meisten Fische fallen jedoch ins Netz und wissen nicht, dass sie dort sterben werden. Wenn sie gefangen wurden, versuchen sie fortzuschwimmen und verstecken sich im Schlamm am Grund, indem sie mit dem Netz schwimmen. Sie bemühen sich nicht, aus dem Netz zu kommen, sondern schwimmen immer tiefer in den Schlamm hinein. Sie können mit den Seelen verglichen werden, die fest an die Welt gebunden sind. Sie sind im Netz gefangen, täuschen sich aber selbst, indem sie glauben, dass sie glücklich sind. Sie bleiben an die Weltlichkeit gebunden. Sie tauchen in den Morast von weltlichen Übeln und sind zufrieden, während die Freiheitssucher oder die Befreiten die Weltlichkeit nicht mögen und sich nicht um Sinnesfreuden kümmern."

Die gebundenen Seelen

„Jene, die auf diese Weise im Netz der Welt gefangen sind, sind die Baddhas, die gebundenen Seelen. Keiner kann sie erwecken. Sie kommen nicht zu Sinnen, selbst nicht, nachdem sie einen Schicksalsschlag nach dem anderen, Sorgen und unaussprechliches Leid erlitten haben.

Das Kamel liebt Dornenbüsche, und obwohl sein Maul blutet, wenn es sie frisst, hört es dennoch nicht auf, sie innig zu lieben, und keiner kann es davon abhalten. Die gebundenen Seelen können großem Kummer und Unglück begegnen, aber nach einigen Tagen sind sie wie zuvor. Die Frau kann sterben oder untreu werden. Der Mann heiratet erneut. Sein Sohn kann sterben. Er ist sehr traurig, aber er wird ihn bald vergessen. Die Mutter des Jungen mag für kurze Zeit vom Kummer überwältigt sein, aber nach einigen Tagen kümmert sie sich erneut um ihr Aussehen, schmückt sich mit Juwelen und putzt sich heraus.

Solch weltliche Leute können durch die Verheiratung ihrer Söhne und Töchter verarmen, trotzdem bekommen sie jährlich ein Kind. Sie können ihr Vermögen durch einen Prozess verlieren, trotzdem werden sie erneut vor Gericht gehen. Sie mögen nicht in der Lage sein, ihre Kinder zu unterstützen, zu bilden, zu ernähren, zu kleiden und ihnen ein ordentliches Zuhause zu geben, trotzdem haben sie immer mehr Kinder. Sie sind wie die Schlange mit der Bisamratte im Maul. Obwohl die Schlange die Ratte wegen ihres starken Geruchs nicht verschlingen kann, so kann sie sie auch nicht herauswürgen, weil ihre Zähne krumm sind. So können auch diese gebundenen

Seelen, die Baddhas, obwohl sie gelegentlich spüren, dass die Welt unwirklich ist, sie weder aufgeben noch sich auf die Wirklichkeit des Universums konzentrieren. Ich habe einmal einen Verwandten von Keshab Chunder Sen beobachtet, der ziemlich alt war und immer noch Karten spielte, als wäre die Zeit für die Meditation über Gott für ihn noch nicht gekommen.

Es gibt ein weiteres Anzeichen für eine weltliche Seele, einen Baddha. Wenn du ihn aus der Welt herausnimmst und ihn an einen besseren Ort stellst, wird er dahinsiechen und sterben. Er wird wie ein Sklave arbeiten, um seine Familie zu unterstützen. Er wird nicht zögern zu lügen, zu täuschen oder zu schmeicheln, um seinen Lebensunterhalt zu verdienen. Er betrachtet jene, die Gott verehren oder über den Herrn des Weltalls meditieren, als krank. Er findet nie Zeit oder eine Gelegenheit, über spirituelle Dinge nachzudenken. Selbst in seiner Todesstunde denkt und spricht er von weltlichen Dingen.

Welcher Gedanke auch immer in weltlichen Menschen vorherrscht, er kommt zum Zeitpunkt des Todes zum Vorschein. Wenn sie ins Delirium fallen, dann phantasieren sie über nichts anderes als über materielle Dinge. Sie mögen Orte der Verehrung aufsuchen, aber solange sie noch an der Welt hängen, erheben sich im letzten Augenblick weltliche Gedanken. Einem Papagei kann man beibringen, den heiligen Namen des Herrn zu sagen, aber wenn er von einer Katze angegriffen wird, kreischt er und gibt seinen natürlichen Schrei von sich. So können sie den heiligen Namen des Herrn wiederholen, aber wenn sie vom Tod angegriffen werden, überwiegt die natürliche Neigung ihres Geistes."

Was du denkst, zu dem wirst du.

„In der Bhagavad Gita heißt es, dass die Zukunft durch den Gedanken, der im Augenblick des Todes vorherrscht, bestimmt wird. Und im Purana gibt es eine Geschichte, dass König Bharata als Reh geboren wurde, weil er, als er starb, an ein Reh gedacht hatte. Jener, der im Gedanken an Gott stirbt und über Ihn meditiert, kommt nicht in diese Welt zurück."

Ein Verehrer: "Bhagavan, wird ein Mensch, der an Gott denkt, aber zum Zeitpunkt des Todes nicht über Ihn meditiert, wiedergeboren?"

Konzentration und Meditation

Sri Ramakrishna: "Eine gewöhnliche Seele, die nicht an Gott glaubt, mag eine Zeit lang an Ihn denken, vergisst Ihn aber leicht wieder und haftet an der Welt. Wenn dieser Mensch sich jedoch im letzten Augenblick seines Lebens auf Gott konzentriert, werden sein Herz und seine Seele gereinigt und bleiben sogar nach dem Tod so. Die Leute leiden an so vielem, weil sie keinen Glauben an Gott haben. Um in unserer Todesstunde über Gott meditieren zu können, müssen wir unseren Geist durch beständige Übung darauf vorbereiten. Die Meditation über Gott wird eine Neigung des Geistes schaffen, an Ihn spontan zu denken, auch im letzten Augenblick."

Ein Verehrer: "Bhagavan, in welcher Geistesverfassung muss eine weltliche Person sein, um Freiheit zu erlangen?"

Ramakrishna: "Wenn durch die Gnade des Herrn eine starke Leidenschaftslosigkeit gegenüber weltlichen Dingen im Geist entsteht, dann wird solch eine Person frei von allen weltlichen Bindungen."

Leidenschaftslosigkeit

„Was ist diese starke Leidenschaftslosigkeit? Ich werde es dir sagen. Gewöhnliche Leidenschaftslosigkeit bewirkt, dass der Geist gelegentlich an den Herrn denkt, aber es gibt kein Sehnen im Herzen. Im Gegensatz dazu bewirkt starke Leidenschaftslosigkeit, dass der Geist beständig beim Herrn weilt mit derselben intensiven Sehnsucht, die eine Mutter für ihr einziges Kind empfindet. Wer starke Leidenschaftslosigkeit hat, will nichts anderes außer den Herrn. Er betrachtet die Welt als einen tiefen Brunnen und fürchtet immer, in ihn hineinzufallen. Irdische Beziehungen sind für ihn sehr fern. Er sucht sie nicht. Sein ganzes Herz und seine ganze Seele sehnen sich nach Gott. Er denkt weder an seine Familie noch an morgen. Er besitzt auch eine große spirituelle Kraft."

Das Gleichnis vom Bauer und Kanal

„Lass es mich dir mit einem Gleichnis erklären: An einem Ort herrschte eine lange Dürre. Die Bauern bewässerten ihre Felder mit Kanälen, durch die sie Wasser aus weiter Entfernung herleiteten.

Ein Bauer war sehr zielstrebig und besaß einen starken Charakter. Eines Morgens beschloss er, seinen Kanal so weit zu graben, bis er ihn mit dem Fluss verbunden und Wasser auf sein Feld geleitet hatte. Er war so sehr mit Graben beschäftigt, dass er das Zeitgefühl verlor.

Die Zeit für das Mittagessen kam und verstrich. Seine Frau rief ihn, nach Hause zu kommen, sich zu waschen und zu essen. ‚Das Mittagessen wird kalt. Arbeite morgen weiter', drängte sie ihn. Zunächst hörte er nicht auf sie, aber als sie ihre Bitte wiederholte, bat er sie, nach Hause zu gehen und ihn nicht weiter zu stören. ‚Du hast keine Einsicht', sagte er. ‚Bei dieser schrecklichen Dürre können wir nichts anbauen. Es gibt nichts zu essen für die Kinder. Die ganze Familie wird verhungern. Ich habe beschlossen, dass ich heute das Wasser des Flusses auf mein Feld leite. Danach kann ich daran denken, mich zu waschen und zu essen.'

Als seine Frau das hörte, rannte sie nach Hause. Der Bauer arbeitete den ganzen Tag lang hart, und als es Abend wurde, verband er den Kanal mit dem Fluss. Er setzte sich mit großer Freude neben ihn und sah zu, wie das Wasser auf sein Feld floss. Sein Geist war friedvoll und glücklich. Er ging nach Hause, rief nach seiner Frau und sagte: ‚Jetzt gib mir etwas Öl und stopfe meine Pfeife.' Er wusch sich, aß ein herzhaftes Abendessen und genoss einen gesunden Schlaf. Diese Art von Bestimmtheit und Zielgerichtetheit muss die Grundlage starker Leidenschaftslosigkeit sein.

Ein anderer Bauer versuchte ebenfalls, Wasser auf sein Feld zu bringen. Auch er wurde von seiner Frau zum Mittagessen gerufen. ‚Es wird spät. Komm nach Hause, wasch dich und iss', sagte sie. Sofort ließ er seinen Spaten fallen und erwiderte: ‚Meine Liebe, wenn du mich bittest, dann muss ich kommen.' Somit blieb sein Feld trocken. Wie dieser Bauer sein Feld nicht bewässern konnte, so kann ein Verehrer ohne feste Entschlossenheit Gott nicht erlangen.

Wenn Gott durch solch starke Leidenschaftslosigkeit erlangt wird, verschwinden alle weltlichen Bindungen. Ein Familienvater lebt dann zwar mit seiner Familie, aber er wird anhaftungslos, und es besteht für ihn keine Gefahr mehr. Wenn es zwei Magnete gibt, einen sehr groß und einen sehr kleinen, welcher, glaubst du, wird das Eisenstück anziehen? Natürlich das größere. Gott ist der größte Magnet. Verglichen mit Ihm ist die Anziehungskraft der Welt klein und kraftlos."

Ein Verehrer: "Bhagavan, warum sind wir so sehr an die Welt gebunden, dass wir Gott nicht sehen können?"

Das „Ich"-Empfinden

Ramakrishna: "Das 'Ich'-Empfinden in uns ist das größte Hindernis auf dem Weg zur Gottesschau. Es verdeckt die Wahrheit. Wenn das ‚Ich' tot ist, hören alle Probleme auf. Wenn ein Mensch durch das Erbarmen des Herrn erkennt: ‚Ich bin nicht der Handelnde', dann wird er sofort in diesem Leben befreit. Dieses ‚Ich'-Empfinden ist wie eine dicke Wolke. Wie eine kleine Wolke die herrliche Sonne verbergen kann, so verbirgt diese Wolke des ‚Ichs' die Herrlichkeit der ewigen Sonne. Wenn sich die Wolke durch das Erbarmen des Gurus oder des spirituellen Meisters auflöst, wird die Herrlichkeit des Unendlichen sichtbar.

Als Rama, die göttliche Inkarnation in menschlicher Gestalt, durch den Wald ging, konnte Ihn Lakshmana (die individuelle Seele), der ganz in Seiner Nähe war, nicht sehen, weil Sita[23] oder Maya[24] oder der ‚Ich'-Sinn zwischen ihnen stand. Sieh mich an. Ich bedecke mein Gesicht mit diesem Taschentuch, und du kannst mich nicht sehen. Trotzdem ist mein Gesicht da. So ist Gott uns von allen der Nächste, aber wegen des ‚Ich'-Sinns siehst du Ihn nicht. Die Seele ist in ihrem wahren Wesen absolute Existenz, Intelligenz und Seligkeit, aber wegen Maya oder dem ‚Ich'-Sinn hat sie ihr wahres Selbst vergessen und wurde im Netzwerk der verschiedenen Begrenzungen des Geistes und Körpers verstrickt."

Geld ist Macht.

„Jede Eigenschaft begrenzt die Seele und verändert ihr Wesen. Wer sich elegant kleidet, wird naturgemäß Liebeslieder singen, Karten spielen und einen Gehstock tragen. Solche Dinge werden ihm gefallen. Wenn du einen Bleistift in der Hand hältst, wirst du unbewusst damit auf irgendetwas herumkritzeln. Solcherart ist die Macht des Bleistifts.

---

[23] [Lakshmana ist Ramas Bruder, Sita ist Ramas Gemahlin.]
[24] [Maya ist die Kraft der Täuschung und Verhüllung in ihren vielen Aspekten.]

Geld übt eine große Macht aus. Wenn ein Mensch wohlhabend wird, verändert sich sein Wesen völlig. Er ist dann ein anderer Mensch. Zum Beispiel kam immer ein armer Brahmane hierher. Er war sehr demütig. Er lebte am anderen Gangesufer. Als ich eines Tages mit einem Boot dort anlegte, sah ich ihn am Flussufer sitzen. Als er mich sah, rief er respektlos: ‚Hallo, bist du es, mein guter Junge?' Sofort wusste ich durch sein Verhalten, dass er zu Geld gekommen war. Andernfalls hätte er es nicht gewagt, mich auf diese Weise anzusprechen.

Eine Kröte hatte eine Rupie in ihrer Höhle. Da kam ein Elefant des Weges und ging über die Höhle. Die Kröte war sehr verärgert. Sie kam heraus und wollte den Elefanten treten, wobei sie sagte: ‚Wie kannst du es wagen, über mich hinwegzugehen?' Solcherart ist die Macht des Wohlstands. Sie macht einen so egoistisch.“

Die sieben Stufen der spirituellen Entwicklung

„Dieses 'Ich'-Empfinden verschwindet jedoch, wenn die göttliche Weisheit naht, die zum Überbewusstsein (Samadhi) und schließlich zum Gottesbewusstsein führt. Aber es ist sehr schwer, die göttliche Weisheit zu erlangen. In den Veden steht, dass die Seele in Samadhi eintritt und ihr ‚Ich'-Empfinden sofort verschwindet, wenn der Geist die siebte Stufe der spirituellen Entwicklung erreicht. Der Geist wohnt naturgemäß auf den ersten drei Stufen, dem Bereich der weltlichen und tierischen Neigungen, und haftet an Lust und Wohlstand.

Wenn der Geist im gereinigten Herzen wohnt, nimmt die Seele spirituelles Licht wahr. Dann ruft die Seele: ‚Was ist das! Was ist das!' Wenn er sich zum Hals erhebt und dort bleibt, liebt der Verehrer es, von Gott zu hören und zu sprechen. Wenn der Geist sich noch weiter erhebt, bis zum Punkt zwischen den Augenbrauen, sieht er das unendliche Sein, dessen Wesen absolute Existenz, Intelligenz und Seligkeit ist.

Die Seele will dann dieses Sein berühren und umarmen, ist dazu aber nicht in der Lage. Wie das Licht in einer Laterne zwar gesehen, aber nicht von außen berührt werden kann, so nimmt die Seele die Vision wahr, kann sie aber nicht ergreifen. Sie kann nicht in sie eintreten, sie kann sich nicht mit ihr vereinen. Auf der siebten Stufe ist jedoch der Geist des ‚Ich'-Empfindens beraubt, geht ins Gottesbewusstsein ein und verwirklicht seine Einheit mit dem Unendlichen."

Verehrer: "Bhagavan, was geschieht, nachdem man die siebte Stufe erreicht hat und die göttliche Weisheit kommt? Was sieht man dann?"

Ramakrishna: "Das kann man nicht mit Worten beschreiben. Auf der siebten Stufe, auf der der Geist in seine ursächliche Gestalt eingeht, kommt Samadhi, und was dann geschieht, kann keiner berichten."

Der Unterschied zwischen der Seele und Gott

"Dieses 'Ich'-Empfinden, das einen weltlich macht und an Lust und Wohlstand bindet, ist die Ursache der Bindung. Der Unterschied zwischen dem Höchsten und der individuellen Seele wird durch dieses ‚Ich'-Empfinden erschaffen, das dazwischensteht. Wenn du einen Stecken an die Oberfläche eines Stroms hältst, sieht es so aus, als würde sich das Wasser teilen, aber in Wirklichkeit ist das Wasser ein Einziges. Wegen des Steckens sieht so aus, als wären es zwei. Das ‚Ich'-Empfinden kann mit diesem Stecken verglichen werden. Beseitige diese begrenzenden Attribute, und der Fluss ist eins und ungeteilt.

Was ist dieses 'Ich'-Empfinden, das am Menschen haftet? Das, was sagt: ‚Ich bin dies, ich bin das. Ich besitze so viel Wohlstand. Ich bin groß und mächtig. Wer ist größer als ich?' Wenn ein Dieb zehn Rupien gestohlen hat und entdeckt wird, nimmt der Eigentümer ihm zuerst sein Geld ab, dann schlägt er ihn und händigt ihn danach der Polizei aus, die ihn schließlich ins Gefängnis wirft."

Das weltliche "Ich"

„Das weltliche 'Ich' sagt: 'Weiß er denn nicht, dass er zehn Rupien gestohlen hat, die mir gehören? Wie konnte er es wagen?'"

Verehrer: "Bhagavan, wenn wir die Weltlichkeit nicht loswerden können, außer indem wir das 'Ich'-Empfinden in Samadhi verlieren, ist es dann nicht besser, dem Weg der Weisheit zu folgen, der zu Samadhi führt, da auf dem Weg der Verehrung das ‚Ich'-Empfinden immer noch zurückbleibt?"

Die Schwierigkeit, das "Ich" loszuwerden

Ramakrishna: "Nur sehr wenige können das ‚Ich'-Empfinden durch Samadhi loswerden. Es klebt üblicherweise an uns. Wir können tausend Mal Unterscheidung üben, aber das ‚Ich'-Empfinden kommt unweigerlich immer wieder zurück. Du kannst heute die Zweige des Feigenbaumes abschneiden, aber morgen wirst du sehen, dass neue Zweige austreiben. Wenn dieses ‚Ich'-Empfinden nicht verschwindet, dann lass es als Diener Gottes bestehen bleiben. ‚Oh Gott, Du bist mein Herr, ich bin Dein Diener!'"

Das dienende "Ich" des Bhakta

„Denke auf diese Weise: 'Ich bin Sein Diener, ich bin Sein Bhakta, Verehrer.' Diese Art von ‚Ich' schadet nicht. Süßigkeiten verursachen Verdauungsbeschwerden und Säure, aber kristallisierter Kandiszucker ist harmlos. Der Weg der Weisheit ist sehr schwierig. Man kann ihm nicht folgen, solange das ‚Ich'-Empfinden mit dem Körper verbunden ist. In diesem Zeitalter können das Körperbewusstsein und das ‚Ich'-Empfinden nicht so leicht überwunden werden. Aber auf dem Weg der Verehrung kann Gott durch Gebet und die Wiederholung Seines heiligen Namens mit großer Sehnsucht auf alle Fälle erreicht werden."

Verehrer: "Bhagavan, lehrst du uns, das weltliche ‚Ich' aufzugeben, aber nicht das Empfinden des dienenden ‚Ichs'?"

Ramakrishna: "Ja, das 'dienende Ich' oder das Empfinden: ‚Ich bin der Diener Gottes', ‚Ich bin Sein Verehrer', dieser Egoismus ist nicht schlecht, sondern hilft uns im Gegenteil, Gott zu erkennen."

Verehrer: "Bhagavan, besitzt derjenige, der das Empfinden des dienenden ‚Ichs' hat, noch Leidenschaft und Ärger?"

Ramakrishna: "Wenn die Haltung eines Dieners echt und vollkommen ist, dann fallen Leidenschaft und Ärger ab und hinterlassen nur eine Narbe im Geist. Dieses ‚Ich' des Bhakta oder Verehrers verletzt keine lebende Kreatur. Es ist wie ein Schwert, das sich in Gold verwandelt, nachdem es den Stein des Philosophen berührt hat. Das Schwert behält seine Form, aber es kann niemanden mehr stechen oder verletzen. Die trockenen Blätter der Kokospalme fallen durch den Wind ab und hinterlassen eine Narbe am Stamm. Diese Narbe beweist, dass dort einmal ein Blatt gewesen ist. Ähnlich bleibt die Narbe des ‚Ich'-Empfindens im Geist eines Menschen zurück, der Gott erkannt hat, aber sein ganzes Wesen wurde in das eines unschuldigen Kindes verwandelt."

Das „Ich" des Kindes

„Das 'Ich'-Empfinden eines Kindes haftet nicht an weltlichen Objekten. Es kann etwas in einem Augenblick mögen und im nächsten nicht mehr. Du kannst ihm etwas sehr Wertvolles wegnehmen, indem du ihm eine Puppe gibst, die nur einen Pfennig wert ist. Für ein Kind ist jeder gleich. Es gibt keinen Größeren und Kleineren. Deshalb hat ein Kind kein Empfinden für Kaste oder Glaube. Wenn seine Mutter ihm sagt: ‚Er ist dein Bruder', wird das Kind sich zu ihm setzen und mit ihm essen, wie niedrig seine Kaste auch sein mag, ohne ein Gefühl von Abneigung oder irgendeinem Unterschied."

Wahre Hingabe und Liebe

„Einige Bhaktas behalten das ‚Ich'-Empfinden ‚Ich bin Sein Diener, ich bin Sein Verehrer' zurück, nachdem sie Samadhi oder das Gottesbewusstsein erlangt haben und zurückkehren. Sie verlieren das ‚Ich'-Empfinden nicht völlig, sondern behalten einen kleinen Teil davon, um den heiligen Namen des Herrn zu wiederholen, Sein Lob zu singen, um Ihn zu lieben und Ihm zu dienen.

Jene, die dieses Empfinden des ‚dienenden Ichs' beständig üben, erreichen schließlich den höchsten Herrn. Dies ist der Weg des Bhakti oder der Verehrung. Aber wahre Verehrung ist sehr selten. Wahre Verehrung führt zur intensiven Liebe für Gott. Und wenn diese intensive Liebe kommt, ist das göttliche Sein nicht mehr sehr weit. Durch diese intensive Liebe wird das Empfinden der Weltlichkeit völlig weggewischt, und das ganze Herz und die ganze Seele stützen sich auf nichts anderes als auf den Herrn des Universums.

Einige werden mit dieser intensiven Liebe zu Gott geboren. Für sie ist sie natürlich. Das drückt sich bereits in ihrer Kindheit aus. Selbst in diesem zarten Alter schreien sie nach Gott. Es gibt viele Beispiele für solche geborenen Bhaktas wie Prahlada und andere. Gewöhnliche Hingabe, die auf die Befolgung der Gesetze zu Opfer und Verehrung in den Schriften begrenzt ist, ist dafür eine Vorbereitung. Wie man sich bei Hitze Luft zufächelt, solange keine Brise weht, so wird der Fächer nicht mehr benötigt, wenn eine Brise aufkommt. Wenn also die Brise intensiver Liebe in der Seele zu wehen beginnt, werden alle hingebungsvollen Übungen wie die Wiederholung des Namens des Herrn, Opfer, Gebete und Entsagung unnötig. Hingabe ohne intensive Liebe ist das Zeichen unreifen Bhaktis. Wenn es reift, führt es zur göttlichen Liebe, die vollkommen ist und die höchste Erkenntnis bringt."

Ein Schüler: "Bhagavan, wie kann man Gott erkennen?"

Ein reines Herz

Ramakrishna: "Gott kann nur vom gereinigten Herzen erkannt werden. Gewöhnlich ist der Geist von Weltlichkeit beschmutzt."

Gott ist wie ein Magnet.

„Der Geist kann mit einer Nadel verglichen werden. Wenn eine Nadel von dickem Schmutz bedeckt ist, wird sie nicht vom Magneten angezogen. Aber wenn der Schmutz abgewaschen wird, zieht der Magnet sie an."

Die Kraft der Reue

„Ebenso ist es, wenn der Geist mit dem Schmutz der Weltlichkeit bedeckt ist. Dann spürt er die Anziehung des Herrn nicht. Aber wer immer bereut und sagt: ‚Oh Herr, ich werde nie wieder solch eine Tat begehen' und Tränen wahrer Reue vergießt, der wäscht alle Unreinheiten ab, und der Magnet des Herrn zieht dann die Nadel des Geistes an. Sofort stellt sich das Überbewusstsein ein, dem die Gottesschau folgt."

Das Erbarmen des Herrn

„Ein Mensch kann tausend Versuche unternehmen, aber nichts kann ohne das Erbarmen des Herrn erreicht werden. Ohne Sein Erbarmen kann keiner Ihn schauen. Und es ist auch nicht leicht, Seine Gnade zu erlangen. Das egoistische 'Ich'-Empfinden, das sagt: 'Ich bin der Handelnde', muss völlig aufgegeben werden, bevor das göttliche Erbarmen empfunden werden kann.

Wenn man zum Herrn geht, solange ein Verwalter für das Lagerhaus verantwortlich ist, und ihn bittet: ‚Herr, kannst du nicht zum Lagerhaus kommen und mir diesen Gegenstand geben?', wird er antworten: ‚Der Verwalter ist dort. Warum sollte ich hingehen?' Ebenso wird der wahre Herr nicht ins Lagerhaus des Herzens eintreten, solange das Ego sich für den Handelnden und den Herrn des Lagerhauses des Herzens hält. Das Erbarmen des Herrn ist der sicherste Weg zur Gottesschau."

Gott, die Sonne der Weisheit

„Er ist die Sonne der Weisheit. Ein einziger Strahl dieser ewigen Sonne erhellt diese Welt. Durch dieses Licht sind wir uns unserer selbst und einander bewusst und erlangen verschiedene Arten von Wissen. Wenn Er dieses Licht auf Sein eigenes Gesicht richtet, dann wird Er für Seinen Bhakta oder Verehrer sichtbar."

Das Beispiel von der Blendlaterne

„In der Nacht geht der Wächter mit der Blendlaterne in seiner Hand von einem Ort zum nächsten. Durch ihr Licht sieht er jedes Gesicht, und die Leute sehen einander, aber keiner kann ihn sehen. Wenn jemand den Wächter sehen will, muss er ihn bitten, das Licht auf sich zu richten. Ähnlich muss derjenige, der den Herrn sehen will, Ihn bitten: ‚Oh Herr, richte in Deinem Erbarmen das Licht Deiner Weisheit auf Dein Gesicht, damit ich Dich sehen kann.'

Wenn es in einem Haus kein Licht gibt, ist dies das Zeichen äußerster Armut. Deshalb muss man das Licht der Lampe der Weisheit im Herzen entzünden. ‚Oh Geist, warum siehst du das Gesicht der Göttlichen Mutter nicht, indem du die Lampe der Weisheit in der Kammer der Seele entzündest!'"

KAPITEL III: BHAGAVAN MIT EINIGEN SEINER VERHEIRATETEN SCHÜLER

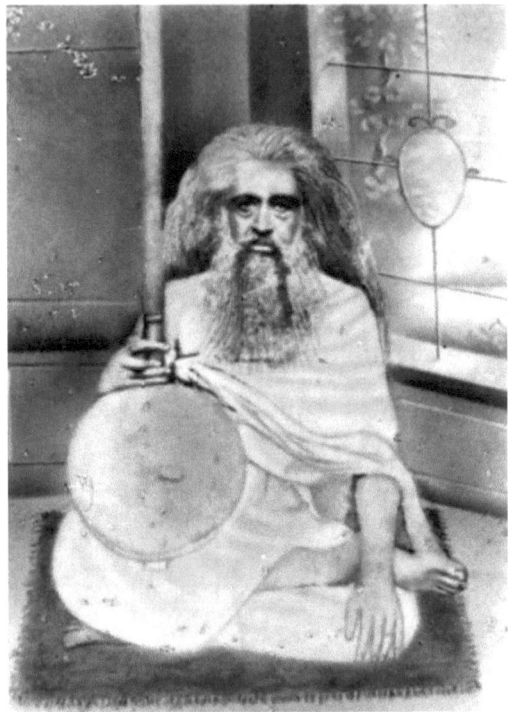

Mahima Charan Chuckravarti

Gott ist gestaltlos und hat eine Gestalt.

Eines Tages im Winter kam ein verheirateter Schüler [M.], der College-Professor war, Bhagavan besuchen. Sri Ramakrishna saß auf der südlichen Veranda seines Zimmers und lächelte. Nach einem kurzen Gespräch fragte er ihn: „Meditierst du lieber über Gott mit Gestalt oder ohne Gestalt?' Der Schüler zögerte und antwortete: ‚Ich meditiere lieber über den gestaltlosen Gott als gestaltloses Sein als über Gott mit einer Gestalt."

Bhagavan erwiderte: "Das ist gut. Es schadet nicht, Ihn aus dem einen oder anderen Blickwinkel zu betrachten. Ja, Ihn als gestaltloses Sein zu betrachten, ist ganz richtig. Aber glaube nicht, dass das allein richtig ist und alles andere falsch. Über Ihn als ein Sein mit Gestalt zu meditieren, ist ebenso richtig. Du musst jedoch an deiner eigenen Vorstellung von Gott festhalten bis du Gott erkannt und geschaut hast."

Verehrung von Bildern

Der Schüler fragte: "Bhagavan, man kann glauben, dass Gott eine Gestalt hat, aber bestimmt ist Er nicht in den Statuen aus Ton, die verehrt werden."

Sri Ramakrishna antwortete: "Mein lieber Herr, warum sagst du ‚Statuen aus Ton'? Das Bildnis des göttlichen Seins besteht aus Geist."

Der Schüler konnte das nicht verstehen und antwortete: „Sollte es denn nicht unsere Pflicht sein, jenen, die Bilder verehren, klar zu machen, dass Gott nicht dasselbe wie die Bilder ist und dass sie bei der Verehrung an Gott selbst und nicht an die Figur aus Ton denken sollen?"

Bhagavan sagte: "Der Herr des Weltalls lehrt die Menschheit. Er, der die Sonne und den Mond, die Menschen und Tiere gemacht hat, Er, der die Dinge erschaffen hat, von denen sie leben, kümmert sich darum, sie zu hüten und großzuziehen. Er, der so vieles getan hat, wird sie bestimmt aufklären. Der Herr wohnt im Tempel des menschlichen Körpers. Er kennt unsere innersten Gedanken. Wenn an der Bilderverehrung etwas falsch ist, weiß Er dann nicht, dass alle Verehrung Ihm gilt? Er wird sie mit Freuden annehmen, da Er weiß, dass sie für Ihn gedacht ist. Warum solltest du dich um Dinge sorgen, die außerhalb deiner Reichweite liegen? Versuche, Gott zu erkennen und Ihn zu lieben. Dies ist deine erste Pflicht.

Du sprichst von Statuen aus Ton. Es ist oft nötig, diese Statuen und Symbole zu verehren. Das Vedanta sagt, dass die absolute Existenz, Intelligenz und Seligkeit das Weltall durchdringt und sich in allen Gestalten manifestiert. Was schadet es, wenn man das Absolute durch Bilder und Symbole verehrt? Wir sehen kleine Mädchen mit ihren Puppen. Wie lange spielen sie mit ihnen? Solange sie nicht verheiratet sind. Nach der Hochzeit legen sie die Puppen beiseite. Ebenso braucht man Bilder und Symbole, solange Gott nicht in Seiner wahren Gestalt erkannt wird. Es ist Gott selbst, der diese verschiedenen Gestalten der Verehrung angeboten hat. Der Meister des Universums hat das alles getan, um verschiedenen Menschen auf unterschiedlichen Stufen des spirituellen Wachstums und Wissens dienlich zu sein.

Die Mutter bereitet die Nahrung für ihre Kinder so zu, dass jedes bekommt, was für es das Beste ist. Nimm einmal an, eine Mutter hat fünf Kinder und einen Fisch zum Kochen für alle. Sie macht daraus verschiedene Gerichte, sodass sie jedem das geben kann, was ihm bekommt – das reichhaltige Polao für das eine, Suppe für das andere, gebackenen Fisch für das dritte, Fisch mit sauren Tamarinden für das vierte usw., genau so, dass jedes es verdauen kann. Verstehst du es jetzt?"

Der Schüler erwiderte: "Ja, Bhagavan. Aber verehrter Herr, wie kann man seinen Geist auf Gott richten?"

Wie man seinen Geist auf Gott richtet

Sri Ramakrishna: "Hierfür muss man immer den heiligen Namen Gottes singen und ohne Unterlass über Seinen Ruhm und Seine Eigenschaften sprechen. Dann muss man die Gesellschaft heiliger Männer suchen. Von Zeit zu Zeit muss man die Verehrer des Herrn besuchen oder jene, die die Bindung an weltliche Dinge um des Herrn willen aufgegeben haben. Es ist jedoch schwer, inmitten weltlicher Sorgen und Ängste seinen Geist auf Gott zu richten. Deshalb ist es nötig, hin und wieder in die Einsamkeit zu gehen, um über Ihn zu meditieren."

Einsamkeit ist notwendig.

„Auf der ersten Stufe des spirituellen Lebens kommt man nicht ohne Einsamkeit aus. Wenn Pflanzen jung sind, brauchen sie zum Schutz einen Zaun um sich herum, sonst werden die Ziegen und das Vieh sie vernichten. Die Tiefe des Herzens, der abgelegene Winkel und der Wald sind die drei Orte für die Meditation. Man sollte auch Unterscheidung üben. Man sollte zwischen dem Wirklichen und Unwirklichen unterscheiden, zwischen Materie und Geist. Auf diese Weise schüttelt man seine Liebe für die Dinge dieser Welt und die Bindung an Sinnesfreuden, Wohlstand, Berühmtheit und Macht ab."

Der Avadhuta und der Milan

Bhagavan wandte sich Bijoy zu, der hereingekommen war, und fuhr fort: „Shivanath, das Oberhaupt des Brahmo Samaj, hat große Sorgen. Er gibt eine Zeitung heraus und verrichtet verschiedene andere Arbeiten. Wenn man sich um weltliche Angelegenheiten kümmert, verliert man natürlicherweise den Geistesfrieden und wird von Sorgen und Ängsten überwältigt.

Im Bhagavat heißt es, dass der Avadhuta[25] vierundzwanzig Gurus hatte. Der Milan war einer von ihnen. An einem bestimmten Ort angelten einige Fischer, als ein Milan herunterstürzte und sich einen Fisch schnappte. Als die Krähen ihn mit dem Fisch in den Klauen sahen, flogen hunderte von ihnen ihm krächzend nach und machten viel Lärm.

In welche Richtung der Milan auch flog, die Krähen folgten ihm. Als er nach Süden flog, verfolgten sie ihn. Als er nach Norden flog, jagten sie ihm nach, und er fand keinen Frieden, in welche Richtung er auch flog. Schließlich ließ der Milan den Fisch fallen. Da flogen die Krähen dem Fisch nach, und der Milan ruhte sich auf dem Ast eines hohen Baumes aus. Er dachte bei sich: ‚Dieser Fisch war die Ursache all dieser Schwierigkeiten. Jetzt, da ich ihn nicht mehr habe, bin ich glücklich und habe völligen Frieden.‘

Der Avadhuta lernte von diesem Milan: Solange ein Mensch an weltlichen Objekten hängt, hat er Mühen, Sorgen, Ängste, ist unruhig und unglücklich. Wenn die Bindung nicht mehr besteht, endet alle Arbeit, und es stellt sich Frieden ein. Aber Arbeit ohne Anhaftung ist gut. Sie bringt keine Unruhe.“

Der Avadhuta und die Biene

„Es ist jedoch sehr schwer zu arbeiten und ungebunden zu bleiben. Nur wenige können das erreichen. Jene, die das Gottesbewusstsein erlangt haben wie der Weise Narada, arbeiten zum Wohl der Menschheit.

Der Avadhuta hatte einen weiteren Guru – eine Biene. Welche Mühe sich eine Biene gibt, um Honig zu sammeln! Aber er ist nicht für sie selbst bestimmt. Jemand anderer kommt und nimmt den Honig von der Wabe. Der Avadhuta lernte von der Biene, dass es nicht weise ist, irgendetwas zu sammeln. Wahrhaft spirituelle Menschen sollten völlig von Gott abhängig sein und sich nicht wünschen, etwas zu besitzen. Aber das ist für Familienväter

---

[25] Avadhuta ist ein Sanskrittitel, der einem Menschen verliehen wird, der ein vollkommener Meister der Natur geworden ist und Gott erkannt hat. Solch eine große Seele war Dattatreya. In den Puranas wird er als der Avadhuta bezeichnet. Er ist auch der Verfasser der Avadhuta Gita, eines berühmten Werkes des Advaita Vedanta.

nicht möglich. Sie müssen ihre Familien unterstützen und deshalb sammeln und besitzen. Das Federvieh geht nicht in den Stall. Aber wenn es Junge hat, dann bringt es ihm Nahrung im Schnabel."

Die Übung der Anhaftungslosigkeit

„Erfülle deine sämtlichen Pflichten, wobei du deinen Geist immer auf Gott gerichtet hast. Was Eltern, Frau und Kinder betrifft, diene ihnen, als wären sie deine eigenen, aber denke immer daran, dass sie dir nicht gehören, dass sie die Kinder Gottes sind. Auch du bist ein Kind Gottes, und deine Verwandten sind jene, die Gott lieben.

Die Schildkröte schwimmt auf der Suche nach Nahrung im Wasser umher. Was glaubst du, woran sie denkt? An das seichte Wasser, wo ihre Eier liegen. Auf dieselbe Weise kannst du dich in der Welt bewegen, aber nimm dich in Acht, dass dein Geist immer bei den heiligen Füßen des Herrn weilt.

Nimm einmal an, du hast keine wahre Liebe für den Herrn erlangt. Wenn du in diesem Zustand in die Welt eintrittst, wirst du dich sicherlich in sie verstricken. Unglück, Trauer, Not, Sorge, Leiden und die verschiedenen Krankheiten des Körpers werden das Gleichgewicht deines Geistes zerstören. Und je mehr du dich in die Angelegenheiten der Welt stürzt und dich um weltliche Angelegenheiten kümmerst, desto mehr nimmt deine Anhaftung an die Welt zu. Reibe deine Hände mit Öl ein, wenn du eine Jackfrucht aufbrechen willst. Sonst wird die Milch, die aus der Frucht herauskommt, an deinen Händen kleben. Reibe zuerst deine Seele mit dem Öl der Liebe und Hingabe an den Herrn ein, dann kannst du mit den Angelegenheiten der Welt in Kontakt kommen."

Die Notwendigkeit der Einsamkeit

„Aber dafür ist Einsamkeit nötig. Wenn du Butter willst, musst du die Milch gerinnen lassen und sie an einen Platz stellen, wo sie keiner stören kann. Sonst wird die geronnene Milch nicht steif. Dann buttere sie, und es entsteht Butter. So soll auch der Anfänger in der Einsamkeit sitzen und nicht von weltlich gesinnten Leuten gestört werden. Dann wird durch das Buttern des beständigen Geistes durch die Übung der Meditation die Butter der göttlichen Liebe gewonnen. Wenn du in der Einsamkeit Gott deinen Geist gibst, wirst du den Geist wahrer Enthaltsamkeit und völliger Hingabe erlangen.

Wenn du denselben Geist der Welt gibst, wird er weltlich und denkt an Frauen und Gold.

Die Welt kann mit Wasser verglichen werden und der Geist mit Milch. Reine Milch, die einmal mit Wasser vermischt wurde, kann nicht mehr von ihm getrennt werden. Aber wenn sie zuerst zu Butter gemacht und dann in Wasser gelegt wird, kann sie davon getrennt bleiben. Lass die Milch deines Geistes sich durch religiöse Übungen in der Einsamkeit in die Butter der göttlichen Liebe verwandeln. Der Geist wird sich dann nie wieder mit dem Wasser der Weltlichkeit vermischen, sondern über die Welt hinauswachsen und nicht an ihr haften. Wenn man wahre Erkenntnis und Hingabe erlangt hat, bleibt der Geist von der Welt getrennt."

Lust und Gold sind unwirklich.

„Zudem übe Unterscheidung. ‚Lust und Gold' sind unwirklich. Gott ist die einzige Wirklichkeit. Welchen Nutzen hat Geld? Es kann Nahrung, Kleidung, ein Haus und den Luxus eines komfortablen Lebens geben, aber es kann nicht die spirituelle Vollkommenheit oder die Gottesschau bringen. Deshalb sollte der Erwerb von Wohlstand nicht der höchste Zweck und das höchste Ziel im Leben sein. Auf diese Weise solltest du Unterscheidung üben. Du wirst durch Unterscheidung auch deine Anhänglichkeit an persönliche Schönheit überwinden. Denk daran, woraus der Körper einer schönen Frau besteht. Wie alle Körper besteht er aus Fleisch und Blut, Haut und Knochen, Fett und Mark usw. Es ist erstaunlich, dass der Mensch Gott aus den Augen verliert und sich völlig solchen vergänglichen Sinnesobjekten hingibt."

Der Schüler fragte: "Bhagavan, ist es möglich, Gott zu schauen?"

Die Mittel, um Gott zu schauen

Sri Ramakrishna: "Gewiss. Es gibt folgende Mittel, um Gott zu schauen: Immer wieder in die Einsamkeit gehen, Seinen Namen und Seine Eigenschaften besingen, Unterscheidung üben."

Schüler: "Bhagavan, welcher Geisteszustand führt zur Gottesschau?"

Sri Ramakrishna: "Ruf mit einem sehnsuchtsvollen Herzen nach Gott, dann wirst du Ihn schauen. Die Leute vergießen kannenweise Tränen für Frau und

Kinder. Sie werden vom Strom ihrer eigenen Tränen davongetragen, die sie für Geld vergießen. Aber wer vergießt eine Träne für Gott? Rufe nach Ihm, nicht zur Schau, sondern mit einem sehnsüchtigen und verlangenden Herzen. Vor der aufgehenden Sonne kommt das rosarote Licht der Dämmerung. Ebenso ist ein sehnsüchtiges und verlangendes Herz das Zeichen für die Gottesschau, die danach kommen wird.

Große Sehnsucht ist der sicherste Weg zur Gottesschau. Durch große Sehnsucht bleibt der Geist auf das höchste Sein gerichtet. Man sollte Vertrauen haben wie ein unschuldiges Kind und solche Sehnsucht wie ein Kind, wenn es seine Mutter sehen will.

Es gab einen Jungen namens Jatila. Er ging immer allein durch den Wald zur Schule. Oft fühlte er sich einsam und hatte Angst. Er erzählte das seiner Mutter. Sie sagte zu ihm: ‚Warum hast du Angst, mein Kind? Immer, wenn du dich fürchtest, musst du Krishna anrufen.‘ ‚Mutter, wer ist Krishna?‘, fragte der Junge. Die Mutter antwortete: ‚Krishna ist dein Bruder.‘

Die Macht des Vertrauens und der wahren Sehnsucht

Wenn Jatila jetzt allein durch den Wald ging und sich fürchtete, rief er laut: ‚Bruder Krishna!‘ Als keiner kam, rief er erneut: ‚Oh Bruder Krishna, wo bist du? Komm und beschütze mich! Ich fürchte mich.‘ Als Krishna den Ruf des vertrauensvollen Kindes hörte, konnte er nicht länger wegbleiben. Er erschien in Gestalt eines Jungen und sagte: ‚Hier bin ich, dein Bruder! Warum hast du Angst? Komm mit mir! Ich bringe dich zur Schule.‘ Als der Herr Krishna ihn zur Schule begleitet hatte, sagte er zu ihm: ‚Ich komme zu dir, wenn immer du mich rufst. Fürchte dich nicht!‘ Solcherart ist die Macht wahren Vertrauens und wahrer Sehnsucht.

Du kannst Gott schauen, wenn deine Liebe für Ihn so stark ist wie diese drei Bindungen zusammen: die Bindung eines Geizhalses an seinen Wohlstand, die einer Mutter an ihr neugeborenes Kind und die einer sittsamen Frau an ihren Mann.

Um Gott zu schauen, muss man Ihn aus ganzem Herzen und aus ganzer Seele lieben. Man muss dafür sorgen, dass die Gebete die Göttliche Mutter erreichen. Völlige Hingabe an den Willen der Göttlichen Mutter ist der sicherste Weg zur Gottesschau. Wie das Kätzchen sich dem Willen seiner

Mutter überlässt, so soll ein Verehrer sich dem Willen der Göttlichen Mutter überlassen. Das Kätzchen kann nur ‚Miau, miau‘, schreien, und die Mutterkatze kann ihr Junges auf den nackten Küchenboden legen oder ins flauschige Bett des Hausherrn. Das Kätzchen ist immer zufrieden. So sollte auch der wahre Verehrer beständig nach der Göttlichen Mutter rufen und mit dem zufrieden sein, was auch immer Sie mit ihm tun will.“

Fesseln der Seele

„Das Gottesbewusstsein stellt sich nicht ein, solange es drei Dinge im Herzen gibt: Scham, Hass und Angst. Diese drei und der Kastenstolz sind die Fesseln der Seele. Wenn diese Fesseln zerbrochen sind, wird Freiheit erlangt. Von den Fesseln gebunden ist der Jiva (das Ego), frei von den Fesseln ist Shiva (Gott).

Jeder Mann muss bestimmte Schulden bezahlen – eine Schuld an den göttlichen Geist, eine Schuld an die Weisen, eine Schuld an die Mutter, an den Vater, an die Frau. Kein Mensch kann allem entsagen, ohne diese Schulden zu begleichen. Aber wenn seine Seele von göttlicher Liebe berauscht ist und verrückt nach Gott wird, dann ist er von allen Pflichten und Schulden befreit. Wer ist dann sein Vater, wer seine Mutter und wer seine Frau?“

Die Verrücktheit der göttlichen Liebe

„Wer von allen Bindungen frei ist und keine Pflicht erfüllen muss, verhält sich wie ein Verrückter. Weißt du, wie diese Verrücktheit der göttlichen Liebe ist? In diesem Zustand vergisst man die Welt und ist sich seines eigenen Körpers, der einem so lieb ist, nicht mehr bewusst. Chaitanya Deva besaß diese Verrücktheit der Ekstase. Er hatte weder Hunger noch Durst noch Schlaf, noch war er sich seiner physischen Gestalt bewusst. ‚Chaitanya‘ bedeutet ‚untrennbare und absolute Intelligenz.‘ Vaishnava Charan pflegte zu sagen, dass Chaitanya Deva, die Inkarnation der göttlichen Liebe, wie eine Blase auf dem Meer der absoluten Intelligenz war.“

Göttliche Liebe und Ekstase

„Göttliche Liebe ist das Seltenste auf der Welt. Wer Gott lieben kann wie eine hingebungsvolle Frau ihren Mann liebt, erlangt göttliche Liebe. Reine Liebe ist schwer zu erlangen. Bei der reinen Liebe müssen Herz und Seele völlig in Gott untergetaucht sein. Dann stellt sich Ekstase ein. In der Ekstase verstummt ein Mensch vor Erstaunen. Der äußere Atem hört völlig auf. Aber der innere Atem besteht fort. Es ist, wie wenn ein Mensch sein Gewehr auf etwas richtet. Er spricht und atmet nicht.

Bei der göttlichen Liebe vergisst man die äußere Welt mit all ihrem Zauber und ihrer Anziehung völlig. Selbst der eigene Körper, der einem so teuer ist, wird leicht vergessen. In der Ekstase, wenn der Atem aufhört, bleibt der ganze Geist völlig auf das Höchste gerichtet. Alle Nervenströme steigen mit gewaltiger Kraft nach oben, und das Ergebnis ist Samadhi oder Gottesbewusstsein. Jene, die bloß Gelehrte (Pandits) sind und die göttliche Liebe nicht erlangt haben, verwirren dagegen die anderen."

Stolz

„Einige Leute sind stolz auf ihren Wohlstand, ihre Berühmtheit und ihre soziale Position, aber diese Dinge sind vergänglich. Keiner kann sie nach dem Tod mitnehmen. Es ist nicht gut, stolz über seinen Wohlstand zu sein. Du kannst sagen: ‚Ich bin wohlhabend‘, aber es gibt Millionäre, Multimillionäre usw.

Am Abend glauben die Glühwürmchen, dass sie die Welt erhellen. Aber wenn die Sterne zu funkeln beginnen, wird ihr Stolz bezwungen. Die Sterne wiederum denken, dass sie die Welt erhellen, aber wenn der Mond aufgeht, werden die Sterne in den Schatten gestellt. Auch der Mond glaubt, dass sein Licht alles erhellt, aber da kommt die Morgendämmerung, und die aufgehende Sonne löscht das Mondlicht aus. Wenn weltliche Menschen an diese Dinge denken würden, wären sie nicht länger stolz auf ihren Reichtum."

Ein Familienvater: "Verehrter Herr, wir sind Familienväter. Bitte gib uns weitere Anweisungen."

Sri Ramakrishna: "Erkenne zuerst Gott, dann erfülle die Pflichten als Familienvater."

Familienvater: "Verehrte Herr, ist die Welt wirklich?"

Die Welt ist unwirklich.

Sri Ramakrishna: "Solange ein Mensch Gott nicht erkennt, solange ist sie wirklich, denn zu dieser Zeit begeht er den Fehler und sagt aufgrund seiner Selbsttäuschung: ‚Ich und mein.' Gefesselt durch diese Selbsttäuschung versinkt er im Meer der Lust und Weltlichkeit und wird vor Unwissenheit so blind, dass er keinen Ausweg sehen kann.

Du kannst selbst bemerken, wie vergänglich die Welt ist. Sieh dir dieses Haus an. Wie viele Menschen haben es schon betreten und sind wieder gegangen. Wie viele Leute wurden darin geboren und sind darin gestorben. Jetzt existiert es, dann nicht mehr. Es ist vergänglich. Jene, die du die Deinen nennst, verschwinden, wenn du deine Augen schließt. Wenn du keinen im Haushalt hast, bist du immer noch gebunden und kannst wegen irgendeines entfernten Verwandten nirgendwo hingehen. Der Weg steht offen, aber der Fisch kann nicht aus dem Netz entkommen. Die Seidenraupe spinnt ihren eigenen Kokon, weiß aber nicht, wie sie herauskommt, und stirbt folglich darin."

Wie ein Familienvater in der Welt leben soll

„Ein Familienvater sollte sich um seine Kinder kümmern, aber gleichzeitig sollte er an sie als Baby Krishna oder als Kinder Gottes denken. Diene deinem Vater als Gott und deiner Mutter als der Göttlichen Mutter. Wenn ein Mann mit seiner Frau lebt, nachdem er Gott verwirklicht hat, hat er keine körperliche Beziehung mehr mit ihr. Beide leben wie Bhaktas oder wahre Verehrer. Sie sprechen über spirituelle Themen und verbringen ihre Zeit damit, an Gott zu denken und für Seine Bhaktas zu sorgen. Sie dienen Gott, der in allen Lebewesen wohnt."

Familienvater: "Aber verehrter Herr, es gibt keine solche Männer und Frauen."

Ramakrishna: "Es gibt einige, doch sie sind sehr selten. Von weltlichen Leuten werden sie nicht leicht erkannt. Aber um so zu leben, müssen beide spirituell gesinnt sein. Wenn beide sich der göttlichen Liebe erfreuen, dann ist solch ein Leben möglich. Andernfalls gibt es keine Harmonie, sondern Uneinigkeit und Ärger zwischen Mann und Frau. Die Frau wird sich vielleicht beschweren und sagen: 'Warum habe ich diesen Mann geheiratet! Welches

Vergnügen bereitet er mir? Er sitzt nur still da und denkt an Gott. Er verliert seinen Verstand.'"

Ein Verehrer: "Dies sind einige Hindernisse, aber es gibt noch weitere. Die Kinder können ungehorsam oder krank sein. Verehrter Herr, was soll man dann tun?"

Ramakrishna: "Für einen Familienvater ist es sehr schwer, Hingabe zu üben. Es gibt viele Hindernisse. Ihr alle kennt sie sehr gut – Krankheit, Sorge, Armut, Uneinigkeit mit der Frau, Ungehorsam und böse Neigungen der Kinder. Aber es gibt einen Ausweg. Man sollte gelegentlich in Einsamkeit leben, beten und sehr darum ringen, Gott zu erlangen."

Ein Familienvater: "Verehrter Herr, ist es nötig, sein Zuhause zu verlassen?"

Ramakrishna: "Nicht für immer, aber gelegentlich, wenn es dir für ein oder zwei Tage möglich ist, solltest du die Verantwortlichkeiten, die Sorge und Ängste hinter dir lassen. Aber während dieser Zeit solltest du keine weltlichen Leute treffen oder über weltliche Dinge nachdenken. Lebe entweder allein oder in Gesellschaft eines Heiligen."

Familienvater: "Verehrter Herr, wie können wir einen Heiligen erkennen?"

Wie man einen Heiligen erkennen kann

Ramakrishna: "Der ist ein Heiliger, dessen Herz, Seele und inneres Wesen sich Gott zugewandt hat und der Frauen und Wohlstand entsagt hat. Ein Heiliger blickt Frauen nicht lustvoll an. Wenn er in die Nähe einer Frau kommt, sieht er die Göttliche Mutter in ihr und verehrt sie. Seine Gedanken sind immer bei Gott, und seine Worte gelten Ihm. Er sieht Gott überall und weiß, dass er, indem er anderen dient, Ihm dient. Das sind einige äußere Zeichen eines Heiligen."

Familienvater: "Verehrter Herr, ist es nötig, lang in Einsamkeit zu bleiben?"

Ramakrishna: "Solange bis du rechte Unterscheidung erlangt hast."

Familienvater: "Verehrter Herr, was ist rechte Unterscheidung?"

Rechte Unterscheidung

Ramakrishna: "Gott ist die Wahrheit, die Welt ist unwahr. Das ist Unterscheidung. Wahr bedeutet das, was unveränderlich und dauerhaft ist, und unwahr das, was veränderlich und vergänglich ist. Wer richtig unterscheidet, weiß, dass Gott allein die Wirklichkeit ist. Alle anderen Dinge sind unwirklich. Wenn sich die rechte Unterscheidung einstellt, dann entsteht ein intensives Verlangen, Gott zu erkennen. Solange man die Unwahrheit liebt wie die Freuden und Bequemlichkeiten des Körpers, Berühmtheit, Ehre und Wohlstand, hat man kein Verlangen, Gott, die Wahrheit, zu erkennen. Rechte Unterscheidung zwischen Wahrheit und Falschheit führt einen auf die Suche nach Gott."

Ein anderer Verehrer und Familienvater: "Bhagavan, wir haben gehört, dass du die Ekstase und das Gottesbewusstsein erlangt hast. Bitte erkläre uns, wann und wie sich solch ein Zustand einstellt?"

Ekstase

Ramakrishna: "Einer, der Gott nicht erkannt hat, erfährt keine Ekstase. Wenn ein Fisch aus dem tiefen Wasser nach oben schwimmt, wühlt er die Wasseroberfläche auf. Je größer der Fisch ist, desto mehr wühlt er sie auf. Deshalb lacht manchmal eine Person in Ekstase, manchmal weint sie, manchmal singt sie, manchmal tanzt sie, aber man kann nicht lang in diesem Zustand der Ekstase bleiben."

Verehrer und Familienvater: "Bhagavan, wir haben gehört, dass du Gott geschaut hast. Wenn das stimmt, dann bewirke bitte, dass auch wir Ihn sehen."

Arbeit, die nötig ist, um Gott zu schauen

Ramakrishna: "Alles beruht auf dem Willen des Herrn. Was kann der Mensch tun? Man kann Seinen heiligen Namen wiederholen. Manchmal fließen Tränen, manchmal nicht. An einem Tag kannst du dich während der Meditation völlig konzentrieren, an einem anderen Tag kannst du es überhaupt nicht. Um die Gottesschau zu erlangen, muss man dafür arbeiten.

Einmal ging ich an einem Teich vorbei. Seine Oberfläche war von dicken Schlacken bedeckt. Ich sah einen armen Mann, der die Schlacken zur Seite schob, um das Wasser zu sehen. Das zeigte mir: Wenn du das Wasser sehen willst, musst du die Schlacken beiseiteschieben. Diese Handlung des Beiseiteschiebens ist wie die Arbeit, die alle Unreinheiten des Herzens beseitigt. Dann ist Gott sichtbar. Konzentration, Meditation, Wiederholung des Namens des Herrn, wohltätige Werke, Selbsthingabe, diese Arbeiten beseitigen den Abschaum der Unwissenheit, der das Wasser der Göttlichkeit im Teich des Herzens bedeckt."

Mahima[26], der sich der Gruppe der Verehrer beigesellt hatte, rief aus: „Oh ja, Bhagavan, solche Arbeit ist unbedingt nötig. Unermüdliche Mühe ist nötig, um großartige Ergebnisse zu erlangen. Wie viel müssen wir lernen! Es gibt unzählige Wissenschaften, Schriften und Philosophien."

Ramakrishna: "Wie viel kannst du lernen? Was kannst du durch reine Unterscheidung erreichen? Versuche zuerst, Gott zu erkennen. Hab Vertrauen in die Worte deines Gurus und tu einige gute Werke. Wenn du keinen Guru, keinen wahren spirituellen Meister gefunden hast, bete aufrichtig zu Gott. Er wird dir zeigen, wie Er ist. Was kannst du durch die Lektüre von Büchern erfahren? Bevor du auf den Marktplatz kommst, kannst du nur ein lautes Stimmengewirr hören. Aber wenn du hinzukommst, verschwindet alle Verwirrung, und du kannst unterscheiden, was jeder ruft. Bevor du das Ufer erreichst, hörst du das Tosen der Wellen. Aber wenn du hinkommst, siehst du Schiffe, Möwen, Vögel, und du kannst die Wellen zählen."

Bücherwissen und Erkenntnis

„Man kann die Gottheit nicht erkennen, indem man Bücher liest. Es gibt einen großen Unterschied zwischen Bücherwissen und Erkenntnis. Nach der Erkenntnis erscheinen alle Bücher, Wissenschaften und Schriften wie wertloses Stroh.

Zuerst muss man mit dem Grundherrn Bekanntschaft schließen. Warum willst du unbedingt vorher wissen, wie viele Häuser, Gärten und Aktien er besitzt? Wenn du die Diener fragst, werden sie es dir nicht sagen und dich nicht beachten. Aber wenn du einmal irgendwie mit dem Grundherrn

---

[26] Mahima ist der Vorname des brahmanischen Zemindars (Landbesitzers) und Gelehrten Mahima Charan Chuckravarti. Er lebte als reiner und spirituell gesinnter Familienvater und betrachtete Ramakrishna als den größten Hindu-Weisen dieses Zeitalters.

Bekanntschaft schließen kannst, wirst du im Nu erfahren, was er besitzt, und die Diener werden sich dann vor dir verneigen und dich ehren."

Ein Verehrer: "Bhagavan, wie kann man mit dem Grundherrn Bekanntschaft schließen?"

Ramakrishna: "Deshalb sage ich, Arbeit ist nötig. Was nützt es, still dazusitzen und zu sagen: ‚Gott existiert'? Wenn du lediglich am Ufer eines Sees sitzt und sagst: ‚In diesem See gibt es Fische', fängst du dann einen? Geh und besorg die nötigen Dinge zum Fischen, besorge dir einen Stab, eine Leine und einen Köder, und wirf etwas Köder ins Wasser. Dann kommen die Fische aus der Tiefe hoch und näher, und du kannst sie sehen und fangen.

Du willst, dass ich dir Gott zeige, während du still neben mir sitzt, ohne dich im Geringsten anzustrengen. Wie unsinnig! Du willst, dass ich die geronnene Milch ansetze, sie buttere und sie dir vor den Mund halte. Du bittest mich, den Fisch zu fangen und ihn dir in die Hand zu legen. Wie unsinnig! Wenn ein Mensch den König in seinem Palast besuchen will, muss er zum Palast gehen und alle Tore durchschreiten. Wenn er ruft, nachdem er durch die äußerste Pforte gegangen ist: ‚Wo ist der König?', wird er ihn nicht finden. Er muss durch die sieben Tore gehen. Dann wird er den König sehen."

Mahima: "Bhagavan, durch welche Art Arbeit können wir Gott erlangen?"

Arbeit und Gnade

Ramakrishna: "Es gibt keinen Unterschied bei der Arbeit. Glaube nicht, dass diese Arbeit dich zu Gott führen wird und die andere nicht. Alles hängt von Seiner Gnade ab. Welche Arbeit auch immer du aufrichtig und mit ernsthafter Sehnsucht ausführst, wird Seine Gnade anziehen und dir zur Erkenntnis verhelfen. Durch Seine Gnade werden die Bedingungen für die Erkenntnis vollkommen sein. Diese Bedingungen sind mit der rechten Unterscheidung von Wirklichem und Unwirklichem verbunden und dem Finden eines wirklichen Gurus, eines wahren spirituellen Meisters. Wenn deine Familie von dir abhängig ist, wird vielleicht dein Bruder an deiner Stelle die Verantwortung für sie übernehmen. Vielleicht hindert dich deine Frau nicht an deinem spirituellen Leben, sondern hilft dir. Oder vielleicht heiratest du überhaupt nicht und bist in keiner Weise an die Welt gebunden. Wenn sich solche günstigen Bedingungen einstellen, wird die Erkenntnis Gottes leicht."

Das Gleichnis vom Vater und seinem sterbenden Sohn

"Einmal stand der Sohn eines Mannes an der Schwelle des Todes, und keiner konnte ihm helfen. Jemand sagte jedoch: ‚Es gibt noch eine Hoffnung. Wenn du in einem Totenschädel das Gift einer Kobra vermischt mit einigen Tropfen Regenwasser, das im Sternzeichen Swati gefallen ist, erhalten kannst, wird dadurch das Leben deines Sohnes gerettet.' Der Vater fand heraus, dass das Sternzeichen Swati am nächsten Tag im Aszendenten liegen würde. Also betete er: 'Oh Herr, bitte ermögliche das alles und rette das Leben meines Sohnes.'

Mit äußerster Ernsthaftigkeit und einem sehnsüchtigen Herzen machte er sich am folgenden Abend auf den Weg und suchte sorgfältig an einem verlassenen Ort nach einem Totenschädel. Schließlich fand er einen unter einem Baum. Er beobachtete und betete. Plötzlich fing es an zu regnen, und einige Tropfen ließen sich im Totenschädel nieder. Er sagte sich: ‚Jetzt habe ich das Wasser im Totenschädel unter der richtigen Sternenkonstellation.' Dann betete er ernsthaft: ‚Bitte Herr, lass auch den Rest eintreffen.'

Bald entdeckte er in der Nähe des Schädels eine Kröte. Wiederum betete er. Da sprang eine Kobra aus dem Gras, um sich die Kröte zu schnappen, aber in diesem Moment sprang die Kröte über den Totenschädel, und das Gift der Kobra fiel hinein. Von Dankbarkeit überwältigt rief der besorgte Vater: ‚Herr, durch Deine Gnade ist alles möglich. Jetzt weiß ich, dass das Leben meines Sohnes gerettet wird.' Deshalb sage ich: Wenn du wahren Glauben und ernsthafte Sehnsucht hast, wirst du durch die Gnade des Herrn alles bekommen."

Anhaftungslosigkeit ist nötig.

"Gott kann nicht erlangt werden, solange der Geist nicht völlig von weltlicher Anhaftung frei ist. Ein wahrer Weiser ist einer, der nichts für sich selbst horten kann. Es gibt einen Ausspruch: ‚Ein Vogel der Lüfte und ein wahrhafter Weiser legen keine Vorräte an. Sie bewahren nichts für morgen auf.' Was mich betrifft, so kann ich nichts aufbewahren, nicht einmal zum persönlichen Bedarf. Ich kann nichts für die Zukunft beiseitelegen, nicht einmal eine Gewürznelke. Einmal dachte ich daran, nach Benares zu gehen, aber dann bemerkte ich: Ich hätte Kleidung tragen und Geld mitnehmen müssen. Deshalb war es für mich nicht möglich, dorthin zu gehen."

(Sich Mahima zuwendend): „Aber ihr seid Familienväter. Ihr könnt beides haben, dies und das, sowohl die Welt als auch das spirituelle Leben."

Mahima: "Bhagavan, 'dies' kann nicht lange bestehen bleiben."

Ramakrishna: "Als ich Entsagung übte, ging ich eines Tages zum Ganges in der Nähe des Panchavati[27] und nahm eine Handvoll Erde und eine Handvoll Münzen. Dann begann ich, Unterscheidung zu üben, indem ich mir sagte, dass Erde und Gold dasselbe sind. Erde ist Gold, und Gold ist Erde. Nachdem ich erkannt hatte, dass es dasselbe ist, warf ich beides in den Fluss.

Ich betete zu meiner Göttlichen Mutter: ‚Oh Mutter, ich wünsche mir keinen materiellen Wohlstand oder irdischen Reichtum, sondern nur, dass Du in meinem Herzen wohnst.' Wenn der Geist der Anhaftung an Lust und Reichtum entsagt, wendet er sich Gott zu und hängt schließlich an Ihm. Dann wird das, was gebunden war, frei.

Von Gott abgewandt zu sein, ist Bindung. Der Geist ist wie der Zeiger an einer Waage und Gott der zentrale Punkt des Gleichgewichts. Wenn das Gewicht weltlicher Anhaftung im Herzen ist, dann neigt sich die Waage auf die eine Seite, und der Zeiger des Geistes wendet sich vom zentralen Punkt oder Gott ab. Je schwerer das Gewicht, desto größer der Ausschlag des Zeigers. Warum schreit ein Kind nach seiner Geburt? Es denkt gewissermaßen: ‚Ich habe göttliche Gemeinschaft genossen, aber jetzt habe ich sie verloren. Wohin bin ich gekommen, und wo ist mein Gott, wo ist mein Gott?'"

(Zu Mahima): „Für dich sollte die Entsagung nur geistig sein. Du solltest in der Welt bleiben, aber nicht an ihr haften."

Mahima: "Verehrter Herr, kann die Welt für den Geist existieren, der fest auf Gott gerichtet ist?"

Ramakrishna: "Natürlich existiert sie. Wohin sollte sie auch gehen? Ich sehe, dass ich, wo ich auch bin, im Reich Gottes bin."

---

[27] Fünf heilige Bäume, die zusammen gepflanzt werden und einen Hain bilden, der für die Kontemplation genutzt wird. [Dies war Ramakrishnas Meditationsstätte.]

Das Reich Gottes ist überall.

„Wahrlich, ich sage dir, diese Welt ist das Reich Gottes. Ramachandra, die göttliche Inkarnation und der Held des Epos Ramayana, sagte zu seinem Vater, dass er der Welt entsagen und zu einem spirituellen Guru gehen würde, um spirituelle Weisheit zu erlangen. Der Vater rief den großen Weisen Vashishta herbei, um seinem Sohn gut zuzureden. Vashistha erkannte, dass Rama große Leidenschaftslosigkeit für die Welt hegte. Er sagte zu ihm: ‚Oh Rama, übe zuerst mit mir Unterscheidung, dann entsage der Welt.' Durch richtige Unterscheidung erkannte Rama, dass Gott sich in der Gestalt des Jiva oder der individuellen Seele und der Welt manifestiert. Alles lebt und existiert in und durch Sein Sein. Da schwieg Rama.

Vor einiger Zeit sagte Vaishnava Charan, dass die vollkommene Erkenntnis Gottes erlangt wird, wenn man Ihn in allen menschlichen Lebewesen wahrnimmt. Ich bin jetzt auf einer Stufe der Erkenntnis, auf der ich sehe, dass Gott in jeder menschlichen Gestalt umhergeht und sich sowohl im Weisen als auch im Sünder, sowohl im Tugendhaften als auch im Bösen zeigt. Deshalb sage ich zu mir, wenn ich verschiedene Leute treffe: ‚Gott in Gestalt des Heiligen, Gott in Gestalt des Sünders, Gott in Gestalt des Unredlichen und Gott in Gestalt des Redlichen.' Wer solche Erkenntnis erlangt hat, überschreitet Gut und Böse, Tugend und Laster und erkennt, dass der göttliche Wille überall am Werk ist."

Das Gleichnis vom Mönch und vom Zemindar

„In einem Dorf gab es ein Hindu-Kloster. Die Mönche des Klosters gingen täglich mit ihren Bettelschalen hinaus, um Essen zu sammeln. Eines Tages sah ein Mönch im Vorbeigehen einen Zemindar (Grundbesitzer), der einen armen Mann heftig schlug. Der heilige Mann, der sehr gutherzig war, flehte den Zemindar an, damit aufzuhören. Blind vor Wut wandte sich der Zemindar sofort dem Mönch zu und ließ ihn das Gift seines Zorns spüren. Er schlug ihn, bis er bewusstlos zu Boden stürzte. Ein anderer Mann, der sah, in welchem Zustand der Mönch war, ging zum Kloster und erzählte, was geschehen war.

Seine Mitbrüder rannten zu dem Ort, wo der heilige Mann lag. Sie hoben ihn hoch, trugen ihn ins Kloster und legten ihn in ein Zimmer. Aber der heilige Mann blieb lange Zeit bewusstlos. Besorgt und ängstlich fächelten ihm seine Mitbrüder Luft zu, wuschen sein Gesicht, flößten ihm Milch ein und versuchten, ihn wieder gesundzupflegen. Allmählich brachten sie ihn wieder zu Bewusstsein. Der heilige Mann öffnete die Augen und sah seine Mitbrüder an. Einer von ihnen wollte wissen, ob er seine Freunde erkennen konnte, und fragte ihn mit lauter Stimme: ‚Maharaj, weißt du, wer dir Milch gegeben hat?' Der heilige Mann antwortete mit kraftloser Stimme: ‚Bruder, derjenige, der mich geschlagen hat, gibt mir jetzt zu essen.'"

Ramakrishna fügte hinzu: „Aber man kann diese Einheit des Geistes nicht verwirklichen, solange man nicht das Gottesbewusstsein erlangt hat."

Ergebenheit

„Lebe in der Welt wie ein welkes Blatt. Wie ein welkes Blatt vom Wind in ein Haus oder an den Straßenrand geweht wird und selber keine Wahl hat, so lass den Wind des göttlichen Willens dich hinwehen, wohin er will. Jetzt hat er dich in die Welt gestellt. Sei zufrieden. Wenn er dich an einen besseren Ort trägt, sei ihm ebenso ergeben. Der Herr behält dich in der Welt. Was kannst du tun? Überlass alles Ihm, selbst dein eigenes, liebes Selbst, dann sind alle Probleme vorüber. Du wirst dann erkennen, dass Er alles tut. Alles ist der Wille Ramas[28] (Gottes)."

Das Gleichnis vom Weber

„In einem Dorf lebte ein Weber. Er war sehr fromm. Jeder vertraute ihm und liebte ihn. Der Weber ging auf den Markt, um seinen Stoff zu verkaufen. Wenn ein Kunde ihn nach dem Preis fragte, sagte er: ‚Durch den Willen Ramas kostet der Faden eine Rupie. Durch den Willen Ramas kostet die Arbeit vier Annas. Durch den Willen Ramas beträgt der Verdienst zwei Annas. Durch den Willen Ramas kostet der Stoff somit eine Rupie und sechs Annas.' Die Leute vertrauten ihm so sehr, dass sie sofort den Preis bezahlten und den Stoff nahmen. Dieser Mann war ein wahrhafter Verehrer. Nach dem Abendessen saß er lange da, meditierte über Gott und wiederholte Seinen heiligen Namen.

---

[28] Rama ist der göttliche Held, dem das Hindu-Epos Ramayana gewidmet ist. Die Hindu-Bhaktas bezeichnen mit Rama auch den höchsten Herrn des Universums.

Einmal war es spät nachts. Er konnte nicht schlafen. Er saß alleine im Hof neben dem Eingang und rauchte. Da kam eine Bande Räuber vorbei. Sie brauchten einen Träger [für ihre Beute], und als sie diesen Mann sahen, schleppten sie ihn mit sich. Dann brachen sie in ein Haus ein und stahlen viele Dinge. Einige davon stapelten sie auf den Kopf des Webers. In diesem Augenblick tauchte der Wächter auf. Die Räuber rannten weg, und der arme Weber mit seiner Last wurde gefangen genommen. Er musste die Nacht in Haft verbringen. Am nächsten Morgen wurde er vor Gericht gebracht.

Als die Leute aus dem Dorf hörten, was geschehen war, kamen sie, um den Weber zu besuchen. Sie erklärten einstimmig: 'Herr, dieser Mann hat nichts gestohlen.' Der Richter bat den Weber zu beschreiben, was geschehen war. Der Weber sagte: ‚Mein Herr, durch den Willen Ramas saß ich im Hof. Durch den Willen Ramas war es sehr spät in der Nacht. Durch den Willen Ramas meditierte ich über Gott und wiederholte Seinen heiligen Namen, als durch den Willen Ramas eine Räuberbande vorbeikam. Durch den Willen Ramas schleppten sie mich mit sich. Durch den Willen Ramas brachen sie in ein Haus ein. Durch den Willen Ramas stapelten sie eine Ladung auf meinen Kopf, als durch den Willen Ramas der Wächter auftauchte und ich durch den Willen Ramas gefangen genommen wurde. Dann wurde ich durch den Willen Ramas ins Gefängnis gesteckt, und an diesem Morgen hat mich der Wille Ramas vor dich gebracht.'

Der Richter erkannte die Unschuld und Frömmigkeit des Mannes und befahl, ihn freizulassen. Als er herauskam, sagte der Weber zu seinen Freunden: ‚Der Wille Ramas hat mich befreit.'"

Alles hängt vom Willen Gottes ab.

"Ob du in der Welt lebst oder ihr entsagst, alles hängt vom Willen Ramas ab. Wirf deine ganze Verantwortung auf Gott und erledige deine Arbeit in der Welt. Wenn du das nicht tun kannst, was kannst du sonst tun?

Wenn ein Angestellter seine Strafe im Gefängnis abgesessen hat und entlassen wird, sag mir, wird er seine Zeit damit verbringen, einen Freudentanz über seine Entlassung aufzuführen oder seine Arbeit als Angestellter wieder aufnehmen? Wenn ein Familienvater aus dem Gefängnis der Welt befreit wird, wird er sein Leben damit verbringen, über seine Befreiung zu jubeln? Er kann seine Pflichten als Familienvater weiterhin ausüben, wenn er will.

Wer Weisheit erlangt hat, unterscheidet nicht zwischen dieser und jener Stellung. Für ihn sind alle Positionen gleich. Wer Gott hier gefunden hat, hat Ihn auch dort gefunden. Wenn der Schwanz einer Kaulquappe abfällt, kann sie sowohl im Wasser als auch an Land leben. Wenn der Schwanz der Unwissenheit abfällt, wird der Mensch frei. Er kann dann sowohl in Gott als auch in der Welt gleich gut leben."

Die Welt ist wie ein Traum.

„Jene, die dem monistischen (Advaita) Vedanta folgen, betrachten diese Welt jedoch als unwirklich wie ein Traum. Nach ihnen ist Paramatman oder das Über-Selbst der Zeuge der drei Bewusstseinszustände – Wachen, Traum und traumloser Schlaf. Sie alle sind Vorstellungen. Der Traumzustand ist so wirklich wie der Wachzustand. Lass mich dir dazu eine Geschichte erzählen."

Das Gleichnis vom Bauer und seinem einzigen Kind

„Es gab einen Bauer, der Monist war. Er hatte etwas Erkenntnis erlangt. Er lebte wie jeder andere Bauer mit seiner Familie und hatte ein Kind. Er und seine Frau liebten diesen Sohn ganz besonders, weil er ihr einziges Kind war. Der Bauer war ein sehr frommer Mann. Er wurde von jedem im Dorf respektiert und geliebt. Einmal arbeitete er auf dem Feld, als ihm plötzlich ein Mann die Nachricht brachte, dass sein Sohn ernsthaft erkrankt sei. Er ging nach Hause, rief die Ärzte, sorgte sich sehr, konnte aber das Leben des Kindes nicht retten.

Jeder im Haushalt war von Kummer überwältigt, aber der Bauer machte den Eindruck, als sei nichts geschehen. Er tröstete andere, indem er sagte: ‚Was nützt es, wenn wir um das Kind trauern?' Am nächsten Tag ging er wie üblich aufs Feld, und nachdem er seine Arbeit beendet hatte, kam er nach Hause. Er fand seine Frau und andere Familienmitglieder immer noch weinend und jammernd und in tiefem Kummer vor.

Die Frau machte ihm Vorwürfe und sagte: ‚Wie herzlos du bist! Du hast keine einzige Träne für dein einziges Kind vergossen.' Der Bauer erwiderte ruhig: ‚Soll ich dir sagen, warum ich nicht weine? Vergangene Nacht hatte ich einen wundervollen Traum. Ich war ein König und der Vater von acht wunderbaren Kindern. Ich genoss alle Freuden und Bequemlichkeiten des

Lebens. Plötzlich wachte ich auf, und der Traum verschwand. Jetzt bin ich sehr verwirrt – soll ich um meine acht Kinder weinen und klagen oder um dieses eine.'

Der Bauer war ein Advaita Jnani, weshalb er erkannte, dass der Wachzustand so unwirklich wie der Traumzustand ist und dass die einzige dauerhafte Wirklichkeit Atman ist. Aber ich halte alle Zustände für wirklich – den Zustand von Samadhi, der der vierte Zustand ist, und auch den Zustand des Wachens, Träumens und traumlosen Schlafs. Ich akzeptiere das absolute Brahman und Maya, Jiva (die individuelle Seele) und die Welt. Wenn ich nicht alles nehme, fehlt ein Teil, und das Gewicht ist geringer."

Ein Verehrer: "Wie kann das Gewicht geringer sein?"

Das Absolute und das Phänomenale

Ramakrishna: "Das absolute Brahman existiert mit den individuellen Seelen und der phänomenalen Welt. Wenn eine Person unterscheidet, indem sie sagt: ,Nicht dies, nicht das', lässt sie zuerst die individuellen Egos und die phänomenale Welt beiseite. Nachdem sie dann das Absolute erreicht hat und zurückkehrt, erkennt sie, dass das Absolute als die phänomenale Welt erscheint.

In einem Holzapfel gibt es Apfelkörner, das Fruchtfleisch und die Schale. Wenn ich das Fruchtfleisch nehme, lasse ich die Körner und die Schale beiseite. Aber wenn ich vom Gewicht des Holzapfels spreche, entspricht das Gewicht des Fruchtfleisches allein nicht dem des ganzen Apfels. Du musst das Fruchtfleisch, die Apfelkörner, die Schale, alles wiegen. Das, was ein Fruchtfleisch hat, das hat auch Körner und eine Schale. So hat auch das Absolute alle Erscheinungsformen. Deshalb nehme ich beides, die absolute Wirklichkeit und die phänomenale Welt. Ich puste nicht die phänomenale Welt weg, indem ich sie einen Traum nenne, weil dann das Gewicht geringer wäre."

Mahima: "Das ist eine wunderbare Harmonie. Vom Absoluten zum Phänomenalen und vom Phänomenalen zum Absoluten."

Ramakrishna: "Die Jnanis (Monisten) betrachten die Welt als einen Traum, aber die realistischen Bhaktas halten jeden Zustand für wirklich. Es gibt Kühe, die nur bestimmte Grasbüschel auswählen und sehr wenig Milch geben. Aber es gibt andere Kühe, die alle Arten von Gras fressen und viel Milch geben. Die Jnanis können mit den ersteren verglichen werden und die Bhaktas mit den letzteren. Die höchsten Bhaktas nehmen sowohl das Absolute als auch das Phänomenale. Wenn sie deshalb vom Absoluten zur Ebene des Relativen herunterkommen, genießen sie weiterhin das Absolute durch das Phänomenale.“

Die Bedeutung von Om

(Zu Mahima): "Du sagst von Om, dass es aus den drei Buchstaben A-u-m besteht.“

Mahima: "Verehrter Herr, A-u-m bedeutet Schöpfung, Erhaltung und Zerstörung.“

Ramakrishna: "Aber für mich ist es wie der Klang d-o-n-g von einer großen Glocke, den man zuerst hört, dann nicht mehr und der schließlich im unendlichen Raum dahinschwindet. So schwindet das Phänomenale im Absoluten dahin. Der grobstoffliche, der subtile und der ursächliche Zustand verlieren sich in der großen Ursache, dem Absoluten. Die Zustände von Wachen, Traum und traumlosen Schlaf gehen in den vierten Zustand, Samadhi, ein. Wenn die Glocke ertönt, verursacht sie Wellen wie das Meer, wenn man einen schweren Stein hineinwirft. Aus dem Absoluten entstehen die Phänomene. Aus demselben Absoluten, das die große erste Ursache ist, sind auch die grobstofflichen, subtilen und ursächlichen Körper entstanden.

Aus demselben Absoluten, das der vierte Zustand ist, kommen wiederum die drei anderen Bewusstseinszustände. Die Wellen des Meeres lösen sich erneut im Meer auf. Durch diese Veranschaulichung von d-o-n-g zeige ich, dass das ewige Wort Om ein Symbol für die Evolution und Involution der Phänomene vom und ins Absolute sind. Ich habe all diese Dinge gesehen. Meine Göttliche Mutter hat mir gezeigt, dass sich im unendlichen Meer des Absoluten Wellen erheben und wieder in es eingehen. In diesem unendlichen spirituellen Raum entstehen und vergehen Millionen von Planeten und Welten. Ich weiß nicht, was in deinen Büchern geschrieben steht. Ich habe all das gesehen.“

Mahima: "Jene, die [Gott] erkannt haben, haben nicht die Bücher geschrieben. Sie wurden durch ihre eigene Erkenntnis berauscht. Sie haben alles vergessen. Wie konnten sie schreiben? Wenn man etwas schreibt, bedeutet das, dass man über einen berechnenden Verstand verfügt. Andere, die von ihnen gelernt haben, haben sie geschrieben, und ihre Werke sind als die Schriften bekannt."

Wenn Gott erlangt wird, verschwindet die Anhaftung an die Welt.

Ramakrishna: "Weltliche Menschen sagen, dass es unmöglich sei, von der Anhaftung an die Weltlichkeit frei zu sein. Aber wenn Gott erlangt wird, verschwindet alle weltliche Anhaftung. Nach der Erfahrung der absoluten Seligkeit des Gottesbewusstseins kann man keine Sinnesfreunden mehr genießen oder der Berühmtheit, Ehre oder irgendeinem weltlichen Gegenstand hinterherlaufen. Wenn Motten einmal das Licht gesehen haben, kehren sie nicht mehr in die Dunkelheit zurück.

Je mehr man an Gott denkt und über Ihn meditiert, desto mehr verliert man seinen Geschmack an weltlichen Freuden. Je mehr die Liebe und Hingabe an Gott zunehmen, desto mehr nehmen die weltlichen Wünsche und die Sorge für den Körper ab. Dann betrachtet man jede Frau als Mutter und seine eigene Frau als spirituelle Gehilfin. Alle tierischen Leidenschaften verschwinden. Göttliche Spiritualität und Nichtanhaftung an die Welt stellen sich ein. Dann ist man sogar in diesem Leben völlig frei."

KAPITEL IV: BESUCH BEIM PANDIT VIDYASAGARA

Pandit Vidyasagara

Sri Ramakrishna wollte Pandit Iswara Chandra Vidyasagara[29] kennenlernen. Eines Nachmittags wurde er mit einigen seiner Schüler in einem Wagen gesehen, der aus Dakshineswar, etwa sechs Meilen entfernt, kam, um den Pandit in Badurbagan in Kalkutta zu besuchen. Als der Wagen an Raja Rammo-

---

[29] Pandit Iswara Chandra Vidyasagara [1920-1891] war der größte Hindugelehrte seiner Zeit in Kalkutta. Er war ein wahrer Wohltäter, Patriot, Pädagoge und der Gründer der Metropolitan Institution in Kalkutta. Vidyasagara ist ein Sanskrittitel, den er sich wegen seiner großen Gelehrsamkeit erworben hat. Er bedeutet "Meer der Erkenntnis".

hun Roys[30] Haus vorbeifuhr, wurde Bhagavan plötzlich still. Er war in Meditation über die Göttliche Mutter versunken. Einer seiner Schüler, der seine plötzliche Veränderung nicht bemerkte, sagte: „Dies ist Rammohun Roys Haus." Bhagavan erwiderte: „Ach, ich mag jetzt nicht an solche Dinge denken" und ging sofort in einen ekstatischen Zustand (Bhava) ein.

Ramakrishnas kindliches Wesen

Der Wagen hielt kurz darauf vor dem Haus des Pandits (Gelehrten). Sri Ramakrishna stieg aus, wobei ihm einer seiner Schüler half. Bevor er die Treppe erreichte, die zum Studierzimmer des Pandits führte, das auch als Wohnzimmer diente, legte Bhagavan seine Hand auf sein Hemd und fragte einen Schüler besorgt: „Die Knöpfe meines Hemdes sind offen. Muss ich sie zuknöpfen?" Der Schüler antwortete: „Herr, mach dir darüber keine Sorgen. Keiner wird sich daran stören."

Bhagavan schien wie ein Kind zufrieden mit dieser Antwort zu sein und dachte nicht mehr darüber nach. Die Gruppe wurde nach oben in ein Zimmer geführt, wo der Pandit mit dem Blick nach Süden auf einem Stuhl saß. Vor ihm stand ein Tisch im europäischen Stil, auf dem Bücher und Schriften herumlagen, und er sprach mit einigen seiner Freunde. Als Bhagavan Sri Ramakrishna das Zimmer betrat, erhob sich der Pandit, um ihn willkommen zu heißen. Der Herr stand mit seinem Gesicht nach Westen gerichtet da, wobei eine Hand auf dem Tisch lag. Er sah den Pandit intensiv an, als wäre er ein alter Bekannter, verlor mit einem Lächeln auf seinem lieblichen, kindlich strahlenden Gesicht alles Sinnesbewusstsein und ging in ekstatisches Samadhi ein.

Nach einer Weile nahm Bhagavan auf einer Bank Platz und sagte in seinem halbbewussten Zustand: „Ich hätte gern Wasser zu trinken." Daraufhin

---

[30] Raja Rammohun Roy war ein großer Hindu-Reformer, der von 1772 bis 1833 lebte. Er war der erste ernsthafte Forscher der Religionswissenschaften, den die Welt hervorgebracht hat. Er studierte die Veden in Sanskrit und die buddhistischen Schriften im originalen Pali, den Koran in Arabisch, das Alte Testament in Hebräisch und das Neue Testament in Griechisch. Er verurteilte die Praxis der Witwenverbrennung, die 1829 abgeschafft wurde. Er gründete das Hindu Unitarian Theistic Movement, das als Brahmo Samaj bekannt wurde. Er war der erste hinduistische Brahmane von Rang und Einfluss, der Paris und England besuchte. Nachdem Raja Rammohun Roy fast zwei Jahre in England gewesen war, starb er 1833 in Bristol.

fragte Vidyasagara einen Schüler, ob Bhagavan auch einige köstliche Süßigkeiten wollte, die er soeben aus Burdwan[31] erhalten hatte. Da er nicht widersprach, ging der Pandit in sein inneres Gemach und kehrte mit Wasser und Süßigkeiten zurück. Er stellte sie vor den Herrn. Die Schüler nahmen von den Süßigkeiten, aber als sie einem jungen Mann angeboten wurden, sagte Vidyasagara: „Ach, er gehört zum Haushalt. Kümmert euch nicht um ihn."

Bhagavan bezog sich auf einen jungen Mann, der vor ihm saß, und meinte: "Ja, dieser junge Mann ist gut. Er ist wie der Fluss Falgu[32], der mit trockenem Sand bedeckt ist. Aber wenn du ein wenig gräbst, findest du einen starken, unsichtbaren Strom darunter. Er trägt einen spirituellen Strom in sich, obwohl er ihn nach außen hin nicht zeigt."

Ramakrishnas Humor

Dann fuhr er fort und sagte zu Vidyasagara: „Heute habe ich wenigstens das Meer erreicht (womit er sich auf die wörtliche Bedeutung von Vidyasagara – das Meer der Erkenntnis – bezog). Bis jetzt habe ich nur Kanäle, Seen oder höchstens Flüsse gesehen, aber jetzt sehe ich das Meer."

Vidyasagara: "Herr, dann darfst du gern etwas Salzwasser aus ihm schöpfen."

Bhagavan: "Nein, mein lieber Herr, warum Salzwasser? Du bist nicht das Meer von Avidya (Unwissenheit), das von Gott wegführt, sondern das Milchmeer, das Meer von Vidya oder wahrer Erkenntnis, das zu Gott führt."

Vidyasagara: "Verehrter Herr, das sagst du."

---

[31] Burdwan ist eine alte Stadt in Bengalen, die für ihre köstlichen Süßigkeiten bekannt ist.
[32] Falgu ist ein heiliger Fluss in der Nähe der heiligen Stadt Gaya in Indien. Am Ufer dieses Flusses erlangte Buddha die höchste Erleuchtung. Das Flussbett ist von Sand bedeckt wie in einer Wüste, aber darunter fließt ein starker Strom reinen Wassers.

Gute Werke und Mitleid mit allen

Bhagavan: "Dein Karma geht aus dem Sattva-Element[33] der Natur hervor. Daraus entsteht Mitleid. Jede Arbeit, die zum Wohl anderer getan wird, ist völlig frei von Fehlern. Man kann sie rajastisch nennen, aber es ist die Aktivität von Sattva. Solche Arbeit schadet nicht. Sukadeva und andere wie er hatten Mitleid mit allen. Sie arbeiteten für die Menschheit und halfen ihr auf dem Weg zur Göttlichkeit. Du gibst freie Bildung und tust wohltätige Werke. Das ist gut. Wer in Liebe gute Werke verrichtet, ohne sich um das Ergebnis zu kümmern, erlangt Gott. Aber wer für Name, Berühmtheit und einen anderen selbstsüchtigen Zweck arbeitet, bleibt gebunden. Zudem kann ich sagen, dass du bereits zum Siddha (Vollkommenen) geworden bist."

Vidyasagara: "Herr, wie ist das möglich?"

Bhagavan: "Du weißt, dass Siddha oder eine gut gekochte Kartoffel weich und zart wird.[34] Hast du durch dein Mitleid mit allen nicht ein weiches Herz bekommen?"

Vidyasagara: "Aber Kalai (eine Hülsenfrucht) wird härter, wenn man ihn kocht, nicht wahr?"

Büchergelehrte sind wie Geier.

Bhagavan lachte. "Ja, aber du bist nicht so. Reine Büchergelehrte sind hartherzig. Sie tun weder sich selbst noch anderen Gutes. Sie sind wie Geier, die sich hoch zum Himmel hinaufschwingen, aber immer nach Aas suchen. Sie mögen über die göttlichen Wahrheiten reden, aber ihr Geist haftet an Frauen und Wohlstand. Sie haften an weltlichen Dingen (Avidya). Mitleid, Hingabe (Bhakti), Entsagung (Vairagya) – das sind die Manifestationen von Vidya (Erkenntnis)."

---

[33] [Sattva: das dritte der drei Gunas (Eigenschaften des Geistes und der Natur), das Reinheit ist. Die beiden anderen Gunas sind Tamas, Trägheit und Dunkelheit, und Rajas, Aktivität.]

[34] [Ein Wortspiel. Dasselbe Wort „Siddha" wird für einen vollkommenen Menschen und für gut gekochtes Essen verwendet.]

Vidyasagara hörte diesen Worten der Weisheit mit ganzer Aufmerksamkeit zu, während die Augen der anderen Herren auf das selige Gesicht Ramakrishnas gerichtet waren, das in göttlicher Herrlichkeit strahlte.

Vidya und Avidya (Wissen und Unwissenheit)

Bhagavan fuhr fort: "Das absolute Brahman ist sowohl jenseits der Reichweite von Vidya (Wissen) als auch von Avidya (Unwissenheit), das einen von der Erkenntnis des Absoluten abhält.

Das absolute Brahman ist jenseits der Reichweite von Maya, während Maya entweder Vidya oder Avidya ist. Beide, Vidya-Maya und Avidya-Maya, existieren in dieser Welt. Wie es Erkenntnis (Jnana) und Hingabe (Bhakti) gibt, so gibt es auch Lust und Gier nach Reichtum. Gut und Böse, Tugend und Laster werden in dieser Welt der Relativität gefunden, aber Brahman ist von ihnen unberührt. Sie existieren in Bezug auf den Jiva (das individuelle Ego), können aber das absolute Brahman nicht berühren."

Brahman ist von Gut und Böse unberührt.

„Brahman kann mit dem Licht einer Lampe verglichen werden. Wie beim selben Licht der eine die heiligen Schriften liest und der andere ein Dokument fälscht, während das Licht von den guten und bösen Taten unberührt bleibt, so ist das absolute Brahman unberührt vom Guten und Bösen der Welt. Es ist wie die Sonne, die sowohl auf die Tugendhaften als auch auf die Gottlosen scheint.

Wenn du fragst: ‚Was ist Kummer, Sünde, Leid, Unglück?', dann würde ich antworten, dass sie zum Jiva gehören. Sie betreffen Brahman nicht. Was für den Jiva böse ist, ist für Brahman nichts weiter als das Gift in den Fangzähnen einer Schlange für die Schlange selbst. Andere können durch einen Schlangenbiss sterben, aber wie das Gift die Schlange nicht verletzt, so bezieht sich die Existenz der Sünde und des Bösen allein auf den Jiva. Wer kann beschreiben, was das absolute Brahman ist?"

Brahman kann nicht beschrieben werden.

„Alles, was man mit dem Mund aussprechen kann, ist gewissermaßen beschmutzt, wie die Essensreste es sind. Die Offenbarungsschriften, die

Veden, Tantras, Puranas und alle heiligen Bücher sind beschmutzt wie die Essensreste, da sie von den Mündern der Menschen geäußert wurden. Aber es gibt etwas, das nie auf diese Weise beschmutzt wurde, und das ist das absolute Brahman. Keinem ist es jemals gelungen, das Absolute mit Worten zu beschreiben. Brahman kann nicht ausgesprochen, beschrieben und gedacht werden."

Vidyasagara unterbrach ihn und sagte zu seinen Freunden: "Das ist ein großer Gedanke. Heute habe ich diese Wahrheit gelernt, dass Brahman die eine Substanz ist, die nie durch den Mund beschmutzt wurde."

Bhagavan: "Ja, so ist es."

Das Gleichnis vom vedischen Vater und seinen beiden Söhnen

„Ein Vater hatte zwei Söhne. Um sie in der Erkenntnis Brahmans zu unterrichten, sandte er sie zu einem Acharya (Lehrer). Nach einigen Jahren kehrten sie nach Hause zurück und begrüßten ihren Vater. Der Vater wollte unbedingt wissen, was sie über Brahman gelernt hatten. Deshalb fragte er seinen ältesten Sohn: ‚Mein lieber Sohn, du hast alle Schriften und Philosophien studiert. Jetzt sag mir, was ist Brahman?' Der älteste Sohn versuchte, das absolute Brahman zu beschreiben, indem er verschiedene Abschnitte aus den Veden zitierte. Der Vater schwieg. Dann wandte er sich seinem jüngeren Sohn zu und stellte ihm dieselbe Frage. Der jüngere Sohn antwortete nicht mit Worten, sondern blieb bewegungslos und sprach mit Brahman in der Stille. Da rief der Vater: ‚Mein liebes Kind, du hast dich der Erkenntnis Brahmans genähert. Dein Schweigen ist eine bessere Antwort als die Rezitation von hunderten von Texten aus den Veden, denn Brahman kann nicht mit Worten beschrieben werden. Es ist in der Tat absolutes Schweigen.'

Die Erkenntnis des absoluten Brahman wird im Zustand von Samadhi erlangt. In diesem überbewussten Zustand wird Brahman erkannt. Dann hören alle Gedanken auf, sich zu erheben, und in der Seele herrscht völlige Stille. Selbst die Macht der Sprache zeigt sich nicht. Wie kann man Brahman mit Worten beschreiben? Der Mensch glaubt, dass er das absolute Brahman erkannt hat."

Das Gleichnis von der Ameise und dem Zucker

„Eine Ameise ging zu einem Zuckerberg. Sie erkannte nicht, wie hoch der Berg war, sondern fraß ein kleines Teilchen davon und war zufrieden. Ein weiteres Teilchen trug sie in ihrem Maul nach Hause. Auf dem Weg dachte sie: ‚Beim nächsten Mal trage ich den ganzen Berg davon.‘ Sieh nur, so denken die kleinen Geister. Sie glauben, sie kennen das Absolute, und wissen nicht, dass Brahman jenseits der Reichweite des Verstandes und Denkens ist. Wie groß der Geist auch sein mag, er kann das absolute Brahman nicht völlig begreifen.

Sukadeva[35] und andere große spirituelle Lehrer können mit großen Ameisen verglichen werden. Sie konnten in ihren Mäulern höchstens acht oder zehn Körner des Zuckerberges tragen. Es ist ebenso absurd zu sagen, dass ein großer Mensch Brahman völlig verstanden hat, wie es absurd ist zu sagen, dass eine große Ameise den ganzen Zuckerberg wegträgt.

Was die Veden und andere Schriften über das Absolute sagen, ist wie die Beschreibung des Meeres durch einen Mann, der das weite Meer gesehen hat. Als er gefragt wurde, wie das Meer sei, rief er von Staunen ergriffen: ‚Oh, was ich gesehen habe ist so weit! Wie groß sind die Wellen! Was für ein donnerndes Getöse!‘

So ist es, wenn man vom absoluten Brahman spricht. Die Veden erklären, dass Brahman das Meer der absoluten Existenz, Intelligenz und Seligkeit ist. Sukadeva und andere große spirituelle Lehrer standen am Ufer dieses unendlichen Meeres, sahen es und berührten sein Wasser. Einige glauben, dass selbst diese großen Seelen nicht ins Meer gegangen sind, denn wer immer in dieses Meer von Brahman hineingeht, kehrt nicht mehr zu dieser weltlichen Existenz zurück.“

Das Gleichnis von der Salzpuppe

„Eine Salzpuppe ging einst zum Meer, um seine Tiefe auszumessen. Sie wollte den anderen sagen, wie tief das Meer ist. Aber siehe da, ihr Wunsch

---

[35] Sukadeva war der Sohn von Vyasa, des Verfassers der Vedanta Sutras und vieler Puranas. Er wurde mit Brahma-Jnana oder der Erkenntnis des Absoluten geboren. In seiner Kindheit entsagte er der Welt mit all ihren Freuden und Reizen. Er wird von den Hindus als der ideale Jnani oder Kenner von Brahman betrachtet.

ging nie in Erfüllung. Kaum war sie ins Meer eingetaucht, als sie auch schon zerschmolz und eins mit dem Meer wurde. Wer würde nun die Nachricht über die Tiefe überbringen? Ähnlich ist der Zustand des Jiva (des individuellen Egos), der ins unendliche Meer des absoluten Brahman hineingeht."

Jemand fragte: "Bhagavan, stimmt es, dass der Mensch, der in Samadhi eingegangen ist oder Brahma-Jnana erlangt hat, nicht spricht?"

Brahman ist Schweigen

Ramakrishna zu Vidyasagara: "Ja, wer Brahman verwirklicht hat, wird still. Diskussionen und Argumentationen existieren so lang als sich die Erkenntnis des Absoluten nicht einstellt. Wenn du in einer Pfanne Butter über dem Feuer anschmelzt, wie lange macht sie ein Geräusch? Solange Wasser in ihr ist. Wenn das Wasser verdampft ist, macht sie kein Geräusch mehr. Wenn du Teig zu dieser heißen, geklärten Butter (Ghee) tust, gibt es wiederum ein Geräusch, bis der Kuchen fertig gebacken ist.

Die Seele eines Suchers nach Brahman kann mit frischer Butter verglichen werden. Sie ist mit dem Wasser des Egoismus und der Weltlichkeit vermischt. Die Diskussionen und Argumentationen eines Suchers sind wie das Geräusch während des Prozesses der Reinigung durch das Feuer der Erkenntnis. Wenn das Wasser des Egoismus und der Weltlichkeit verdunstet ist und die Seele reiner wird, hört jedes Geräusch von Debatten und Diskussionen auf, und es herrscht völlige Stille im Zustand von Samadhi."

Der Egoismus eines Heiligen

„Wenn die Seele auf diese Weise das absolute Brahman in der Stille erkennt, kommt sie auf die Ebene der Relativität herunter, um anderen zu helfen und der Menschheit die höchste Weisheit Brahmans zu lehren. Dann redet sie wieder und gibt ein Geräusch von sich wie das heiße Ghee, wenn es mit dem Teig in Berührung kommt. Solch eine Seele behält das 'Ich'-Empfinden nur deshalb zurück, um der Menschheit zu helfen. Sankaracharya und andere spirituellen Lehrer behielten das gereinigte ‚Ich'-Empfinden zurück, ohne das jedes Lehren unmöglich ist."

Die Weisen lehren zum Wohl anderer.

„Die Biene summt, solange sie außerhalb des Lotus ist und sich nicht in ihm niedergelassen hat, um den Honig zu trinken. Sobald sie den Honig schmeckt, hört jedes Summen auf. Ähnlich hört jedes Geräusch von Diskussionen auf, wenn die Seele des Anfängers beginnt, den Nektar der göttlichen Liebe in den Lotusfüßen des Allmächtigen zu trinken. Manchmal jedoch gibt die Biene, nachdem sie vom Honig berauscht ist, ein liebliches Summen von sich. So spricht die gottberauschte Seele manchmal zum Wohl anderer.

Ein Krug macht ein Geräusch, wenn er in einem Wasserspeicher mit Wasser gefüllt wird. Aber sobald der Krug bis zum Rand voll ist, hört das Geräusch auf. Das Geräusch hört man wieder, wenn Wasser aus dem Krug in einen anderen Krug geschüttet wird." (Das Wasser steht für die göttliche Weisheit, und der Krug für die Seele des Weisen.)

Die Beziehung zwischen dem Guru und den Schülern

„Es stellt sich nun die Frage, wie wir die Beziehung zwischen einem vollkommenen Guru und seinen Schülern erklären sollen. Der Guru muss reden, um die Unwissenheit seiner Schüler zu vertreiben. Diese Art der Unterscheidung ist jedoch nicht schädlich. Die siedende Butter macht kein Geräusch mehr, nachdem sie geklärt ist. Aber wenn der ungebackene Kuchen aus Mehl in sie gegeben wird, macht sie wegen des Wassers im Kuchen viel Lärm. Das Geräusch hält so lange an, bis der Kuchen durchgebacken ist. Der ungebackene Kuchen kann mit dem Schüler verglichen werden und die siedende Butter mit dem Guru, dem spirituellen Lehrer. Das Geräusch der Lehre wird so lange vernommen, als der Schüler nicht völlig aufgeklärt ist."

Anhaftungslosigkeit

Sri Ramakrishna fuhr fort: "Solange die individuelle Seele noch im Geringsten an der Welt der Sinne und an den Wünschen haftet, kann sie Brahma-Jnana nicht erlangen. Jener ist ein Jnani, der auf alle weltlichen Wünsche und Sinnesfreuden verzichtet, indem er sagt: ‚Nicht dies, nicht jenes' und dann in Samadhi das höchste Brahman erkennt.

Ein Jnani weiß, dass alle Erscheinungen des Weltalls, die der Evolution unterworfen sind, seien sie körperlich oder geistig, im Bereich der Maya sind.

Sie sind unwirklich und vergänglich wie die Gegenstände, die man in einem Traum sieht. Wie man Stufe für Stufe die Treppe bis zum Dach hinaufgeht, so erhebt er sich Stufe für Stufe über sie, indem er ‚nicht dies' sagt, bis er das absolute Brahman erreicht, das das Dach der Erscheinungswelt ist."

Alle Erscheinungen sind unwirklich.

„Ein Jnani geht so weit, bis er erkennt, dass Brahman die absolute Wirklichkeit ist und alle Erscheinungen unwirklich sind. Ein Vijnani [einer, der völlige Erkenntnis besitzt] geht jedoch noch weiter und erkennt mehr. Er sieht, dass das Dach und die Stufen aus demselben Material bestehen. Nur wenige können lang auf dem Dach (dem Bereich des Absoluten) bleiben. All jene, die diesen Zustand von Samadhi erreichen, müssen auf niedere Ebenen zurückkehren, so wie keiner das ‚Si', die höchste Note der Tonleiter, lange halten kann. Das ‚Ich'-Empfinden zieht einen nach unten. Aber wenn ein Vijnani aus dem Samadhi zu einer niederen Bewusstseinsebene zurückkehrt und die relative Welt wahrnimmt, sieht er überall Brahman und erkennt, dass dasselbe absolute Sein als Jiva und als alle Erscheinungen im Universum auftaucht. Er erkennt: ‚Ich bin Brahman', ‚Ich bin Er.'"

Jnana-Yoga und Bhakti-Yoga

„Es gibt verschiedene Wege, die zur Erkenntnis des absoluten Brahman führen. Der Weg eines Jnani ist so gut wie der eines Bhakta. Jnana-Yoga ist richtig und auch Bhakti-Yoga. Es gibt einen weiteren Weg, bei dem sich Bhakti und Jnana vermischen, der ebenso richtig ist. Solange das Empfinden von ‚Ich, mich, mein' im Verehrer bleibt, ist der Weg des Bhakti für ihn leichter.

Ein Vijnani erkennt jedoch das absolute Brahman als die unveränderliche Wirklichkeit des Universums, fest und unwandelbar wie der Berg Sumeru. Es ist jenseits aller Handlungen von Maya. Er erkennt auch, dass die Welt sich aus den drei Gunas (Sattva, Rajas und Tamas) des Prakriti oder der kosmischen Energie entwickelt hat."

Maya

„Maya oder Prakriti [die kosmische Energie] besteht aus Vidya [Wissen] und Avidya [Unwissenheit]. Vidya ist die Energie, die zu Gott führt. Sie manifestiert sich als Unterscheidung (Viveka), Anhaftungslosigkeit (Vairagya), Hingabe und Liebe zu Gott (Bhakti, Prema). Aber Avidya führt zur Weltlichkeit. Diese Energie drückt sich als verschiedene Leidenschaften, der Wunsch nach Wohlstand und Ehre, Ehrgeiz, Arbeit mit Anhaftung und Selbstsucht aus. All diese Kräfte von Vidya und Avidya erheben sich aus der göttlichen Energie Brahmans – sie können Brahman nicht beeinträchtigen."

Der Vijnani und der Bhakta

„Der Vijnani [einer, der völlige Erkenntnis besitzt] erkennt, dass dasselbe absolute Brahman als der persönliche Gott (Iswara) erscheint, dass Er, der jenseits aller Eigenschaften ist, auch der persönliche Gott mit allen Eigenschaften und gesegneten Fähigkeiten ist. Der Vijnani erkennt, dass der Jiva (das individuelle Ego), die Erscheinungswelt, der Geist, der Intellekt, Bhakti, Leidenschaftslosigkeit, Erkenntnis – all dies die Herrlichkeit der höchsten persönlichen Gottheit ist. Würden diese Manifestationen der göttlichen Herrlichkeit nicht existieren, wer würde Ihn dann als den Herrn der Welt verehren können? Wenn ein Reicher keinen Wohlstand und kein Eigentum besitzt, sondern pleite ist, bezeichnet ihn keiner mehr als reich. Siehst du nicht, wie schön diese Welt ist? Wie viele unterschiedlichen Erscheinungen gibt es – die Sonne, der Mond, die Sterne, die verschiedenen Arten von Tieren und Pflanzen, große und kleine Dinge, gute und schlechte, einige Menschen mit großer Kraft, andere mit kleiner Kraft."

Vidyasagara: "Verehrter Herr, stimmt es dann, dass Gott einigen größere Kraft gegeben hat als anderen? Ist der Herr parteiisch?"

Einheit in der Vielfalt

Bhagavan: "Der Herr wohnt als das alldurchdringende Sein (Vibhu) in gleichem Maß in allen Lebewesen, seien sie groß oder klein, ja sogar in der kleinsten Ameise oder im mikroskopisch kleinsten Tier. Der Unterschied liegt in der Manifestation von Kraft (Sakti). Wie wäre es sonst möglich, dass ein starker Mann zehn Männer im Nahkampf besiegen kann, während ein Schwächling vor einem gewöhnlichen Sterblichen davonrennt?

Wenn es keinen Unterschied in der Kraft gäbe, warum sollten die Leute dich dann respektieren und ehren? Du hast kein Ungetüm wie zwei Hörner auf der Stirn, dass die Leute dich aus Neugier sehen wollen. Du hast mehr Mitleid und Weisheit als andere. Deshalb besuchen dich die Leute und ehren dich. Oder etwa nicht?"

Bücherwissen

„Es liegt nichts an reinem Bücherwissen. Man sollte Bücher nur lesen, um von den verschiedenen Wegen, durch die man Ihn (das absolute Brahman) erkennen kann, zu erfahren.

Ein heiliger Mann trug eine Handschrift bei sich. Jemand fragte ihn, was drinstehe. Der Heilige öffnete sie und zeigte, dass auf jeder Seite die heilige Formel ‚Om Rama‘, der heilige Name des Herrn, geschrieben stand."

Die Bedeutung der Gita

„Nimm die heilige Bhagavad Gita. Was lehrt sie? Wenn du es wissen willst, wiederhole zehn Mal nacheinander schnell den Namen ‚Gita‘ – ‚Gita, Gita, Gi-‘ usw. Es wird wie ‚Tagi, Tagi‘ lauten, was dasselbe bedeutet wie das Sanskritwort ‚Tyagi‘, d.h. einer, der alles in der Welt für den Herrn aufgegeben hat. Eine Wahrheit, die die Bhagavad Gita lehrt, ist diese: ‚Oh Jiva, nachdem du die Bindung an Gegenstände und weltliche Freuden aufgegeben hast, kämpfe, um Gott zu erkennen.‘ Der Geist eines Mannes (sei er ein Heiliger oder ein Familienvater) muss frei von allen Bindungen an die Welt sein. Dann, und nur dann wird das Herz gereinigt und das Absolute erkannt.

Chaitanya Deva (der inkarnierte Gott von Nuddea) sah bei einer Pilgerreise in Deccan (Südindien) einen Mann, der laut die Texte der Gita las. Wenig von ihm entfernt hörte ein anderer Mann zu, dem die Tränen unaufhörlich die Wangen hinunterrannen. Chaitanya Deva fragte ihn, ob er die Bedeutung der Texte verstehe. Der arme Mann antwortete: ‚Mein Herr, ich verstehe kein Wort von dem, was der Pandit da vorliest.‘ Chaitanya Deva fragte ihn: ‚Warum weinst du dann?‘ Der Verehrer antwortete: ‚Ich sehe den Streitwagen von Arjuna und den gesegneten Herrn Krishna, der mit Arjuna spricht. Diese göttliche Vision treibt mir Tränen der Liebe in die Augen.‘"

Das "Ich"-Empfinden

Sri Ramakrishna fuhr fort: "Du magst fragen, warum ein Vijnani Bhakti (Liebe und Hingabe) vorzieht? Die Antwort lautet, weil es schwer ist, vom ‚Ich'-Empfinden frei zu sein. Im Zustand von Nirvikalpa Samadhi[36] kann es für den Augenblick verschwinden, aber es kommt zurück. Für gewöhnliche Menschen ist es fast unmöglich, dieses ‚Ich'-Empfinden von ‚ich und mein' zu beseitigen. Sooft du auch die Äste des Asvatthwa-Baums [heiligen Feigenbaums] absägst, treiben neue Äste aus, solange die Wurzel lebt. Ebenso kannst du versuchen, das ‚Ich'-Empfinden loszuwerden, aber solange die Wurzel lebendig ist, treibt es immer und immer wieder aus. Selbst nachdem die befreite Seele Brahma-Jnana erlangt hat, wird sie zur Ebene dieses ‚Aham', dem ‚Ich'-Empfinden, zurückgezwungen.

Wenn du von einem Tiger träumst, zitterst du an allen Gliedern, und dein Herz schlägt heftig. Wenn du aufwachst, erkennst du, dass es nur ein Traum war, aber dein Herz klopft noch immer. Ebenso bleibt das 'Ich'-Empfinden auch nach der Verwirklichung des Absoluten bestehen.

Wenn das 'Ich'-Empfinden also die Ursache aller Probleme ist und es nicht möglich ist, es los zu werden, dann lass es als das ‚Ich' fortbestehen, das der Diener des Herrn ist.

Rama Chandra (der inkarnierte Gott) fragte einst seinen großen Verehrer Hanuman: ‚Mein Sohn, in welcher Beziehung stehst du zu Mir?' Der Verehrer antwortete: ‚Wenn ich mich für verkörpert halte, dann bin ich Dein Diener, und Du bist der Herr. Wenn ich mich für den Jiva (das Ego) halte, dann bin ich ein Teil von Dir, und Du bist das Ganze. Aber wenn ich mich für den Atman halte, dann bin ich eins mit Dir. Dann erkenne ich: ‚Ich bin Du, und Du bist ich.'"

Wenn das 'Ich'-Empfinden so beharrlich an einem haftet, lass es fortbestehen wie das eines wahren Bhakta, der sich für den Diener des Herrn hält."

---

[36] Nirvikalpa Samadhi wird im Raja Yoga als der höchste Zustand von Samadhi beschrieben, in dem sich die Seele über das „Ich"-Empfinden und die Ebene des Denkens, der Vorstellungen und Emotionen erhebt und den Bereich des Absoluten erreicht.

Ajnana (Unwissenheit) und Jnana (Erkenntnis)

"'Ich' und 'mein' – diese beiden sind die Zeichen von Ajnana, Unwissenheit. ‚Mein Haus, mein Reichtum, meine Gelehrsamkeit, mein Ruhm, all das ist mein' – diese Vorstellung geht aus der Unkenntnis des eigenen wahren Selbst hervor. Jnana oder die göttliche Erkenntnis ist dagegen der Zustand, in dem der Jiva erkennt: ‚Oh Herr, Du bist der Meister von allem: Haus, Familie, Kinder, Freunde, Verwandte, denn alles, was im Universum existiert, gehört Dir.' ‚Was mir gehört, gehört Dir.' ‚Nichts gehört mir' – solche Vorstellungen entstehen aus wahrer Erkenntnis.

Es ist für jeden gut, sich daran zu erinnern, dass uns nach dem Tod nichts von dieser Welt bleibt. Wir sind nur hierhergekommen, um ein bestimmtes Karma auszuführen und etwas Erfahrung zu gewinnen. Wie die Leute vom Land in eine große Stadt wie Kalkutta kommen, um dort zu arbeiten, so sind wir gekommen, um unsere Wünsche entsprechend unserer Neigungen, mit denen wir geboren wurden, zu erfüllen."

Das Gleichnis vom reichen Mann und seinem Sircar (Verwalter)

„Ein reicher Mann hat die Verantwortung für seinen schönen Garten seinem Sircar (Verwalter) überlassen. Wenn Besucher kommen, um den Garten zu sehen, kümmert der Sircar sich aufmerksam um sie. Er zeigt ihnen die schönen Teile des Gartens mit den reichen Obstbäumen, Blumenbeeten, palastartigen Gebäuden, Seen usw. und sagt: ‚Dies, meine Herren, sind unsere Mangobäume. Dies ist unser Obstgarten, dies ist unser See. Wie schön sind unsere Blumen! Hier könnt ihr unser Wohnzimmer mit den teuersten Möbeln und den schönen Gemälden von den besten Künstlern sehen. Das alles gehört uns.' Derselbe Sircar kann von seinem Meister jederzeit dazu aufgefordert werden, den Garten sofort zu verlassen, wenn er etwas an ihm auszusetzen hat. Ihm wird nicht genügend Zeit zugestanden, um seinen Koffer zu packen und sein Gepäck mitzunehmen. So ist die missliche Lage jener, die auf Dinge Anspruch erheben, die ihnen in Wirklichkeit nicht gehören. Alles gehört dem Herrn. Es ist lächerlich, wenn ein Mensch sagt: ‚Ich bin der Karta (der Handelnde)', ‚All diese Dinge gehören mir.'"

Der Herr lächelt bei zwei Anlässen.

„Bei zwei Anlässen muss der Herr lächeln: Eine Person ist ernsthaft krank und liegt im Sterben. Der Arzt sagt zur Mutter des Patienten: ‚Mutter, es gibt keinen Grund zur Besorgnis. Ich werde das Leben deines Sohnes retten.‘ Der Arzt vergisst, dass jedem Ereignis von Leben und Tod der Wille des Herrn zugrunde liegt. Der Herr lächelt dann und denkt: ‚Wie dumm muss dieser Mann sein, der damit prahlt, das Leben seines Patienten zu retten, wenn letzterer durch Meinen Willen stirbt.‘ Der Herr lächelt auch, wenn zwei Brüder dabei sind, ihr Anwesen zu teilen. Sie nehmen den Meterstab, messen damit das Land aus und sagen: ‚Dieser Teil gehört mir und dieser dir.‘ Der Herr lächelt und denkt: ‚Mir gehört das ganze Weltall, aber diese dummen Brüder sagen: ‚Dieser Teil gehört mir und dieser dir.‘

‚Oh Herr, Du machst alles, und Du bist mein Nächster und Liebster. Dieses Haus, diese Familie, diese Verwandten, meine Freunde, ja dieses ganze Universum gehört Dir, oh Herr.‘ Das ist wahres Jnana (Erkenntnis). Aber ‚Ich tue alles, ich bin der Handelnde. Mein Haus, meine Familie, meine Kinder, meine Freunde, alles gehör mir‘, das alles kommt von Ajnana (der Unwissenheit).“

Der Herr allein ist dein eigen.

„Ein Guru lehrte seinen Schüler folgendes: ‚Der Herr allein ist dein eigen, kein anderer gehört dir.‘ Da erwiderte der Schüler: 'Aber meine Mutter und meine Frau, die sich so gut um mich kümmern, die mich lieben und sehr unglücklich sind, wenn sie mich nicht sehen, gehören auch mir, oder etwa nicht?' Der Guru antwortete: ‚Da irrst du dich. Ich werde dir zeigen, dass keiner von ihnen sich wirklich um dich sorgt. Glaube keinen Augenblick lang, dass deine Mutter oder deine Frau ihr Leben für dich opfern würden. Du kannst es ausprobieren und selber sehen. Geh nach Hause und täusche vor, unerträgliche Schmerzen zu haben. Dann werde ich kommen und es dir beweisen.‘

Der Schüler tat es. Die Ärzte wurden gerufen, aber keiner konnte die Schmerzen lindern. Die Mutter des Patienten trauerte und seufzte. Die Frau und die Kinder weinten. In diesem Augenblick erschien der Sannyasin (Guru). ‚Dies ist eine ernste Krankheit‘, sagte er. ‚Ich sehe keine Chance, dass der Patient wieder gesund wird, außer jemand erklärt sich dazu bereit, sein oder ihr Leben für den Patienten zu geben.' Da schauten alle entsetzt drein. Der Sannyasin sagte zur alten Mutter des Kranken: ‚Für dich ist es dasselbe, ob du lebst oder stirbst, wenn du in deinem Alter deinen Sohn verlierst, der für sich und für euch alle den Lebensunterhalt verdient. Wenn du dein Leben im Austausch für seines hingibst, dann kann ich deinen Sohn retten. Wenn du als Mutter dieses Opfer für ihn nicht bringen kannst, wer wird es dann tun?' Die alte Frau stammelte unter Tränen: ‚Verehrter Vater, ich bin dazu bereit, alles für meinen Sohn zu tun, was du befiehlst. Aber mein eigenes Leben – was ist mein Leben schon im Vergleich zu dem meines Sohnes? Der Gedanke, was aus meinen Kleinen wird, wenn ich sterbe, lässt mich feige sein. Ich Unglückliche, diese Kleinen stehen mir im Weg!'

Die Frau, die diesem Gespräch zwischen dem Sannyasin und ihrer Schwiegermutter zugehört hatte, weinte bitterlich. Sie sagte zu ihren Eltern: ‚Um euretwillen, lieber Vater und liebe Mutter, kann ich das Opfer nicht bringen.' Auf diese Weise fand jeder eine Ausrede. Da wandte sich der Sannyasin dem Patienten zu und sagte: ‚Siehst du, keiner hier ist bereit, sein Leben für dich zu opfern. Verstehst du jetzt, was ich gemeint habe, als ich sagte, dass man von keinem abhängt?' Als der Schüler das alles sah, gab er sein sogenanntes Zuhause auf und folgte dem Sannyasin, seinem Guru."

Selbsthingabe und Gebet

Sri Ramakrishna fuhr fort: „Das absolute Brahman kann nicht durch Argumentieren erkannt werden. Sei Sein Diener und nimm Zuflucht bei Ihm. Bete mit Ernsthaftigkeit und Aufrichtigkeit zu Ihm. Er wird sich dir bestimmt enthüllen. Bücherwissen oder intellektuelle Diskussionen können die Gottheit nicht offenbaren."

Daraufhin sang der Gesegnete:

DIE HERRLICHKEIT DER GÖTTLICHEN MUTTER

1. Wer weiß denn schon, wer Kali (meine Göttliche Mutter) ist? Selbst die sechs Philosophien[37] können keinen Blick von Ihr erhaschen.

---

[37] [Die sechs Philosophien sind: Sankhya, Yoga, Nyaya, Vaisheshika, Mimamsa und Vedanta.]

2. Der Yogi meditiert immer über Sie im Muladhara und Sahasrara.[38] Wie die Schwäne, der männliche und der weibliche Schwan, auf vertraute Weisheit miteinander umgehen, so geht in diesem Lotus-Wald (Lotus ist hier ein Symbol für den Plexus) Kali mit Ihrem Gemahl (Shiva) auf vertraute Weise um.

3. Kali, die Seele von Atmarama (Shiva), wird von Ihm so sehr geliebt wie Sita von Rama. Kalis Erhabenheit kann nur Shiva (Kala) kennen. Wahrlich, wer sonst könnte sie kennen?

4. Denn Sie gebiert das Universum. Denk nur, wie gewaltig Sie ist. Sie wohnt in allen Dingen als der allmächtige Wille.

5. Der Psalmist (Prasad)[39] singt: "Die Sterblichen mögen über den Gedanken lachen, über den mächtigen Ozean zu schwimmen." Mein Geist nimmt es wahr, aber mein Herz erfasst es nicht. Trotzdem strebt es immer noch danach, den Mond zu berühren.

Der Gesegnete bezog sich auf dieses Lied und sagte: „Sieh, wie Rama Prasad beschreibt, dass Bücher und Argumentationen die Göttliche Mutter nicht enthüllen können. Glaube ist nötig."

Die Allmacht des Glaubens

„Der Verstand ist schwach. Der Glaube ist allmächtig. Der Verstand kann nicht weit genug vordringen und muss vor dem Ziel zurückschrecken. Der Glaube wirkt Wunder."

Das Gleichnis vom Brahmanenpriester und seinem Jungen

„Da war ein gewisser Brahmanenpriester, der in einer Hauskapelle diente. Einmal ging er fort und überließ die Verantwortung für den Dienst seinem Sohn. Er sagte dem Jungen, er solle die täglichen Opfergaben vor die Gott-

---

[38] [Muladhara = Wurzelchakra am unteren Ende der Wirbelsäule; Sahasrara = höchstes Chakra am Scheitel]

[39] Prasad ist die Kurzform des Namens des hinduistischen Sängers Rama Prasad Sen [aus dem 18. Jh.]. Er war ein großer Yogi und ein wahrer Verehrer der Göttlichen Mutter des Universums. Seine Lieder haben eine tiefe spirituelle Bedeutung, und Ramakrishna liebte sie sehr.

heit legen und dafür sorgen, dass Er sie aß. Der Junge befolgte die Anweisungen des Vaters, legte die Opfergaben vor die Statue und wartet still. Aber weder sprach die Statue noch aß sie. Der Junge beobachtete das eine lange Zeit. Er glaubte fest, dass die Gottheit vom Altar niedersteigen, sich vor die Opfergaben setzen und sie essen würde. Da betete er: ‚Oh Herr, komm und iss! Es wird sehr spät. Ich kann nicht länger warten.' Aber der Herr sprach nicht. Da begann der Junge zu weinen und sagte: ‚Herr, mein Vater hat mir aufgetragen, mich darum zu kümmern, dass Du die Opfergaben isst. Warum kommst Du nicht? Du kommst zu meinem Vater und isst die Opfergaben. Was habe ich getan, dass Du nicht zu mir kommst und meine Opfergaben isst?' Er weinte lange bitterlich. Als er den Blick hob, sah er, wie die Gottheit in menschlicher Gestalt die Opfergaben aß.

Als der Gottesdienst vorbei war und der Junge herauskam, sagten die Mitglieder des Haushalts zu ihm: ‚Wenn der Gottesdienst vorbei ist, dann bring die Opfergaben heraus.' Der Junge erwiderte: ‚Ja, aber der Herr hat alles aufgegessen.' Verwundert fragten sie: ‚Was sagst du da?' Der Junge wiederholte völlig unschuldig: ‚Warum? Der Herr hat alles gegessen, was ich Ihm geopfert habe.' Da gingen sie in die Kapelle und waren sprachlos beim Anblick der leeren Schüsseln. Solcherart ist die Kraft des wahren Glaubens und der wahren Sehnsucht!

Ja, der Glaube macht einen Menschen fähig, das mächtige Meer ohne die geringste Schwierigkeit zu überqueren. Im Epos Ramayana steht, dass Rama Chandra (der inkarnierte Gott) hart gearbeitet hat, um eine Brücke über die Stelle am Meer zu bauen, die Lanka (Ceylon) vom Festland Indiens trennt. Aber um die Erhabenheit, die Allmacht des Glaubens zu beweisen, überließ Er es Seinem Bhakta, dem großen Hanuman[40], ohne Hilfe, allein mit der Kraft des Glaubens über das Meer zu springen.

---

[40] Hanuman war ein großer Verehrer Ramas, der durch die Kraft seines völligen Vertrauens auf den Herrn über das Meer von Indien nach Lanka sprang. Er wird von den Hindus als der vollkommene Bhakta Indiens betrachtet.

Es wird auch erzählt, dass einmal ein Bhakta, ein Freund von Vibhishana[41], das Meer überqueren wollte. Vibhishana, den er um Hilfe bat, schrieb den Namen von Rama (Gott) auf ein Blatt, ohne dass sein Freund es wusste. Dann sagte er zu dem Bhakta: ‚Nimm das und binde es sorgfältig in einen Zipfel deines Gewands. Es wird dich befähigen, sicher über das Meer zu gehen. Aber denke daran, schaue nicht hinein, denn du wirst im Wasser versinken, wenn du es öffnest.'

Der Bhakta vertraute den Worten seines Freundes und ging eine Zeit lang sicher über das Meer. Aber unglücklicherweise wurde seine Neugier zu seinem Feind. Er wollte sehen, was für ein wertvolles Ding Vibhishana ihm gegeben hatte, das die Kraft besaß, ihn unverletzt über die mächtige Tiefe zu führen. Als er es öffnete, entdeckte er ein Blatt, auf dem der Name Ramas stand. Er dachte, wie unbedeutend das war. Kaum war ihm dieser Gedanke gekommen, da ging er auch schon unter.

Jene, die zu dieser Klasse der Jivas gehören, können nicht leicht an Gott glauben, aber jene, die mit göttlichen Eigenschaften geboren wurden, besitzen naturgemäß den höchsten Glauben. Als Prahlada versuchte, ‚K', den ersten Buchstaben des Sanskritalphabets, zu schreiben, ließ das in seinem Geist den Namen Krishna entstehen, und er begann zu weinen. Die natürliche Neigung eines Jiva ist zu zweifeln und skeptisch zu sein. Hazra[42] glaubt nicht an die Wahrheit, dass Brahman und die Göttliche Mutter, das Absolute und Seine Energie, ein- und dasselbe sind. Doch der Glaube ist allmächtig. Davor schwinden alle Kräfte der Natur und lösen sich auf. Er trägt einen mit Leichtigkeit über Meere und Berge. Sünde und Schuld, Weltlichkeit und Unwissenheit verschwinden alle vor dem wahren Glauben."

---

[41] Vibhishana war der Bruder Ravanas, des Königs von Lanka (Ceylon), der von Rama besiegt wurde, wie es im Hindu-Epos Ramayana beschrieben wird. Vibhishana wurde ein hingebungsvoller Schüler Ramas und folgte Seinen Anweisungen solange er lebte.

[42] Hazra war ein tugendhafter Familienvater, der später sein Leben der Suche nach Gott widmete. Er wurde Asket und zog den Weg des Jnana vor.

Bhagavan sang:

DER NAME DES HERRN

1. Oh meine Göttliche Mutter, wenn ich sterbe mit Deinem heiligen Namen (Durga, Durga) auf meinen Lippen,
dann, oh Geberin alles Segens, wird am Ende klar, ob Du Dein armes Kind vor dem Ertrinken im Meer der Sünde rettest.

2. Ich mag eine Kuh oder einen Brahmanen oder ein ungeborenes Kind erschlagen haben.
Ich mag ein Trunkenbold sein, ja sogar eine Frau erschlagen haben.
Aber vor all diesen schrecklichen Sünden habe ich nicht die geringste Angst.
Durch den Glauben an Deinen heiligen Namen kann ich die höchste Seligkeit Brahmans erlangen.

Ja, Glaube ist die Wurzel jeden spirituellen Fortschritts. Du kannst ohne alles andere auskommen, du musst nur Glauben haben. Habe Vertrauen auf den Herrn, und du wirst sofort frei sein von der abscheulichsten, schwärzesten aller Sünden.

Das Einzige, was nötig ist, ist Glaube und Bhakti – Liebe, Hingabe, Gebet, Selbsthingabe. Es ist besonders in diesem Zeitalter äußerst schwierig für einen Menschen mit begrenzten Fähigkeiten, durch Vichara (Unterscheidung des wahren Brahman von der unwirklichen Erscheinungswelt) ohne Hilfe einer göttlichen Person zu meiner Mutter zu kommen. Prasad, der liebliche Sänger Bengalens, hat diese Schwierigkeit in seinem bekannten Lied betont:

DIE GÖTTLICHE MUTTER UND DAS ABSOLUTE BRAHMAN

1. Was, oh Geist, suchst du wie ein Verrückter im dunklen Zimmer?
Es (das göttliche Sein) kommt in tiefer Meditation. Wer kann sich Ihm ohne sie nähern?

2. Der Mond des Verlangens scheint immer noch in deine verborgene Kammer.
Bringe ihn zuerst mit aller Macht unter Kontrolle. Er wird sich verbergen, wenn die göttliche Weisheit heraufdämmert.

3. Der große Yogi hält an diesem Ideal fest und meditiert eine Ewigkeit. Wenn die Erkenntnis kommt, zieht sie die Seele an wie ein Magnet ein Stück Eisen.

4. Du wirst Es nicht in den sechs Philosophien, den Veden, Tantras oder in den heiligen Schriften finden. Es liebt die Süße wahrer Hingabe (Bhakti) und wohnt im Körper mit immerwährender Seligkeit.

5. Prasad sagt: "Oh Geist, soll ich der Öffentlichkeit (Chator) das wahre Wesen dessen enthüllen, was ich als meine Göttliche Mutter verehre? Erahne und verstehen es durch diese Hinweise."

Als das Lied beendet war, dem alle hingerissen zugehört hatten, herrschte tiefe Stille. Jeder war bewegt.

Ramakrishnas Samadhi

Am Ende des Liedes war Bhagavan erneut in diesem unbeschreiblichen Zustand von Samadhi. Seine liebliche, göttliche Stimme verstummte. Seine Augen waren starr und unbewegt. Aber sein spirituelles Auge ergötzte sich an der glückseligen Vision der göttlichen Herrlichkeit. Es war gerade noch so viel Selbstbewusstsein übrig, um die Seele von Angesicht zu Angesicht mit der Göttlichen Mutter zu bringen. Bhagavan genoss die gesegnete Vision lange. Sein Gesicht erstrahlte in himmlischem Licht und drückte durch ein liebliches Lächeln das grenzenlose Glück aus, das er in sich genoss, und in seinem halbbewussten Zustand sagte er:

Was ist Bhakti?

„Bhakti oder Hingabe bedeutet die Liebe zum Herrn aus ganzem Herzen. Der Sänger nennt das absolute Brahman ‚die Göttliche Mutter'. Prasad bittet seinen Verstand, es durch Hinweise zu verstehen. Er, der in den Veden als absolutes Brahman beschrieben wird, ist meine Göttliche Mutter. Ich bete zu Ihr."

Das unpersönliche und persönliche Brahman

„Das Absolute (Nirguna), Unpersönliche jenseits aller Eigenschaften ist dasselbe wie der persönliche Gott mit allen Merkmalen und gesegneten

Eigenschaften. Das absolute Brahman ist von der göttlichen Energie (Sakti) nicht zu trennen.

Der Begriff 'Brahman' bezieht sich auf den Aspekt der Göttlichkeit, der unpersönlich ist und jenseits aller Aktivität. Aber wenn wir an Ihn als alle Erscheinungsformen schaffend, erhaltend und vernichtend denken, dann nennen wir Ihn den persönlichen Gott, die Göttliche Mutter oder Kali."

Brahman und Sakti sind eins.

„In Wirklichkeit gibt es keinen Unterschied zwischen Brahman oder dem unpersönlichen Absoluten und Sakti, der Göttlichen Mutter. Brahman und Sakti sind eins wie das Feuer und seine Kraft zu brennen eins sind. Wie wir mit dem Wort ‚Feuer' seine Kraft zu brennen verstehen, so wissen wir, dass die Kraft zu brennen dasselbe wie Feuer ist. Wenn man das eine erkennt, erkennt man beide.

Sie sind eins wie Milch und ihre weiße Farbe eins sind. Wir können Milch nicht wahrnehmen, ohne ihre weiße Farbe.

Sie sind eins wie ein Edelstein und seine Strahlkraft eins sind. Wir können keinen Edelstein ohne seine Strahlkraft wahrnehmen.

Sie sind eins wie die Schlange und ihre geschmeidigen Bewegungen eins sind. Wir können keine Schlange ohne ihre gewundenen Bewegungen wahrnehmen.

Wer weiß, was Licht ist, weiß auch, was Dunkelheit ist. Wer eine Vorstellung von der Erscheinungswelt hat, der muss auch eine Vorstellung vom absoluten Noumenon haben. Wer die Sakti oder den persönlichen Aspekt des absoluten Seins kennt, der kennt auch das unpersönliche Brahman. Und wer das absolute Noumenon erkannt hat, der hat auch die Erscheinung erkannt. Wer Brahman erkannt hat, der hat auch den persönlichen Gott oder die Göttliche Mutter (Sakti) erkannt."

Die Kraft der Göttlichen Mutter

„Diese Göttliche Mutter gewährt die höchste Erkenntnis Brahmans (Brahma-Jnana), indem Sie Ihren Verehrer in den Samadhi-Zustand führt.

Sie ist es, die ihn wieder auf die Ebene des Sinnenbewusstseins herunterbringt und ihm erlaubt, das Empfinden von ‚ich' und ‚mein' zu behalten.

Durch die Kraft meiner Göttlichen Mutter besitzen alle Sterblichen (Jivas) das Empfinden von ‚ich' und ‚mein'. Sie enthüllt auch der Seele desjenigen, der in Samadhi ist, dass alle Lebewesen, ja das ganze Weltall nur die Manifestation der göttlichen Energie ist.

Sie ist es, die den einen Brahma-Jnana erreichen lässt, die höchste Erkenntnis des Absoluten, und Sie macht wiederum einen anderen zu Ihrem geliebten Verehrer, der sich Ihrem allmächtigen Willen unterwirft. Diese Wahrheit ist das große Geheimnis aller Geheimisse. Deshalb sagt der Sänger: ‚Soll ich es der Öffentlichkeit (Chator) enthüllen?'

Vidyasagara fragte seinen Freund, der in der Nähe saß: „Verstehst du die Bedeutung von Chator?"

Der Freund antwortete: "Ich weiß, dass ‚Chattara' ein Hof in einem Haus bedeutet."

Vidyasagara: "Genau. Es kann auch öffentlicher Marktplatz bedeuten. So möchte Rama Prasad sein Geheimnis nicht der Öffentlichkeit preisgeben."

Bhagavan sagte mit seinem lächelnden Gesicht zu Vidyasagara: „Oh, du bist ein Pandit, ein großer Gelehrter. Du musst das alles wissen. Wenn ich das Lob meiner Göttlichen Mutter singe, beziehe ich mich auf dasselbe absolute Brahman. Das Wort ‚Mutter' ist sehr lieblich. Deshalb nenne ich Ihn gern ‚Mutter'. Wir müssen lernen, den persönlichen Gott (Iswara) zu lieben. Durch Liebe kann Er leicht erlangt werden. Liebe, Hingabe und Glaube sind am wertvollsten. Höre ein anderes Lied."

Bhagavan sang erneut:

LIEBE FÜR DIE GÖTTLICHE MUTTER

1. Die Ekstase erwacht, wenn ich über meine Göttliche Mutter meditiere.
Die Verwirklichung ist wie der Feuereifer der Gedanken, aber die Wurzel muss vollkommener Glaube sein.

2. Wenn der Geist zu Füßen der Mutter ins Meer der Seligkeit eintaucht, dann muss man nicht weiter Verehrung, Rituale und Opfer darbringen oder den Namen des Herrn wiederholen.

3. Der Verehrer der Göttlichen Mutter ist selbst in diesem Leben frei und genießt ewige Seligkeit.

Der Herr, das Meer der Unsterblichkeit

„Wer in das Meer der Seligkeit eintauchen kann, wird unsterblich. Der Herr wird in den Veden als das Meer unsterblicher Seligkeit beschrieben. Wer auch immer in es eintaucht, wird frei vom Tod. Manche Leute haben die falsche Vorstellung, dass zu viel Meditation über das Absolute den Geist aus dem Gleichgewicht bringt. Keiner gerät aus dem Gleichgewicht, wenn er über das Absolute meditiert.

Hingebungsvolle Übungen, Rituale, Zeremonien, Opfer oder das Gießen von Opfergaben ins heilige Feuer – solche Dinge sind nutzlos, wenn wahre Liebe für den Herrn im Herzen des Verehrers ist. Ein Fächer ist nötig, solange keine Brise weht. Wenn die Brise der göttlichen Liebe weht, werden alle Riten unnötig."

Selbstlose Arbeit reinigt das Herz.

Bhagavan bezog sich auf Vidyasagara und fuhr fort: „Die Arbeit, die du tust, ist gute Arbeit. Wenn du sie ausführen kannst, ohne nach ihrem Ergebnis zu trachten und ohne zu glauben, dass du der Handelnde bist, dann ist sie noch besser. Der höchste Erfolg der selbstlos verrichteten Arbeit ist, dass man wahre Liebe für Gott erlangt. Solche Arbeit reinigt das Herz und bringt schließlich Gottesbewusstsein mit sich. Aber je intensiver deine Liebe für den Herrn wird, desto weniger werden deine religiösen Handlungen. Eine verheiratete Frau verrichtet fleißig ihre Haushaltspflichten, aber sie darf keine schwere Arbeit tun, wenn sie schwanger ist. Du tust mildtätige Werke und andere Werke zum Wohl der Menschheit."

Gutes für die Welt tun

„In Wirklichkeit sind die wohltätigen Werke für dich sehr hilfreich. Sie reinigen dein Herz und bringen selbstlose Liebe für Gott. Der Mensch hat keine

Macht, der Welt Gutes zu tun. Der Herr vollbringt alles. Er, der die Sonne und den Mond gemacht hat, Er, der den Herzen von Eltern Zuneigung gegeben hat, Er, der den großen Seelen Mitgefühl gegeben hat, Er, der den Herzen von Heiligen und Weisen selbstlose Liebe und Hingabe gegeben hat, tut alles zum Wohl Seiner Welt. Wer sonst hat die Macht, Gutes zu tun? Wer immer gute Werke tut, ohne den Wunsch nach dem Ergebnis, tut Gutes für sich selbst.

Unter der Hülle der Erde ist Gold verborgen. Du hast es noch nicht entdeckt. Wenn du einmal diesen geheimen Schatz entdeckst, werden deine weltlichen Pflichten verschwinden, und du wirst dich um keine anderen Arbeiten mehr kümmern wie eine Mutter, die nichts Besseres zu tun hat, als ihr neugeborenes Baby zu liebkosen und zu küssen. Geh weiter und bleib nicht an einem Ort stehen. Erinnere dich an das Gleichnis vom Holzfäller[43], und bleib nicht stehen, bis das Ziel erreicht ist. Das Ziel ist die Erkenntnis Gottes. Durch Seine Gnade kann Sein wahrer Verehrer Ihn schauen und mit Ihm sprechen, genauso wie ich mit dir spreche."

Es herrschte völlige Stille, als der gesegnete Herr diese Worte mit Feuer und Beredsamkeit sprach. Jedes Herz war von der göttlichen Liebe bewegt, die mit großer Kraft in der Seele von Bhagavan Sri Ramakrishna floss.

Lächelnd sagte Bhagavan: „Du weißt alles, was ich gesagt habe, aber du weißt nicht, wie viel du besitzt, wie Varuna, der Herr des Meeres, nicht wissen will, wie viele schöne und wertvolle Edelsteine es in Seiner grenzenlosen Schatzkammer in der Tiefe gibt."

Vidyasagara: "Verehrter Herr, du kannst das sagen."

Bhagavan: "Ja. Weißt du nicht, dass ein Millionär oft nicht einmal die Namen seiner eigenen Diener kennt? Er kann sich nicht erinnern, wo seine wertvollen Dinge aufbewahrt werden."

Jeder hörte diesem interessanten Gespräch zu, als Bhagavan plötzlich Vidyasagara bat: „Willst du nicht in den Tempelgarten kommen? Es ist ein schöner Ort."

---

[43] [s. S. 166]

Vidyasagara: "Ja, gewiss. Du warst so freundlich, zu mir zu kommen. Soll ich dich nicht im Gegenzug besuchen?"

Bhagavan: "Ein Besuch bei mir! Ach, schäm dich! Schäm dich!"

Vidyasagara: "Mein lieber Herr, warum sagst du so etwas?"

Die Demut Ramakrishnas

Bhagavan: "Wir sind wie Fischerboote, schmal und leicht genug, um in Seen, engen Kanälen oder sogar in großen Flüssen umherzurudern. Aber du bist wie ein großes Dampfschiff. Wer weiß. Du könntest auf einer Sandbank auflaufen, wenn du dich zu weit stromaufwärts wagst. Aber jetzt zu dieser Jahreszeit können Dampfschiffe ohne Gefahr stromaufwärts fahren."

Vidyasagara: "Oh, ich verstehe. Es ist Regenzeit."

Gegen acht Uhr abends wurde vermeldet, dass der Wagen bereitstand, um Sri Ramakrishna zurück zum Thakurbadi[44] nach Dakshineswar zu bringen. Bhagavan war eine Zeit lang geistesabwesend. Vielleicht dachte er an die Göttliche Mutter, oder er bat Sie um Ihren Segen für seinen freundlichen Gastgeber. Bhagavan erhob sich, um sich von ihm zu verabschieden, und Vidyasagara führte ihn mit einer brennenden Kerze in der Hand die Treppe hinunter durch den Bereich seines Hauses zum Tor. Dort wartete ein Wagen, der den verehrten Gast und seine hingebungsvollen Gefährten aus dem Thakurbadi empfing.

Als sie herauskamen, bot sich den Augen der Gesellschaft ein unerwarteter Anblick. Ein kaum vierzigjähriger Mann stand mit gefalteten Händen vor dem Tor. Er war in weiß gekleidet und trug einen weißen Turban auf seinem Kopf. Er hatte einen hellen Teint und ausdrucksstarke Augen, und ein Lächeln lag auf seinem Gesicht. Kaum sah er Bhagavan, fiel er zu seinen Füßen nieder, wobei sein Kopf den Boden berührte.

---

[44] [Thakurbadi = der Wohnort Ramakrishnas. Thakur = Meister, gemeint ist Ramakrishna, und badi (bengalisch) = Haus.]

Bhagavan sagte: "Bist du es, Balaram[45]? Wie kommt es, dass du hier bist?"

Balaram erwiderte lächelnd: "Verehrter Herr, ich warte seit einiger Zeit hier am Tor, um dich zu sehen."

Bhagavan: "Warum bist du nicht hereingekommen?"

Balaram: "Ich bin spät gekommen. Ich wollte dich nicht stören und hielt es für besser, hier zu waren."

Bhagavan stieg mit seinen Gefährten in den Wagen ein.

Vidyasagara fragte einen Schüler: "Soll ich die Fahrt bezahlen?"

Der Schüler antwortete: "Nein, Herr, du brauchst dich nicht darum zu bemühen. Ein Freund hat sie bereits bezahlt."

Ramakrishna verlässt Vidyasagara.

Der Gelehrte faltete seine Hände und verneigte sich zum Gruß (Pranama) vor Bhagavan. Alle, die sich um den Wagen versammelt hatten, taten dasselbe. Die kleine Gruppe, die am Tor stand, mit dem verehrten Vidyasagara vorn, der immer noch die brennende Kerze in seiner Hand hielt, blieb eine Weile stehen und sah dem Wagen nach, wobei sich alle fragten, wer dieser gottberauschte Mann sein mochte, der so weise und doch so kindlich war, so voller Freude, so liebenswert, so göttlich.

Wahrlich, ein Licht war herabgekommen, um das tote Gebein einer alltäglichen Welt in Brand zu setzen. Verkörperte Liebe, die auf die trockenen, durstigen Herzen der Menschen wie der Tau vom Himmel fiel. Eine Stimme, die den hohlen, erschöpften Menschen zurief: „Ihr müsst wiedergeboren werden und lieben!" Ein Heiler aus einem anderen Gefilde dieses seltsam kranken, modernen Lebens. Ein Mensch unter Menschen, der für sie bereitwillig das Geheimnis des Universums lösen will.

---

[45] Balaram Basu war ein hinduistischer Zemindar (Grundbesitzer) in Kalkutta. Er war ein wahrer Laienschüler Ramakrishnas. Sein Haus wurde oft durch den Besuch Ramakrishnas und seiner geliebten Schüler gesegnet. Seine ganze Familie betrachtete Ramakrishna als göttliche Inkarnation in menschlicher Gestalt, s. a. Kapitel XII.

KAPITEL V: EIN TAG AUF DEM FLUSS MIT KESHAB CHUNDER SEN

Keshab Chunder Sen

I.

Ramakrishna geht an Bord des Dampfschiffs.

Es war der Festtag von Lakshmi.[46] Sri Ramakrishna saß in seinem Zimmer und sprach mit Bijoy und Haralal, als ein Herr hereinkam und verkündete,

---

[46] Lakshmi ist die Göttin des Glücks und Wohlstands.

dass Keshab Sen[47] an Bord eines Dampfschiffs war, das soeben angelegt hatte und vor dem Ghat vor Anker lag. Kurz darauf kamen Kehabs Schüler herein und verneigten sich vor Bhagavan. Sie sagten: „Keshab Babu[48] hat uns zu dir geschickt mit der Bitte, dass du ihm Gesellschaft leistest, wenn es dir gefällt." Sri Ramakrishna war damit einverstanden und wurde in Begleitung mehrerer seiner Schüler von Keshabs Schülern zum Dampfschiff gebracht.

Ramakrishnas Ekstase

Als das kleine Boot mit Bhagavan längsseits anlegte, wollte jeder einen Blick auf den Gesegneten werfen und bevölkerte die Landungsbrücke. Keshab war bemüht, dass er sicher an Bord gelangte. Mahendra, der seit einiger Zeit da war, sah ihn an und bemerkte, dass er in Samadhi war und so bewegungslos wie eine Statue. Nur mit großer Schwierigkeit konnte er wieder zum Sinnesbewusstsein zurückgebracht werden, um in die Kabine auf dem Oberdeck geführt zu werden. Der Zustand der göttlichen Ekstase hatte ihn nicht einmal da völlig verlassen. Er stützte sich auf einen Schüler, als er in die Kabine geführt wurde. Sein Körper bewegte sich mechanisch, aber sein Geist war auf Gott gerichtet.

Als er die Kabine betreten hatte, verneigten sich Keshab und die anderen vor seinen Füßen. Aber das wenige Sinnesbewusstsein, das bis jetzt geblieben war, begann ihn jetzt auch noch zu verlassen. In der Kabine standen eine Bank, ein Tisch und einige Stühle. Bhagavan wurde auf einen der Stühle gesetzt. Auch Keshab und Bijoy nahmen sich jeweils einen Stuhl. Die anderen Verehrer, die meisten von ihnen Brahmos, setzten sich auf den nackten Boden.

---

[47] Keshab Chunder Sen [auch Keshab Chandra Sen] war der dritte große Führer des Brahmo Samaj nach Raja Rammohun Roy. Er wurde 1838 geboren und starb 1884. 1858 wurde er Mitglied des Adi Brahmo Samaj. 1866 gründete er einen neuen Zweig unter dem Namen Bharatavarshiya Brahmo Samaj, der später als die Kirche des New Dispensation bekannt wurde. 1870 ging er nach England, um seine Mission zu verbreiten. Er war ein hervorragender Prediger und Redner. Er nahm vieles von der Lehre Ramakrishnas an und betrachtete ihn als einen Menschen, der in beständigem Austausch mit Brahman steht.
[48] [Babu = Herr]

Die Kabine war klein. Viele blieben an der Tür oder am Fenster stehen und schauten erwartungsvoll herein. Bhagavan war völlig ohne äußeres Bewusstsein. Jeder beobachtete sein Gesicht. Keshab bemerkte, dass sich so viele Leute in der Kabine versammelt hatten, dass Bhagavan keine Luft bekam. Die Verehrer starrten alle auf ihn. Nach einer Weile kam Bhagavan von seinem Samadhi herunter, aber das Bewusstsein der göttlichen Gegenwart was so intensiv wie zuvor. Er sprach mit der Mutter des Universums und sagte mit kaum artikulierten Worten: „Oh Mutter, warum hast Du mich hierhergebracht? Sie sind eingesperrt und nicht frei! Kann ich sie aus ihrem Gefängnis befreien?"

Powhari Baba aus Gazipur

Ein Brahmo sagte zu Bhagavan: „Herr, diese Herren hatten das Glück, Powhari Baba[49] in Gazipur zu besuchen. Der Baba ist ein anderer heiliger Mann wie du, Verehrter."

Sri Ramakrishna hatte noch nicht die Fähigkeit zu sprechen wiedererlangt. Sein Herz war erfüllt, und weil er nicht sprechen konnte, lächelte er nur den guten Mann an, der über den Baba sprach.

Der Brahmo fuhr fort: „Herr, Powhari Baba besitzt dein Foto, das er in seinem Zimmer aufgehängt hat."

Das Herz des Verehrers ist der Tempel des Herrn.

Bhagavan lächelte erneut, deutete mit dem Finger auf seinen Körper und sagte in gedämpftem Ton: „Er ist ein Kissenbezug, nichts weiter als ein Kissenbezug. Aber etwas muss man bedenken: Das Herz des Verehrers ist der Tempel des Herrn. Es ist eine Tatsache, dass der Herr in allen Dingen mehr oder weniger manifest ist, aber Er ist besonders im Herzen eines Verehrers (Bhakta) manifest. Der Zemindar (Grundbesitzer) kann in jedem Haus angetroffen werden, das er besitzt. Doch die Leute werden sagen, dass er gewöhnlich in einem bestimmten Wohnzimmer angetroffen wird. Das Herz

---

[49] Powhari Baba war ein großer vishnuitischer Heiliger, der viele Jahre in einer unterirdischen Höhle bei Gazipur lebte. Den Namen „Powhari", was wörtlich „einer, der von Luft lebt" bedeutet, erhielt er, weil er monatelang ohne Essen und Trinken leben konnte.

des Verehrers ist das Wohnzimmer des Herrn. Wenn man den Herrn treffen will, sollte man ihn besser im Wohnzimmer suchen."

Verschiedene Aspekte von Brahman

Dasselbe Sein, das die Nachfolger des nichtdualistischen (Advaita) Vedanta Brahman, das Absolute, nennen, wird von den Yogis Atman (das Selbst) genannt und von den Verehrern oder Bhaktas (Gottliebenden) Bhagavan oder der persönliche Gott mit göttlichen Eigenschaften. Der Brahmane der obersten Kaste ist immer dieselbe Person, aber wenn er den Herrn verehrt, bezeichnet man ihn als Priester, und wenn derselbe Mann in der Küche arbeitet, bezeichnet man ihn als Koch."

Die Übung der Unterscheidung des Advaitin

„Die Monisten des (Advaita) Vedanta, die das absolute Brahman erkennen wollen, üben Unterscheidung, indem sie sagen: 'Nicht dies, nicht das.' Das bedeutet: Das Absolute ist nicht dies, nicht das, kein endliches Objekt, nicht die individuelle Seele, nicht die äußere Welt. Wenn als Ergebnis dieser Art von Argumentation das Herz aufhört, durch Wünsche bewegt zu werden, wenn der Geist tatsächlich im Überbewusstsein untergeht, dann ist Brahma-Jnana erreicht. Einer, der wahrhaft Brahma-Jnana erlangt hat, erkennt, dass Brahman, das Absolute, allein wirklich ist und die Welt unwirklich, und dass alle Namen und Formen wie Träume sind. Was Brahman ist, kann weder mit Worten beschrieben werden, noch kann man sagen, dass Es persönlich ist. Dies ist die Sichtweise des Nichtdualisten."

Die Haltung des Bhakta

„Die dualistischen Verehrer und Liebenden des persönlichen Gottes (Bhaktas) betrachten dagegen alle Zustände als wirklich. Ungleich der Nichtdualisten betrachten sie den Wachzustand als wirklich und halten die äußere Welt nicht für einen Traum. Sie sagen, dass die äußere Welt die Herrlichkeit des Herrn ist.

Der Himmel, die Sterne, der Mond, die Berge, das Meer, die Menschen, Vögel und Tiere, all das hat Er erschaffen. Er manifestiert Seine Herrlichkeit durch sie. Er ist sowohl innen als auch außen. Er wohnt in unseren Herzen. Die am weitesten fortgeschrittenen Bhaktas sagen, dass der Herr sich in den vierundzwanzig Kategorien der Sankhya-Philosophie[50] manifestiert, dass Er als individuelle Seele und äußere Welt erscheint. Ein Bhakta will die Gemeinschaft mit seinem Herrn genießen und nicht eins mit Ihm werden. Er will nicht Zucker werden, sondern ihn kosten."

Das innerste Gefühl eines wahren Bhakta

„Weißt du, welches die innersten Gedanken und Gefühle eines wahren Verehrers sind? Er sagt: ‚Oh Herr, Du bist der Meister. Ich bin Dein Diener.‘"

Der Raja Yogi

„Du bist meine Mutter, und ich bin Dein Kind‘, oder: ‚Du bist mein Kind, und ich bin Dein Vater oder Deine Mutter‘, oder: ‚Du bist das Ganze, und ich bin ein Teil von Dir.‘ Der dualistische Verehrer will nicht sagen: ‚Ich bin Brahman.‘ Ein Raja Yogi will auch das universelle Sein erkennen. Es ist sein Ziel, die endliche menschliche Seele in die Gemeinschaft mit dem unendlichen Geist zu bringen. Er versucht zuerst, seinen Geist zu sammeln, der in der Welt der Sinne verstreut ist, und ihn dann auf den universellen Geist zu richten. Deshalb ist es nötig, dass er über Ihn in Einsamkeit und in einer Körperhaltung meditiert, die nicht ablenkt."

Verschiedene Aspekte Gottes

„Aber all diese verschiedenen Ideale sind ein und dasselbe Brahman. Der Unterschied besteht nur in den Namen. Es ist dasselbe Sein, das die Menschen das Absolute (Brahman), den universellen Geist, den unpersönlichen Gott oder den persönlichen Gott mit Eigenschaften nennen."

II.

Das Dampfschiff hatte bereits abgelegt und war auf dem Weg nach Kalkutta. Viele sahen Sri Ramakrishna unaufhörlich an und tranken den Nektar der Worte, die von seinen heiligen Lippen fielen. Sie bemerkten nicht, dass das Dampfschiff fuhr. Der Tempelgarten von Kali war aus dem Blickfeld verschwunden. Unten floss das heilige Wasser, das den blauen Himmel oben

---

[50] [Das Sankhya ist eine der ältesten Philosophien Indiens. Zentrum der Lehre sind 25 (oder 24) Grundprinzipien oder Tattvas und die damit verbundene Lehre der Evolution und Involution.]

widerspiegelte, aber das Murmeln der Wellen blieb von den Ohren der Verehrer unbeachtet. Die Magie der gesegneten Schau hatte sie bezaubert. Sie sahen ein wundervolles Lebewesen vor sich, ein Gott im Menschen und ein Mensch in Gott, mit einem Lächeln, das auf seinem lieblichen Gesicht spielte, strahlend vor Freude am Herrn und mit Augen, die durch die göttliche Liebe noch schöner geworden waren. Sie blickten wie verzaubert auf den Einen, der die Welt und ihre Vergnügungen aufgegeben hatte, auf den Einen, der von der Liebe zum Herrn berauscht war und nichts anderes suchte als den Herrn.

Die Welt als Traum

Sri Ramakrishna: "Die Nachfolger des Advaita Vedanta behaupten, dass die Schöpfung, Erhaltung und Zerstörung, das individuelle Ego, die äußere Welt, dass all das Manifestationen der ewigen Energie (Sakti) seien. Sie sagen auch, dass sie als Träume erscheinen, wenn man sie genau untersucht, dass das absolute Brahman allein die Wirklichkeit ist und alles andere unwirklich ist. Selbst die ewige Energie (Sakti) sei wie ein Traum und unwirklich."

Der Bereich der göttlichen Energie

„Aber du kannst tausendmal analysieren und Unterscheidung üben, du kannst den Bereich der göttlichen Energie (Sakti) nicht überschreiten, solange du nicht den höchsten Samadhi-Zustand, das Überbewusstsein erreicht hast. Allein Gedanken wie ‚Ich meditiere‘, ‚Ich denke an das Absolute‘ sind im Bereich der Sakti. Sie sind die manifesten Kräfte dieser ewigen Energie. Deshalb sind das absolute Brahman und die ewige Energie untrennbar und eins. Die Existenz des einen schließt die des anderen mit ein wie Feuer und seine Kraft zu brennen. Wenn du die Existenz des Feuers anerkennst, wie kannst du dann seine Brennkraft leugnen?"

Die Beziehung zwischen Brahman und Sakti

„Keiner kann an Feuer denken, ohne an seine Kraft zu brennen. Wiederum kann die Brennkraft nicht unabhängig vom Feuer verstanden werden. Auf dieselbe Weise können wir nicht an die Sonnenstrahlen denken ohne an die Sonne selbst und nicht an die Sonne ohne ihre Strahlen. Deshalb kann keiner an Brahman ohne Sakti denken oder an Sakti ohne Brahman. Ebenso kann keiner das Phänomenale unabhängig vom Absoluten oder das Absolute ohne das Phänomenale erfassen. Dieselbe ewige Energie, die Mutter aller Erscheinungsformen, erschafft, erhält und vernichtet alles. Man nennt sie Kali, die Göttliche Mutter. Kali ist Brahman, Brahman ist Kali, ein- und dasselbe Sein.

Ich nenne Ihn Brahman, wenn Er völlig inaktiv ist, d.h., wenn Er weder Erscheinungsformen erschafft noch erhält noch zerstört. Wenn Er aber diese Handlungen ausübt, nenne ich Ihn Kali, die ewige Energie, die Göttliche Mutter. Sie sind ein und dasselbe Sein. Der Unterschied betrifft nur Namen und Gestalt, wie dieselbe Substanz von Wasser in verschiedenen Sprachen unterschiedlich heißt: jal, aqua, pani usw."

Der eine Gott hat viele Namen.

„Ja, das Sein ist dasselbe, nur die Namen unterscheiden sich je nach Aspekt, wie dieselbe Substanz in verschiedenen Sprachen anders heißt wie jal, Wasser und pani. Ein Wasserspeicher kann vier Ghats (Zugänge mit Treppen) haben. Die Hindus trinken das Wasser am einen Ghat und nennen es jal. Die Moslems trinken an einem anderen und nennen es pani, während die Engländer am dritten trinken und es water nennen. Ebenso ist Gott ein Einziger. Nur Seine Namen unterscheiden sich. Einige nennen Ihn Allah, einige Gott, einige Brahman, einige Kali, wieder einige Rama, Hari [Vishnu], Jesus oder Buddha."

Keshab, lächelnd: "Bitte verehrter Herr, erkläre uns noch einmal, auf welch unterschiedlichen Wegen Kali, die Mutter des Universums, sich in dieser Welt auf spielerische Weise zeigt."

Die Mutter des Universums und Ihr Spiel

Sri Ramakrishna lächelnd: "Ach, die Mutter spielt mit der Welt, Ihrem Spielzeug, unter verschiedenen Aspekten und Namen. Jetzt ist Sie die bedingungslose Göttin, vollkommen, ohne Gestalt (Maha-Kali), dann wieder die Ewige, die sich von Ihrem Werk unterscheidet (Nitya-Kali). Unter einem anderen Aspekt ist Sie die Göttin der Ghats, wo Leichen verbrannt werden, die Gefürchtete, die über den Tod herrscht (Smasan-Kali). Dann wieder steht Sie vor uns, bereit zu segnen und Ihre Kinder zu beschützen (Rakshya-

Kali). Unter einem weiteren Aspekt erfreut Sie mit Ihrer Erscheinung die Augen Ihrer Verehrer als Mutter von dunkelblauer Farbe, als Gemahlin des ewigen und unendlichen Gottes.

Maha-Kali und Nitya-Kali werden in den heiligen Büchern, den Tantras, folgendermaßen beschrieben: ,Als nichts war, weder die Sonne noch der Mond noch die Planeten, nichts als tiefe Dunkelheit, existierte allein meine Göttliche Mutter, gestaltlos und als ewige Gemahlin des Unendlichen.' Als Mutter von dunkelblauer Farbe (Syama) ist sie zärtlich und liebevoll. Sie gewährt allen Segen und macht Ihre Kinder furchtlos. Sie wird in den Hindu-Haushalten verehrt. Als Erhalterin erscheint Sie in Zeiten von Seuchen, Hungersnöten, Erdbeben, Dürren und Überflutungen.

Auf Friedhöfen oder Ghats, wo Leichen verbrannt werden, erscheint Sie in Gestalt der Vernichterin. Der tote Körper, der Schackal, die Geister der Vernichtung sind Ihre schrecklichen Gefährten. Sie lebt inmitten solch schrecklicher Szenen in dieser furchtbaren Umgebung. Ströme von Blut, Girlanden aus Totenschädeln, die sie sich um den Hals geworfen hat, und ein Gürtel aus den Händen der Toten sind die Symbole, die Sie als schreckliche Mutter, als die Zerstörerin von allem kennzeichnen."

Die Schöpfung der Welt

„Jetzt betrachte Ihre Art der Schöpfung. Am Ende eines Zeitalters, bei der Zerstörung der Welt, sammelt meine Mutter, die gute Hausfrau, die Sie ist, die Samen der Schöpfung. Die Herrin des Hauses hat einen Topf mit Sammelsurium, worin sie alles Mögliche für den Haushalt aufbewahrt." (Ramakrishna lächelt.) „Ja, meine Freunde, so ist das. Die Hausherrin besitzt solch einen Topf. Darin bewahrt sie kleine Päckchen mit Gurken- und Kürbissamen usw. auf. Sie holt sie heraus, wenn sie sie braucht. Auf dieselbe Weise bewahrt meine Mutter die Samen der Schöpfung nach der Vernichtung der Welt am Ende eines Zeitalters auf."

Die allgegenwärtige Mutter

„Meine Mutter, die göttliche Urenergie, ist sowohl in als auch außerhalb dieser Erscheinungswelt. Nachdem Sie die Welt hervorgebracht hat, lebt Sie in ihr. In den Veden finden wir das Beispiel von einer Spinne und ihrem Netz."

Die Göttliche Mutter, die materielle und instrumentelle Ursache

„Sie ist die Spinne, und die Welt ist das Netz, das Sie gesponnen hat. Die Spinne bringt das Netz aus sich selbst hervor und lebt dann auf ihm. Meine Mutter ist sowohl das Behältnis als auch der Inhalt."

Warum ist Kali schwarz?

„Ist Kali, die Göttliche Mutter, schwarz? Von Weitem sieht Sie schwarz aus, aber wenn man Sie erkennt, ist Sie nicht schwarz. Der Himmel sieht von Weitem blau aus, aber wenn du ihn aus der Nähe betrachtest, ist er farblos. Das Wasser des Meeres ist von Weitem blau. Nimm etwas davon in die Hand, und es ist farblos."

Nachdem Bhagavan das gesagt hatte, wurde er von der göttlichen Liebe berauscht und begann zu singen:

> Ist meine Göttliche Mutter schwarz?
> Oh Geist, was sagst du da?
> Obwohl Sie schwarz ist, erleuchtet Sie
> mit Ihrem fließenden Haar den Lotus des Herzens.

Die Kraft der Göttlichen Mutter

„Sie bewirkt sowohl Bindung als auch Befreiung. Durch Ihre unergründliche Macht der Maya wird ein weltlicher Mann von Frauen und Gold gebunden. Durch Ihre Gnade wird er wiederum frei. Sie zerbricht alle Fesseln und bringt Ihre Kinder über das Meer der Welt."

Und Bhagavan sang mit seiner göttlichen Stimme:

DIE GÖTTLICHE MUTTER UND DIE BEFREITE SEELE

1. Oh Mutter, Du lässt den Papierdrachen (des Menschen) auf dem Marktplatz dieser Welt fliegen.
Er fliegt im Wind der Hoffnung, an die Schnur der Maya gebunden.

2. Rippen, Nerven und Gebein bilden seinen Rahmen.
Du hast den Drachen aus Deinen eigenen Eigenschaften gemacht, um Deine Kunst zu zeigen.

3. Du hast die Schnur mit dem Manja (Paste aus gepudertem Glas) der Weltlichkeit eingerieben, und sie ist scharf geworden.
Von hunderttausend Drachen reißen sich einer oder zwei los und sind befreit. Dann klatschst Du lachend in die Hände.

4. Prasad sagt, der Drache, der so befreit wurde, fliegt schnell im günstigen Wind davon und geht jenseits des Meeres dieser Welt zu Boden.

Der Wille der Göttlichen Mutter

Sri Ramakrishna fuhr fort: "Meine Göttliche Mutter ist verspielt. Die Welt ist in der Tat Ihr Spiel. Sie tut, was Sie will, und ist selig. Es ist Ihr ein Vergnügen, einem unter hunderttausend Ihrer Kinder die Befreiung zu geben."

Ein Brahmo: "Herr, wenn Sie will, kann Sie jeden befreien. Warum hat Sie uns dann Hände und Füße mit den Fesseln der Welt gebunden?"

Sri Ramakrishna: "Ich nehme an, es ist Ihr Wille. Ihr Wille ist, mit all diesen Dingen zu spielen. Im Versteckspiel ist jeder, der die Grand Dame berührt, draußen. Er rennt nicht mehr umher. Wenn alle Spieler die Grand Dame gleichzeitig berühren, wie könnte es dann überhaupt ein Spiel geben? Die Grand Dame würde das nicht wollen, denn sie freut sich, wenn das Spiel weitergeht."

Bhagavan nahm die Haltung eines weltlichen Menschen ein, der den Kummer seines Herzens der Mutter zu Füßen legt, und sang:

DIE GÖTTLICHE MUTTER UND IHRE KINDER

1. Dies ist mein Kummer, der mich besorgt macht.
Wenn Du, oh Mutter, nicht hier bist, berauben mich die Diebe (Leidenschaften), obwohl ich hellwach bin.

2. Ich verspreche, Deinen heiligen Namen zu wiederholen, aber wenn es Zeit dafür ist, vergesse ich es.
Jetzt habe ich gelernt und verstanden, dass das alles Deine List ist.

3. Du hast nicht gegeben, deshalb hast Du nichts zu essen erhalten. Bin ich dafür verantwortlich?

Hättest Du gegeben, hättest Du sicherlich empfangen, und ich hätte Dir Deine Gaben geopfert.

4. Berühmtheit und Verleumdung, süß und bitter – alles ist Dein. Oh Herrscherin über alle Gefühle, Du wohnst in ihnen. Warum hinderst Du mich, wenn ich süße Ekstase genieße?

5. Prasad sagt: „Du hast mir einen Geist gegeben, aber durch Deinen Blick hast Du ihn so verbogen, dass ich auf der Suche nach Freude durch diese Welt, Deine Schöpfung, wandere und Bitteres mit Süßem verwechsle (das Unwirkliche mit dem Wirklichen)."

Die trügerische Kraft von Maya

„Der Mensch hat sein wahres Selbst vergessen und ist durch die trügerische Kraft von Maya weltlich geworden. Deshalb sagt Prasad: 'Du hast mir einen Geist gegeben, aber durch Deinen Blick hast Du ihn so verbogen, dass ich auf der Suche nach Freude durch diese Welt, Deine Schöpfung, wandere und Bitteres mit Süßem verwechsle.'"

Ein Brahmo: "Verehrter Herr, stimmt es, dass Gott nicht erkannt werden kann, ohne dass man die Welt aufgibt?"

Entsagung ist für alle nötig.

Bhagavan lächelte. "Oh nein! Du musst nicht alles aufgeben. Du bist besser dran, wo du bist. Wenn du in der Welt lebst, genießt du beides, den reinen Kristallzucker und die Melasse mit all ihren Unreinheiten. Du bist in der Tat besser dran. Wahrlich, ich sage dir, wenn du in der Welt lebst, schadet das nichts. Aber du musst deinen Geist auf Gott richten. Sonst kannst du Ihn nicht erkennen. Arbeite mit der einen Hand und halte mit der anderen die Füße des Herrn fest. Wenn du deine Arbeit erledigt hast, umfasse Seine Füße mit beiden Händen und drücke sie an dein Herz."

Die Kraft des Geistes

„Alles ist im Geist. Bindung und Freiheit sind im Geist. Du kannst den Geist mit jeder beliebigen Farbe färben. Er ist wie ein Stück reinen, weißen Linnens. Tunke es in rot, und es wird rot sein, in blau, und es wird blau sein, in grün, und es wird grün sein, oder in jede andere Farbe. Siehst du nicht, dass dir die englischen Wörter bereitwillig in den Sinn kommen, wenn du Englisch lernst? Wenn ein Gelehrter Sanskrit lernt, kann er ohne Weiteres Verse aus den heiligen Büchern zitieren.

Wenn du mit deinem Geist schlechten Umgang pflegst, sind deine Gedanken, Vorstellungen und Worte mit Bösem gefärbt. Aber wenn du mit den Bhaktas Umgang pflegst, dann gehören deine Gedanken, Vorstellungen und Worte Gott. Der Geist ist alles. Auf der einen Seite ist die Frau, auf der anderen das Kind. Er liebt die Frau auf die eine Art und das Kind auf eine andere. Trotzdem ist es derselbe Geist.

Durch den Geist ist man gebunden. Durch den Geist ist man frei. Wenn ich glaube, dass ich völlig frei bin, gleichgültig ob ich in der Welt oder im Wald lebe, wo ist dann meine Bindung? Ich bin das Kind Gottes, der Sohn des Königs der Könige. Wer kann mich binden? Wenn du von einer Schlange gebissen wurdest und fest behauptest: ‚In mir ist kein Gift‘, wirst du geheilt. Auf dieselbe Weise wird derjenige frei, der mit starker Überzeugung behauptet: ‚Ich bin nicht gebunden. Ich bin frei.‘“

Das Empfinden von Sünde

„Jemand gab mir ein christliches Buch. Ich bat ihn, es mir vorzulesen. In ihm ging es immer um dasselbe Thema – Sünde, Sünde, von Anfang bis zum Ende.“

(Zu Keshab): „In deinem Brahmo Samaj ist das Hauptthema auch die Sünde. Der Narr, der immer wiederholt: ‚Ich bin gebunden, ich bin gebunden‘, bleibt gebunden. Wer Tag und Nacht wiederholt: ‚Ich bin ein Sünder, ich bin ein Sünder‘, wird in der Tat ein Sünder.“

Die rettende Kraft von Gottes Namen

„Man muss völliges Vertrauen in den Namen des Herrn haben und sagen: ‚Was! Ich habe Seinen heiligen Namen gesagt. Kann dann noch Sünde in mir sein? Kann ich noch gebunden sein?‘ Kristo Kishore war ein frommer Hindu, ein wahrer Brahmane, der den Herrn mit aufrichtiger Hingabe verehrte. Er ging nach Vrindavan. Als er eines Tages die Schreine besuchte, war er sehr durstig. Er ging zu einem Brunnen und traf dort einen Mann. Er bat ihn: ‚Guter Mann, kannst du mir etwas Wasser schöpfen?‘ Der Mann erwiderte: 'Oh heiliger Herr, ich gehöre einer niederen Kaste an. Ich bin ein Schuster.' Kristo Kishore sagte zu ihm: ‚Das macht nichts. Sag „Shiva" (den heiligen Namen des Herrn) und schöpfe mir Wasser.'

Indem man den gesegneten Namen Gottes wiederholt, werden Körper, Geist und Seele völlig rein. Warum sollte man von Sünde und Höllenfeuer reden? Wiederhole nur einmal: ‚Ich werde nie wieder die bösen Taten tun, die ich in der Vergangenheit begangen habe.' Und durch deinen Glauben an Seinen heiligen Namen wirst du frei von allen Sünden sein."

Gebet an die Göttliche Mutter

„Ich pflegte meine Göttliche Mutter nur um wahre Hingabe (Bhakti) zu bitten. Mit Blumen in meinen gefalteten Händen betete ich: ‚Bitte, oh Mutter, gewähre mir, dass ich echte und reine Hingabe habe. Hier ist Sünde, hier ist Tugend. Ich lege sie Dir zu Füßen. Oh, nimm beide. Hier ist Wissen (von vielen Dingen), hier ist Unwissenheit. Oh nimm sie beide und gewähre mir, dass ich nur Hingabe habe. Hier ist Reinheit, hier ist Unreinheit. Ich möchte keines von beidem. Hier sind gute Werke, hier sind schlechte Werke. Ich lege Dir beides zu Füßen. Oh gewähre mir, dass ich nur Hingabe habe und Dich liebe.'"

Das Beispiel von Janaka

„Einer, der in der Welt lebt, kann auch Gott sehen. So war es bei König Janaka, dem großen königlichen Verehrer, der, während er auf dem Thron saß, erkannte, dass die Welt eine Struktur aus Träumen ist. Ein Gottliebender fühlt jedoch nicht so."

Und Bhagavan sang:

> Wer Bhakti oder wahre Hingabe erlangt hat, sagt zum Herrn:
>
> Diese Welt ist die Wohnstatt des Glücks.
> Ich esse, trinke und genieße ihre Freuden.
> König Janaka war ein großer Herrscher.
> Was fehlte ihm?
> Er brachte Gott und Welt miteinander in Einklang
> und genoss die Freuden von beiden.

Der Wert der Einsamkeit

„Keiner kann plötzlich wie Janaka werden. König Janaka übte jahrelang große Buße und Entsagung in Einsamkeit. Auch wenn man in der Welt lebt, sollte man gelegentlich in die Einsamkeit gehen. Sie wird einem viel nützen, wenn man aufrichtig und ernsthaft drei Tage und drei Nächte lang nur nach Gott ruft. Selbst ein Tag, den man auf solche Weise verbringt, ist ein großer Gewinn.

Die Leute vergießen kannenweise Tränen für Frauen und Kinder, aber wer weint auch nur eine Träne für den Herrn? Es ist nötig, immer wieder fromme Übungen in Einsamkeit zu verrichten. Ein weltlich gesinnter Sucher, der von verschiedenen Arbeiten und Pflichten in Anspruch genommen wird, findet auf der ersten Etappe seines spirituellen Lebens eine Vielzahl von Hindernissen auf dem Weg zur Selbstkontrolle und Hingabe vor.

Wie ein junger Baum, der am Fußweg gepflanzt wurde, einen Zaun um sich herum braucht, damit er nicht von den Schafen und dem Vieh gefressen wird, so braucht auch ein spirituell Suchender auf der ersten Stufe einen Zaun. Aber wenn der Baum groß geworden ist und der Stamm und die Wurzeln dicker und stärker geworden sind, braucht er keinen Zaun mehr. Dann wird er nicht einmal verletzt, wenn ein Elefant an ihn gebunden wird."

Einsamkeit ist ein Heilmittel für die Weltlichkeit.

„Die Krankheit eines weltlichen Menschen ist ernst. Seine Organe und ihre Funktionen sind völlig gestört. Würdest du einen großen Wasserkrug und Eingelegtes im Zimmer eines Patienten aufbewahren, der mit Typhusfieber im Bett liegt? Wenn du solch einen Patienten heilen willst, musst du ihn aus diesem Zimmer bringen, wenn es nicht möglich ist, den Krug und das Eingelegte wegzunehmen.

Ein weltlicher Mensch ist wie solch ein durstiger Patient. Weltliche Reize sind wie der Wasserkrug. Die Sinnesobjekte sind wie das Eingelegte. Der Wunsch, diese Dinge zu genießen, ist der Durst des Patienten. Der Mund wird wässrig, wenn man nur an das Eingelegte denkt. Deshalb sollten wir nicht die ganze Zeit in der Nähe dieser Dinge sein.

Deshalb ist Einsamkeit das beste Heilmittel für die Weltlichkeit. Erlange zuerst rechtes Unterscheidungsvermögen und wahre Leidenschaftslosigkeit, und lebe dann in der Welt. Im Meer der Welt gibt es die Krokodile der Leidenschaft und der Wünsche. Reibe deinen Körper mit Gelbwurzpaste ein, wenn du im Meer baden willst. Dann werden dir die Krokodile nichts tun. Der Gelbwurz ist Unterscheidung (des Wahren vom Falschen) und wahre Leidenschaftslosigkeit. Gott ist die einzige Wirklichkeit. Das Universum der Erscheinungen ist unwirklich."

Intensive Hingabe ist nötig.

„Außerdem ist noch etwas anderes nötig, nämlich intensive Hingabe an Gott. Die Gopis von Vrindavan[51] hatten solche Hingabe. Sie hatten intensive Liebe für Sri Krishna, den inkarnierten Gott."

Bhagavan sagte dann mit tiefem Empfinden zu Keshab und den anderen Verehrern: „Ihr seid Brahmos. Ihr glaubt, dass Gott gestaltlos ist. Ihr glaubt nicht an den inkarnierten Gott. Nun gut, das macht nichts. Ihr müsst Radha und Sri Krishna als Inkarnationen des höchsten Seins nicht akzeptieren. Aber die intensive Liebe und Sehnsucht der Gopis für Sri Krishna ist etwas, was ihr euch gut zu eigen machen könnt, denn Sehnsucht ist der nächste Schritt, der zur Gottesschau führt."

III.

Es herrschte Ebbe. Das Dampfschiff fuhr schnell stromabwärts nach Kalkutta. Es hatte die andere Seite der Howrah-Brücke erreicht, und der Botanische Garten kam in Sichtweite. Der Kapitän gab Befehl, etwas weiter stromabwärts zu fahren. Wie weit das Dampfschiff bereits gefahren war, bekamen jene, die Sri Ramakrishna zuhörten und ihn beobachteten, nicht mit. Sie hörten mit solch andächtiger Aufmerksamkeit zu, dass sie nicht wussten, wie spät es war oder wie weit sie gefahren waren.

---

[51] Die Gopis sind die Milchmädchen von Vrindavan, die den Herrn Sri Krishna liebten, der damals unter ihnen als Hirtenjunge lebte. Als Krishna elf Jahre alt war, ging Er nach Vrindavan. Sri Krishna wird als eine Inkarnation Gottes betrachtet. Er liebte und wurde von allen geliebt. Er ist die Verkörperung der göttlichen Liebe. Vrindavan ist der heilige Wald bei Mathura in Indien [im nördlichen Bundesstaat Uttar Pradesh], wo der Schäfer Krishna seine jungenhaften Streiche mit den Jungen und Mädchen spielte und viele Wunder vollbrachte.

Keshab bot Bhagavan Puffreis mit Kokosnüssen an. Alle Anwesenden waren eingeladen, sich etwas davon zu nehmen. Sie nahmen es in den Falten ihrer Gewänder entgegen, aßen und waren sehr glücklich. Es war, als wäre ein Fest an Bord des Dampfschiffs im Gange. Bhagavan bemerkte, dass Bijoy und Keshab sich miteinander nicht recht wohlfühlten. Er wollte, dass sie sich versöhnten, denn war es nicht seine Mission, Frieden und Wohlwollen unter die Menschen zu bringen?

Er sagte zu Keshab: "Sieh her, mein Lieber, hier ist Bijoy. Was euren Streit betrifft, quält euch nicht deswegen. Sogar Shiva und Rama stritten sich. Shiva war Ramas spiritueller Guru. Nachdem sie eine Weile gestritten hatten, legten sie den Streit bei und wurden erneut gute Freunde wie immer. Aber ihre Nachfolger stritten weiter. Das Kauderwelsch der Geister und das Geschwätz der Affen können nicht so schnell zum Schweigen gebracht werden. Auch ihr werdet wieder sehr gute Freunde sein.

Aber ich wage zu behaupten, dass eure Nachfolger eurem Beispiel folgen werden. Ihr wisst, dass diese Differenzen nicht vermieden werden können. Selbst zwischen Vater und Sohn gibt es ein Tauziehen. Nimm zum Beispiel Rama und seine Söhne Laba und Kusha. Oder nimm einen anderen Fall: Die Mutter fastet an jedem Dienstag zum Wohl ihrer Tochter, aber die Tochter streitet mit der Mutter und fastet am Dienstag zu ihrem eigenen Wohl, als würde sich ihr Wohl von dem, das das Fasten der Mutter bewirkt, unterscheiden.

Auf dieselbe Weise hast du, Keshab, eine eigene religiöse Gesellschaft (Samaj), und auch Bijoy muss eine eigene Gesellschaft haben. Unter der Vorsehung gibt es Raum für alles – selbst für Streit und Differenzen. Wenn der inkarnierte Gott (Krishna) selbst in Vrindavan erschien, kann man die Frage stellen: Warum standen Jatilla und Kutilla Seinem Auftrag der Liebe im Weg? [52] Ich vermute, dass Sein Treiben als göttlicher Liebhaber sich von selbst gelegt hätte, weil es ihm ohne die Behinderung von Jatila und Kutila an Nahrung gefehlt hätte. Widerstand verleiht einer Sache die Würze. Ramanuja[53] hielt an der Lehre des Vishishtadvaita (des qualifizierten Nicht-

---

[52] [Jatila und Kutila versuchten, Krishna von Radha fernzuhalten. Die Geschichte ist im Mahabharata zu finden.]

[53] s. Fußnote 104

Dualismus) fest. Sein Guru (spiritueller Führer) war jedoch ein Advaitin (reiner Nicht-Dualist). Sie hatten ihre Differenzen. Meister und Schüler diskutierten miteinander und widerlegten die Meinung des jeweils anderen. Das ist natürlich. Sei es so. Trotzdem ist der Schüler für den Meister immer sein Schüler."

Das Wesen der Schüler muss untersucht werden.

Sie freuten sich alle. Sri Ramakrishna sagte zu Keshab: „Du beobachtest und untersuchst nicht das Wesen deiner Schüler. Deshalb gehen sie dir verloren. Alle Menschen sehen gleich aus, aber sie unterscheiden sich in ihrem Wesen. In einigen ist die sattvische Eigenschaft vorherrschend, in anderen Rajas und in den übrigen Tamas.[54] Pooli (Kuchen) sehen von außen alle gleich aus, aber ihr Inhalt unterscheidet sich. Einige enthalten süße, eingedickte Creme, andere Kokosnüsse, die mit Zucker gesüßt sind, während andere gekochten Kalai (Hülsenfrüchte) enthalten und ungesüßt sind."

Gott ist der eine Meister.

„Weißt du, wie ich mich dabei fühle? Ich esse, trinke und spiele wie ein Kind und hänge von meiner Göttlichen Mutter ab, die alles weiß. Diese drei Wörter pikieren mich: Guru (spiritueller Meister), Karta (Herr) und Baba (Vater). Ich kann sie nicht ertragen. Die unendliche Existenz, Intelligenz und Seligkeit ist der eine Guru für alle. Er lehrt jeden. Ich bin nur Sein Kind."

Wer ist ein wahrer spiritueller Lehrer?

„Es ist eine schwierige Aufgabe, andere zu belehren. Man kann nur dann ein wahrer spiritueller Lehrer werden, wenn man Gott erkannt und einen göttlichen Auftrag von Ihm erhalten hat. Solch einen Auftrag hatten Narada, Sukadeva[55] und Sankaracharya[56] erhalten. Wer wird auf dich hören, wenn du keinen Auftrag erhalten hast? Du kennst die Leute von Kalkutta und ihre

---

[54] [s. Fußnote 33]
[55] Narada s. Fußnote 22, Sukadeva s. Fußnote 35
[56] Sankaracharya [oder Sankara] war der Kommentator der Vedanta Sutras und der größte Vertreter des monistischen Advaita Vedanta. Er lebte im 8. Jahrhundert in Indien.

Vorliebe für die neueste Sensation. Die Milch schäumt auf, solange sie über brennendem Holz steht. Aber wenn das Holz weggenommen wird, hört das Schäumen sofort auf. Die Leute von Kalkutta sind auf neue Sensationen erpicht. Sie sagen, sie wollen Wasser, und beginnen, irgendwo einen Brunnen zu graben. Aber sie geben es auf, sobald die Erde zu hart und steinig ist. Dann beginnen sie an einem anderen Ort zu graben. Nimm einmal an, der Boden dort ist sandig. Sie werden auch an dieser Stelle bereitwillig das Graben aufgeben und nach einem weiteren Ort suchen. So ist es mit diesen Leuten. Ihre gute Meinung ist überhaupt nichts wert."

Der göttliche Auftrag

„Einen göttlichen Auftrag kann man nicht durch reine Einbildung erhalten. In der Tat sage ich, dass der Herr erkannt werden kann und Er mit dir sprechen wird. Dann kannst du Seinen Auftrag erhalten. Welch große Macht liegt in solch einem göttlichen Befehl! Durch ihn können Berge bis zu ihrem Grund erschüttert werden. Was kann ein gewöhnlicher Vortrag bewirken? Die Leute mögen eine Zeit lang zuhören, aber sie werden ihn bald vergessen. Er wird keinen bleibenden Eindruck bei ihnen hinterlassen, und sie werden nicht danach leben."

Gewöhnliche spirituelle Lehrer sind blind.

„Um die göttlichen Wahrheiten zu lehren, ist Autorität unverzichtbar. Ein Mensch, der ohne das versucht, andere zu belehren, wird belächelt. Er kann selbst keine Erkenntnis erlangen und versucht, anderen den Weg zu zeigen. Es ist wie ein Blinder, der einen Blinden führt. Damit wird mehr Schaden angerichtet als Gutes bewirkt.

Wenn Gott erkannt wird, öffnet sich der innere spirituelle Blick. Dann kann der wahre Lehrer die Krankheit der Seele wahrnehmen und die richtige Arznei verschreiben. Ohne Gottes Befehl kann ein Mensch leicht egoistisch werden und denken: ‚Ich besitze die Macht, andere zu belehren.' Solcher Egoismus ist das Ergebnis von Unwissenheit. In Unwissenheit fühlt man: ‚Ich bin der Handelnde.' Aber wenn man erkennt: ‚Gott ist der Herr und tut alles. Ich kann nichts tun', dann wird man völlig frei, selbst in diesem Leben. Alle Not und Rastlosigkeit kommen vom Empfinden ‚ich' und ‚mein', ‚Ich bin der Handelnde', ‚Ich bin der Täter.' Du sprichst schlagfertig davon, der Welt Gutes zu tun."

Sieh zuerst Gott, dann hilf der Welt.

„Ist die Welt in einer Nussschale enthalten? Zudem, wer bist du, um der Welt Gutes zu tun? Übe dich zuerst in Hingabe und erkenne Gott! Erlange Ihn! Wenn Er dir gnädig Seine Kraft (Sakti) gibt, dann kannst du anderen helfen, vorher nicht."

Ein Brahmo-Verehrer: "Verehrter Herr, müssen wir alle Arbeit aufgeben, bis wir Gott geschaut haben?"

Sri Ramakrishna: "Nein, warum solltest du alle Arbeit aufgeben? Meditation über Gott, das Singen Seines heiligen Namens und andere fromme Übungen sind tägliche Arbeiten, die du ausführen solltest."

Verehrer: "Aber was ist mit alltäglichen Arbeiten und geschäftlichen Angelegenheiten?"

Bete, dass deine weltliche Arbeit abnimmt.

Sri Ramakrishna: "Oh, du wirst auch sie verrichten, aber nur so weit, wie es absolut zum Leben in der Welt nötig ist. Du solltest zugleich mit Tränen in den Augen in der Einsamkeit zum Herrn um Seine Gnade bitten und um Kraft, deine Pflichten auszuüben, ohne eine Belohnung zu verlangen. Sage, wenn du betest: ‚Herr, gib, dass meine Arbeit in der Welt und für die Welt täglich abnimmt, denn ich sehe, dass ich Dich aus dem Blick verliere, wenn meine Arbeit vielfältig wird. Manchmal glaube ich, dass ich meine Pflichten erledige, ohne an der Welt zu haften, aber ich weiß nicht, wie ich mich selbst betrüge und sie stattdessen mit Anhaftung erledige. Ich gebe den Armen Almosen, und siehe da, ich suche nach Ruhm. Oh, ich weiß nicht wie!'"

Shambhu (Mullik)[57] sprach davon, zum Wohl aller Krankenhäuser und Apotheken, Schulen und Colleges zu gründen, Straßen zu bauen sowie Brunnen und Wasserspeicher zu graben. Ich sagte zu ihm: 'Ja, was immer dir über den Weg läuft und unbedingt nötig ist, das tue, aber auch das, ohne eine Belohnung zu suchen. Suche nicht mehr Arbeit als du gut bewältigen kannst, sonst vergisst du den Herrn.

Ein Mann wollte den Schrein der Göttlichen Mutter besuchen. Unterwegs machte er Halt und verbrachte den ganzen Tag damit, Almosen unter den Armen zu verteilen. Als er zum Schrein kam, war die Tür verschlossen, und er konnte nicht das Allerheiligste sehen. Die Weisen sollten zuerst die Heilige Mutter sehen, indem sie sich durch die Menge, die sich am Tor des Tempels versammelt hat, drängen. Nachdem sie Sie gesehen haben, können sie ihre Aufmerksamkeit auf das Almosengeben und andere gute Werke richten, wenn sie wollen.' Alle guten Werke dienen dazu, Gott zu erkennen. Arbeit ist das Mittel, und die Gottesschau ist das Ende."

Mit der Gottesschau enden alle Pflichten.

„Deshalb sagte ich zu Shambhu: ‚Nimm einmal an, du schaust Gott oder Gott zeigt sich dir. Sagst du dann zu Ihm: „Herr, bitte gib, dass ich viele Apotheken und Krankenhäuser, Schulen und Colleges habe.' Ein wahrer Verehrer sollte eher auf diese Weise beten: ‚Oh guter Herr, gib, dass ich eine Nische im Lotus Deiner Füße habe, dass es mein Privileg ist, immer in Deiner heiligen Gegenwart zu leben und dass ich tiefe und reine Hingabe an Dich habe.'"

Der Weg des Bhakti Yoga ist der beste für dieses Zeitalter.

„Karma Yoga ist sehr schwer. Es ist in diesem materialistischen Zeitalter (Kali-Yuga) schwierig, alle Arbeiten, alle Pflichten, die durch die heiligen

---

[57] Babu Shambhu Charan Mullik war ein hinduistischer Multimillionär in Kalkutta. Er besaß ein großes Gartenhaus in der Nähe des Tempels von Dakshineswar, wo er oft Bhagavan Ramakrishna bewirtete. Es war in diesem Gartenhaus, wo Ramakrishna die Vision von Christus hatte, der in seinen Körper eintrat und drei Tage und drei Nächte bei ihm blieb. Ramakrishna sagte zu seinen Schülern, dass er sich während dieser Zeit nicht bewusst gewesen sei, ein Hindu zu sein, und dass er den Tempelbereich nicht betreten konnte.

Schriften vorgeschrieben sind, zu erfüllen. Wahrlich, in diesem Zeitalter hängt das irdische Leben völlig von materieller Nahrung ab. Arbeit und Pflichten, es gibt kaum genug Zeit für sie. Um den Patienten, der am heftigen Fieber dieser Welt leidet, ist's geschehen, wenn er den langsamen Prozess der Behandlung, den die alten Hindu-Ärzte ausübten, durchlaufen darf. Die Leute leben kurz, und Malaria rafft einen Menschen in wenigen Tagen dahin. Für die heutige Zeit ist Dr. D. Guptas patentierte Fiebermixtur geeignet, die sofort auf wundersame Weise wirkt. Ja, in diesem Zeitalter ist das einzige Mittel, um Gott zu erkennen, Bhakti oder aufrichtige Hingabe und Liebe zu Ihm, ernsthaftes Gebet und das Besingen Seines heiligen Namens und Seiner göttlichen Eigenschaften."

(Zu Keshab und anderen Verehrern): „Auch euer Weg liegt in Verehrung und Selbsthingabe an den Herrn (Bhakti Yoga). Gesegnet seid ihr, die ihr den Namen Haris [Vishnus] und das Lob meiner Göttlichen Mutter singt. Euer Weg ist richtig. Ihr glaubt nicht wie die Nicht-Dualisten, dass diese Welt nur ein Traum ist. Ihr seid keine Jnanis, sondern Bhaktas. Ihr glaubt an einen persönlichen Gott. Das ist gut. Ihr seid Bhaktas. Wenn ihr aufrichtig und ernsthaft nach Ihm ruft, werdet ihr Ihn sicherlich erlangen."

(Zu Keshab): "Ihr seid gegen Kinderhochzeiten und das Kastensystem, für die Gleichberechtigung der Frau und ihre Bildung. Ich sage, dass nur eines nötig ist – die Erkenntnis Gottes und die Hingabe an Ihn. Erkennt zuerst Gott, und alles andere wird euch dazugegeben. Jadu Mullik ist ein reicher Mann. Wenn ihr Bekanntschaft mit ihm machen wollt, dann kümmert euch nicht darum, wie groß sein Reichtum ist, wie viele Häuser er besitzt, wie viele Landhäuser und Gärten. Macht euch zuerst mit ihm bekannt, und er wird euch danach mit allen nötigen Informationen versorgen."

Das Gleichnis vom verlassenen Tempel

„In einem Dorf lebte ein junger Mann namens Podo. In diesem Dorf gab es einen alten, verfallenen Tempel. Die heilige Götterstatue, die einst dort verehrt wurde, war verschwunden, und kleine Fledermäuse wohnten jetzt darin. Eines Tages zur Abenddämmerung waren die Dorfbewohner überrascht, als sie Glocken, Gongs und Muschelhörner aus dem verlassenen Tempel hörten. Männer, Frauen und Kinder strömten dorthin. Sie dachten, dass ein Verehrer Arati, die abendliche Zeremonie mit Lichterschwenken und dem

Opfern von Blumen, Obst und heiligem Wasser ausübte und irgendeine Götterfigur verehrte, die neu im Tempel aufgestellt worden war. Mit gefalteten Händen standen sie vor dem Tempel und hörten den heiligen Klängen zu.

Einer von ihnen, der neugieriger als die Übrigen war, hatte den Mut hineinzugehen. Zu seiner Überraschung sah er, dass Podo die Glocke läutete und ins Muschelhorn blies. Aber der Boden war wie zuvor mit Unrat aller Art beschmutzt, und es stand keine Götterstatue auf dem Altar. Er rief: 'Oh Podo, du hast keinen Madhava (Sri Krishna, die inkarnierte Gottheit) im Tempel. Wie kannst du dann das Muschelhorn blasen und diesen Lärm machen? Und sieh nur, du hast dir nicht einmal die Mühe gemacht, den Tempel zu reinigen, den Unrat und Dreck von Jahren zu beseitigen und den Boden mit dem heiligen Gangeswasser zu wischen!'"

Reinige zuerst das Herz.

„Erkenne zuerst Gott im Tempel deines Herzens. Das im Blick musst du ihn von allen Unreinheiten, allen Sünden und jeder Schuld, von allen Anhaftungen an die Welt, die von der Macht der Sinne herrühren, reinigen. Dann kommt die Zeit, um das Muschelhorn zu blasen, wenn es nötig ist. Was soziale Reformen betrifft: Du kannst sie machen, nachdem du Gott erkannt hast. Erinnere dich an die alten Rishis, die die Welt aufgaben, um Gott zu erlangen. Dies ist das einzig Nötige. Alles andere wird dir gewährt."

IV.

Das Dampfschiff war in Kalkutta angekommen. Alle an Bord machten sich bereit, an Land zu gehen. Als sie die Kabine verließen, sahen sie, dass der heilige Ganges und die angrenzenden Ufer im sanften Licht des Vollmonds badeten. Bhagavan stieg mit zwei oder drei Schülern in einen Wagen, der am Ufer auf ihn gewartet hatte. Nandalal, Keshabs Neffe, stieg auch ein.

Als sich alle in den Wagen gesetzt hatten, fragte Sri Ramakrishna: „Wo ist Keshab?" Kurz darauf kam Keshab lächelnd herbei und fragte, wer ihn begleiten würde. Da er mit der Antwort zufrieden war, verneigte er sich bis zum Boden vor Bhagavan, der sich liebevoll von ihm verabschiedete.

Der Wagen setzte sich in Bewegung. Bhagavan wurde von großer Freude erfüllt, als der Wagen fuhr. Plötzlich sagte er: „Ich habe Durst. Was kann man tun?" Nandalal ließ den Wagen vor dem Tor eines indischen Clubs halten und ging die Treppe hoch, um Wasser zu holen. Das Wasser wurde in einem Trinkglas gebracht. Bhagavan lächelte und fragte: „Ist das Glas sauber?" Nandalal erwiderte: „Ja." Bhagavan trank das Wasser. Er war in seiner Einfachheit wie ein Kind. Er streckte sein Gesicht nach vorne, um die verschiedenen Gegenstände auf beiden Straßenseiten zu sehen. Seine Freude war grenzenlos als er Menschen, Tiere, Wagen, Häuser, das Mondlicht und die erhellten Straßen sah.

Nandalal stieg in Kalkutta aus. Der Wagen hielt vor der Tür von Suresh Mitras[58] Haus. Suresh hing sehr an Bhagavan, aber er war nicht zuhause. Er war in seinem neulich erworbenen Garten in Kankurgachi. Seine Verwandten öffneten ein Zimmer im Erdgeschoss und luden die Gruppe ein, sich dort hinzusetzen. Die Fahrt mit dem Wagen musste bezahlt werden. Wer sollte das tun? Wäre Suresh zuhause gewesen, hätte er es übernommen. Bhagavan sagte zu einem Schüler: „Bitte die Damen des Hauses um die Fahrtkosten. Ich vermute, sie wissen, dass ihre Männer immer zu uns kommen."

Narendra (Vivekananda) lebte in der Nachbarschaft. Deshalb ließ Bhagavan nach ihm schicken. Inzwischen führten ihn die Hausbewohner nach oben ins Wohnzimmer. Der Boden war mit einem Teppich und einem weißen Tuch ausgelegt. Drei oder vier Kissen lagen herum. An der Wand hing ein schönes Ölgemälde, das nach Suresh die Harmonie aller Religionen darstellte. Auf dem Bild war Sri Ramakrishna dargestellt, der Keshab darauf hinwies, dass alle Religionen zum selben Ziel führen – sei es der Hinduismus, der Islam, der Buddhismus, das Christentum oder ihre verschiedenen Glaubensrichtungen.

Bhagavan unterhielt sich mit einem Lächeln auf den Lippen, als Narendra hereinkam. Seine Freude verdoppelte sich. Er sagte zu Narendra: „Wir haben solch einen angenehmen Ausflug an Bord eines Dampfschiffs mit Keshab Sen genossen. Bijoy war auch da und viele andere, die hier sind. Du kannst Mahendra fragen, was ich zu Keshab und Bijoy über die Mutter und ihre Tochter gesagt habe, die beide an den Dienstagen fasteten, jede zu

---

[58] Babu Suresh Chunder Mitra war ein hingebungsvoller Laienschüler von Ramakrishna. Bhagavan nannte ihn Surendra, s.a. Kapitel VIII.

ihrem eigenen Wohl, und wie es Gottes Spiel in dieser Welt an Nahrung gefehlt hätte, hätte es keine Hindernisse wie Jatila und Kutila gegeben."

Es wurde spät. Aber Suresh war immer noch nicht nach Hause gekommen. Bhagavan wollte in den Tempel von Dakshineswar zurückkehren. Es war etwa halb elf. Die Straßen waren vom Mondlicht durchflutet. Der Wagen stand vor der Tür. Bhagavan stieg ein. Narendra und Mahendra verneigten sich tief vor dem Meister und machten sich auf den Heimweg.

KAPITEL VI: SONNTAG IM TEMPEL

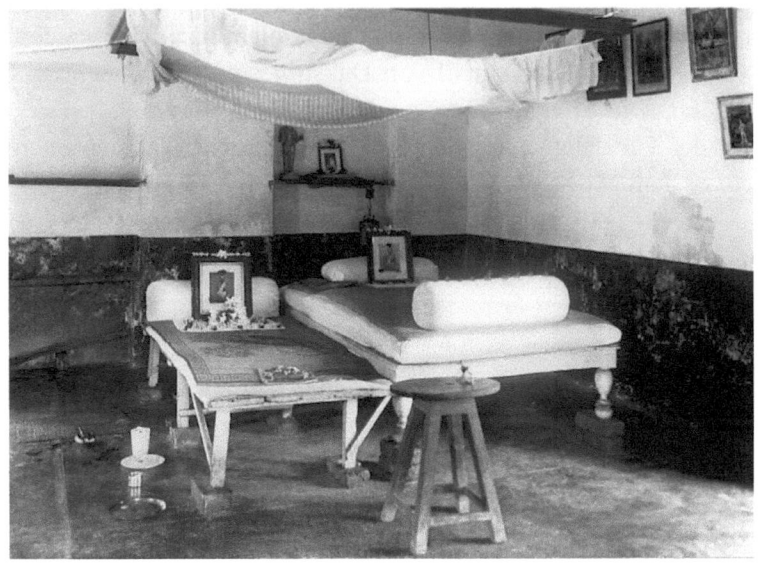

Sri Ramakrishnas Zimmer in Dakshineswar

I.

Der 19. August 1883 fiel auf einen Sonntag und war der erste Tag nach dem Vollmond. So hatten die Verehrer Zeit zu kommen und ihren geliebten Meister in Dakshineswar zu besuchen. Jeder hatte freien Zugang. Er sprach mit jedem. Seine Besucher stammten aus allen Klassen – Sannyasins und Paramahamsas[59], Hindus, Christen und Brahmos, Saktas, Vishnuiten und Shivaiten, Frauen und Männer. Es war Mittagszeit. Sri Ramakrishna saß an seinem üblichen Platz in seinem Zimmer. Ein Schüler kam herein und grüßte ihn, indem er zu seinen heiligen Füßen niederfiel. Bhagavan bat ihn, Platz zu nehmen, und fragte freundlich, wie es ihm und seiner Familie ginge. Kurz darauf begann Bhagavan, mit ihm über Vedanta zu reden. Er sagte:

---

[59] Sannyasins sind jene, die der Welt und ihren Freuden um des Herrn willen entsagt haben. Paramahamsas sind jene, die Nirvikalpa Samadhi oder Brahma-Jnana erlangt haben.

Die nicht-dualistischen Vedantins

„Das Astavakra Samhita[60] handelt von der Erkenntnis Brahmans (des Selbst). Derjenige, der das Selbst erkennt, erklärt: ‚Ich bin Er, ich bin das höchste Selbst.' Dies ist die Sichtweise aller Sannyasins, die der nicht-dualistischen (advaitischen) Richtung des Vedanta angehören. Aber ein Weltmensch sollte keine solche Sichtweise vertreten. Er verrichtet alle Arten von Arbeit. Wie kann er gleichzeitig das höchste Selbst, das absolute Brahman, das jenseits aller Handlungen ist, sein? Die nicht-dualistischen Vedantins behaupten, dass das Selbst an nichts haftet. Freude, Schmerz, Tugend, Laster können das Selbst auf keinerlei Weise betreffen. Aber sie betreffen die Menschen, die glauben, dass ihre Seele dasselbe als der Körper sei. Rauch kann nur die Wand schwärzen, aber nicht den Raum, durch den er sich bewegt.

Es gab einen bestimmten Verehrer namens Krishna Kisore, der zu sagen pflegte, dass er Kha oder leerer Raum sei. Er meinte damit, dass er dasselbe wie das höchste Selbst, das absolute Brahman sei, das manchmal mit Akasa (dem unendlichen Raum) verglichen wird, weil nichts über Es ausgesagt werden kann. Ein wahrer Philosoph hat das Recht, so etwas zu sagen. Für andere ist solch eine Empfindung völlig unangebracht.

Der Gedanke an Freiheit bringt Freiheit mit sich. Es ist für jeden gut, die Vorstellung, dass er frei ist, zu hegen. ‚Ich bin frei', ‚Ich bin frei'. Wenn ein Mensch das beständig sagt, kann er sicher sein, dass er frei ist. Derjenige jedoch, der immerzu denkt, dass er gebunden ist, wird am Ende gebunden sein. Der Willensschwache, der immerzu denkt: ‚Ich bin ein Sünder' ‚Ich bin ein Sünder', kann sicher sein, dass er stürzt. Ein Mensch sollte vielmehr sagen: ‚Ich wiederhole den heiligen Namen Gottes. Wie kann dann irgendeine Sünde in mir sein oder eine Bindung an die Welt?'"

Maya und Daya

Bhagavan wandte sich dem Schüler zu und sagte:

---

[60] Das Astavakra Samhita enthält die Lehre des Advaita Vedanta. Es wurde vom alten Weisen Astavakra, dem Lehrer König Janakas, geschrieben.

"Heute bin ich unruhig. Ich habe gehört, dass Hridai[61] sehr krank ist. Kommt diese Sorge von Maya (Anhaftung an ihm) oder Daya (Mitgefühl mit ihm)?"

Der Schüler wusste nicht, was er antworten sollte, und schwieg.

Sri Ramakrishna: "Weißt du, was Maya ist? Die Liebe für den Vater, den Bruder, die Schwester, die Frau, das Kind, den Neffen, die Nichte wird Maya genannt. Mitgefühl bedeutet, alle Lebewesen gleichermaßen zu lieben. Woher kommt nun meine Sorge – von Maya oder Mitgefühl? Hridai hat viel für mich getan. Er hat mir lange gedient. Er hat nie gezögert, für mich alle möglichen niedrigen Dienste zu leisten. Ich wäre beruhigt, wenn er das Geld bekäme, das er braucht. Wen kann ich um Geld bitten? Und wie kann ich darum bitten, da ich ein Sannyasin bin?"

Um zwei oder drei Uhr nachmittags kamen zwei große Verehrer, Adhar[62] und Balaram, herein, verneigten sich vor ihm und setzten sich. Sie fragten ihn, wie es ihm ginge. Bhagavan erwiderte: „Meinem Körper geht es ganz gut, nicht aber meinem Geist." Er erwähnte nichts von Hridais Krankheit.

II.

Während des Gesprächs kam man auf die Göttin Simhavahini[63] zu sprechen, die zur Mullik-Familie von Barabazar gehört, und er sagte: „Einmal besuchte ich Simhavahini. Sie stand damals in einem von Mulliks Häusern in Chashadhopapara. Das Haus war so gut wie verlassen. Die Familie war verarmt. Stellenweise war es verdreckt, stellenweise wuchs ungehindert Moos. Der Mörtel an den Wänden bröckelte, und Ziegelstaub und Sand fielen

---

[61] Hridaya Mukerji diente Sri Ramakrishnas bis 1881, fast dreißig Jahre lang im Tempel von Dakshineswar. Er war ein Neffe von Sri Ramakrishna. Er wurde im Dorf Siore im Distrikt Hughly geboren. Er starb Ende April 1889. Hridai war sein Kosename, den Sri Ramakrishna gebrauchte.

[62] Adhar ist der Vorname von Babu Adhar lal Sen, einem reichen hinduistischen Richter in Kalkutta. Er war ein hingebungsvoller Laienschüler von Ramakrishna, der oft sein Haus mit seinen Besuchen beehrte.

[63] In der hinduistischen Mythologie vernichtet die Göttin Durga die Dämonen, wobei sie auf einem wilden Löwen reitet. Daher kommt ihr Name Simhavahini (die auf einem Löwen sitzt).

langsam herunter. Andere Häuser, die den Mulliks gehören, sind sehr gepflegt und sauber, aber nicht dieses. Kannst du erklären, warum das so war?"

Das Gesetz des Karmas

„Die Wahrheit ist, dass jeder die Früchte seiner vergangenen Taten ernten muss. Wir sollten an das Gesetz des Karmas glauben. Doch ich sah in dem verlassenen Haus, dass das Gesicht der Göttin strahlte."

Die göttliche Gegenwart in den Götterstatuen

„Wir sollten an die göttliche Gegenwart glauben, die die Götterstatuen erfüllt. Ich ging nach Vishnupura.[64] Der Raja hat dort mehrere schöne Tempel. In einem der Tempel steht die Statue einer Göttin namens Mrinmayi. Vor dem Tempel ist ein großer Wasserspeicher. Aber wie kam es, dass ich im Wasserspeicher die Gewürze roch, die die Frauen benutzen, um ihr Haar zu parfümieren? Ich wusste nicht, dass sie der Göttin solche Gewürze opferten, wenn sie sie verehrten. Ich hatte ihre Statue nicht beim Wasserspeicher gesehen, aber in Samadhi sah ich ihre göttliche Gestalt bis zur Taille. Die Göttliche Mutter des Weltalls erschien mir in Gestalt von Mrinmayi."

Inzwischen waren andere Verehrer gekommen. Das Gespräch wandte sich dem Krieg in Kabul und dem anschließenden Bürgerkrieg zu. Jemand brachte die Nachricht, dass Yakub Khan[65] abgesetzt worden sei, und fügte hinzu: „Herr, Yakub Khan ist ein großer Verehrer."

Die Versuchungen eines Verehrers

Sri Ramakrishna: "Vergnügen und Schmerz, Glück und Kummer sind Dinge, die man nicht vom Körper trennen kann. Wir lesen in Kavi Kankanas ‚Chandi‘[66], dass der große Verehrer Kaluvira ins Gefängnis gesperrt wurde. Sie legten einen schweren Stein auf seine Brust. Doch Kalu war das bevorzugte Kind der Mutter des Universums. Vergnügen und Schmerz, Glück und

---

[64] eine alte Stadt in Bengalen
[65] Yakub Khan war der Amir von Afghanistan, der von den Engländern nach dem Krieg von Kabul 1870 abgesetzt wurde.
[66] Kavi Kankana war ein großer Dichter Bengalens, dessen berühmtes Werk den Titel „Chandi" oder „Die Heldentaten der Göttlichen Mutter" trägt. Kaluvira und Srimanta sind die Helden in diesem Gedicht.

Kummer kommen mit dem Körper. Was für ein großer Verehrer war Srimanta! Wie sehr liebte die Göttin seine Mutter Khullana! Aber durch welche Schwierigkeiten musste er gehen! Sie brachten ihn zum Schafott, um ihn hinzurichten.

Ein Holzfäller, ein großer Verehrer, hatte das Glück, die Göttin zu sehen, und die Göttin liebte ihn sehr und zeigte ihm ihre Freundlichkeit. Aber er musste trotzdem weiterhin dem Gewerbe der Holzfäller nachgehen. Er musste Feuerholz verkaufen, um sich seinen Lebensunterhalt zu verdienen. Es bedeutet nicht, dass ein hingebungsvoller Gottliebender in der Welt sehr gut dasteht."

Ein Verehrer ist im Geist reich.

„Aber er ist reich im Geist, wenn er auch arm an weltlichen Dingen ist. Devaki, [die Mutter Krishnas], sah im Gefängnis Gott in menschlicher Gestalt, der das Muschelhorn, den Diskus, die Keule und den Lotus in Seinen vier Händen hielt. Aber sie kam trotz ihrer Gottesschau nicht aus dem Gefängnis."

Schüler: "Aber sie sollte befreit worden sein, nicht nur aus dem Gefängnis, sondern auch von ihrem Körper, der die Quelle all ihrer Probleme war."

Der Körper ist das Ergebnis vergangener Taten.

Bhagavan: "Unser Körper ist das Ergebnis unserer vergangenen Taten. Deshalb muss man ihn so lange ertragen, wie die vergangenen Taten nicht bereinigt sind. Die Sünden eines blinden Mannes, der im heiligen Wasser des Ganges badet, werden abgewaschen, aber seine Blindheit bleibt. Sie ist das Ergebnis der Handlungen in seinem vergangenen Leben.

Aber wie sehr der Körper auch unter dem Einfluss von Freude und Schmerz steht, wie sehr der Körper glücklich oder elend ist, der wahre Verehrer ist immer gleich reich im Geist, reich an Erkenntnis (Jnana) und Liebe zu Gott (Bhakti). Nimm zum Beispiel die Pandavas.[67] Wie vielen Gefahren und Schwierigkeiten mussten sie entgegentreten! Welche Bedürfnisse und Nöte

---

[67] [Die Pandavas sind die fünf Söhne von König Pandu im Mahabharata.]

ertragen! Aber inmitten von all dem verloren sie nie ihre Weisheit. Kannst du andere finden, die ebenso weise und gottergeben sind?"

Da traten Narendra (Swami Vivekananda) und Visvanatha Upadhyaya[68], der Nepalese, der in Kalkutta wohnt, ein. Sie verneigten sich vor Sri Ramakrishna und setzten sich. Sri Ramakrishna bat Narendra zu singen. An der Westwand des Zimmers hing ein Tanpura (ein Saiteninstrument). Narendra nahm es herunter und begann, es zu stimmen. Jeder sah ihn erwartungsvoll an, begierig darauf, seine Lieder zu hören.

Bhagavan zu Narendra: "Dieses Instrument klingt nicht mehr wie zuvor."

Visvanatha: "Es ist erfüllt. Deshalb klingt es nicht, wie ein Gefäß, das mit Wasser gefüllt ist."

Sri Ramakrishna: "Aber wie erklärst du das Leben Naradas und anderer göttlicher Lehrer? Sie haben Gott erkannt, haben aber dennoch gesprochen. Sie waren erfüllt, aber sie gaben Töne von sich."

Visvanatha: "Sie sprachen zum Wohl der Menschheit."

Bhagavan: "Ja, Narada und Sukadeva kamen vom höchsten Zustand des Samadhi herunter. Ihre Herzen wandten sich denen zu, die müde und beladen waren und Gott nicht kannten. Sie sprachen zum Wohl anderer."

Narendra begann zu singen:

1. Im Tempel des Herzens wohnt die ewige Wahrheit.
Wir schauen immer Seine herrliche, liebliche Gestalt. Wann werden wir ins Meer Seiner Schönheit eintauchen?

2. In Gestalt der unendlichen Weisheit betritt der Herr meine Seele.
Der rastlose Geist nimmt erstaunt Zuflucht zu Seinen gesegneten Füßen.
Unsterbliche Seligkeit erhebt sich wie Nektar zum Firmament der Seele.

---

[68] Visvanatha Upadhyaya war ein brahmanischer Gelehrter und Verehrer von Sri Ramakrishna. Er hatte für die Briten die Stellung eines Konsuls der nepalesischen Regierung inne.

3. Wenn wir Dich schauen, werden wir verrückt vor Freude wie der Chakora[69], der verrückt wird, wenn er den Mond sieht.

4. Oh König der Könige, es gibt keinen wie Dich, den Guten und Friedvollen.
Deinen Füßen, oh Geliebter, gebe ich mich hin und erfülle damit den Zweck meines Lebens.

5. Selbst hier werde ich himmlische Seligkeit genießen. Wo sonst könnte ich solch ein großes Vorrecht finden?

6. Oh Herr, wenn ich Deine reine und vollkommene Gestalt sehe, ergreifen alle Sünden die Flucht, wie die Dunkelheit vor dem Licht verschwindet.

7. Oh zünde in meinem Herzen das Licht des brennenden Glaubens an, der feststeht wie der Polarstern, und erfülle so meinen einzigen Wunsch, oh Freund der Demütigen. Tag und Nacht sind in die Seligkeit Deiner Liebe eingegangen. Oh, ich werde mich vergessen, nachdem ich Dich erlangt habe. (Oh, wann wird das sein?)

Das Samadhi von Ramakrishna

Sri Ramakrishna hatte sich in tiefem Samadhi verloren, sobald er die Worte „Unsterbliche Seligkeit erhebt sich wie Nektar zum Firmament der Seele" hörte. Er saß mit verschränkten Händen da, wobei er sein Gesicht nach Osten richtete. Er tauchte tief ins Meer der Schönheit des Allseligen ein. Kein äußeres Bewusstsein, kein Zeichen von Atem, keine Bewegung eines Glieds, kein Zittern der Augenlider – wie einer, der in einem Bild gezeichnet wurde. Er war fortgegangen, irgendwohin aus diesem Königreich, aus dieser Welt der Sinne.

Als Bhagavan aus dem Samadhi zurückkam, murmelte er undeutlich: „Du bist ich, ich bin Du. Du isst, Du und ich essen. Was bedeutet das? Bin ich voreingenommen? Ich sehe Dich überall. Worauf immer ich meine Augen werfe, sehe ich Deine Gestalt." Dann wiederholte er den heiligen Namen Krishnas. "Oh Freund der Demütigen und Freundlichen, oh Herr meines

---

[69] Der Chakora ist ein Wasservogel.

Herzens, oh göttlicher Hirte!" Nachdem er das einige Male wiederholt hatte, ging er erneut in Samadhi ein.

Nachdem er zum Sinnesbewusstsein zurückgekommen war, öffnete er seine Augen und sah, dass das Zimmer voller Leute aus allen Schichten war. Als Narendra bemerkte hatte, dass Bhagavan in Samadhi war, hatte er das Zimmer verlassen und war auf die östliche Veranda gegangen, wo Hazra auf einer Decke saß und den Rosenkranz betete. Narendra begann ein Gespräch mit ihm. In der Zwischenzeit sah Bhagavan sich in seinem Zimmer nach Narendra um, aber er war nicht da. Das Tanpura lag auf dem Boden. Die Verehrer hatten ihre Augen auf Bhagavan gerichtet, der sagte, wobei er sich auf Narendra bezog: ‚Er hat das Feuer entzündet. Es spielt keine Rolle, ob er im Zimmer bleibt oder es verlässt.'"

In der Meditation kommt die Seligkeit.

Dann wandte er sich Visvanatha und seinen zahlreichen Verehrern zu und sagte: „Meditiert über Gott, die einzige Existenz, Erkenntnis und ewige Seligkeit, und auch ihr werdet selig sein. Dieses Sein, diese Erkenntnis und Seligkeit ist immer da, und sie ist überall, nur dass sie von Unwissenheit verdeckt und verborgen ist. Je weniger ihr an den Sinnen haftet, desto größer wird eure Liebe zu Gott sein."

Visvanatha: "Je näher wir unserer Heimat Kalkutta kommen, desto weiter sind wir von Benares entfernt, und je näher wir Benares sind, desto weiter sind wir von unserer Heimat entfernt."

Der Gottliebende

Bhagavan: "Als Srimati (Radha)[70] sich Sri Krishna näherte, nahm sie immer deutlicher den bezaubernden Duft Seiner lieblichen Person wahr. Je mehr man sich Gott nähert, desto mehr wächst die Liebe zu Ihm. Je mehr sich der Fluss dem Meer nähert, desto mehr ist er Ebbe und Flut unterworfen. Der Ganges der Erkenntnis, der in der Seele eines Weisen fließt, bewegt sich nur in eine Richtung. Für ihn ist das ganze Universum ein Traum. Er lebt immer in seinem wahren Selbst (Atman). Aber der Ganges der Liebe im Herzen

---

[70] Srimati Radha war die geliebte Gemahlin Sri Krishnas, des größten Retters der Hindus.

eines Verehrers fließt nicht in eine Richtung. Er hat Ebbe und Flut. Ein Verehrer lacht, weint, tanzt, singt. Manchmal will er sich an seinem Geliebten erfreuen und in seinem Geliebten untergehen. Er schwimmt in Ihm, taucht und erhebt sich in seiner Freude so glücklich wie ein Brocken Eis, der auf dem Wasser dahintreibt.“

Gott, das Absolute, und Gott, der Schöpfer

„Aber Gott, das Absolute, und Gott, der Schöpfer, sind ein und dasselbe Sein. Die absolute Existenz, Intelligenz und Seligkeit ist die allwissende, vollkommen intelligente und allselige Mutter des Universums. Der wertvolle Stein (Mani) und seine Strahlkraft können gedanklich nicht voneinander getrennt werden, denn wir können nicht an den Stein denken ohne seine Strahlkraft, noch können wir an die Strahlkraft unabhängig vom Stein denken. Die absolute Existenz, Intelligenz und Seligkeit, das Unterschiedslose erscheint als Vielfältiges. Er trägt verschiedene Namen, die Ihm je nach den verschiedenen manifesten Kräften gegeben werden. Deshalb hat Er viele Gestalten. Deshalb hat ein Verehrer gesungen: ‚Oh meine Mutter Tara[71], Du bist sogar all das.‘ Wo immer Handlung ist wie Schöpfung, Erhaltung und Vernichtung, dort ist Sakti oder die intelligente Energie. Aber Wasser ist Wasser, ob es nun still oder bewegt ist. Diese eine, absolute Existenz, Intelligenz und Seligkeit ist auch die ewige, intelligente Energie, die das Universum erschafft, erhält und zerstört. Es ist derselbe Visvanatha, ob er nichts tut, Gott verehrt oder den Generalgouverneur besucht. Immer ist es derselbe Visvanatha. Das sind nur seine verschiedene Upadhis oder Zustände.“

Visvanatha: "Ja, Herr, so ist es.“

Bhagavan: "Ich habe das zu Keshab Chandra Sen gesagt.“

Visvanatha: "Herr, Keshab Chandra Sen respektiert nicht unsere orthodoxen hinduistischen Methoden, Sitten und Gesetze. Wie kann er ein wirklicher Heiliger sein?“

Bhagavan (sich seinen Verehrern zuwendend): „Visvanatha will nicht, dass ich Keshab Sen besuche.“

---

[71] Tara ist ein weiterer Name der Göttlichen Mutter des Universums.

Visvanatha: "Aber seine Heiligkeit geht zu ihm. Was kann ich dagegen tun?"

Bhagavan: "Du besuchst den Generalgouverneur, der nach deinen Shastras[72] ein Mleccha (Unreiner) ist, und bittest ihn sogar um Geld. Kann ich nicht Keshab Sen besuchen? Es steht dir nicht zu, so etwas zu sagen. Du sagst oft: ‚Es ist Gott, der sich als menschliche Seele und Welt manifestiert.' Was du sagst, musst du meinen. Was du meinst, musst du sagen!"

Danach verließ Ramakrishna plötzlich das Zimmer und ging auf die nordöstliche Veranda. Visvanatha und die anderen Verehrer warteten auf ihn im Zimmer. Narendra sprach mit Hazra auf der Veranda. Sri Ramakrishna wusste, dass Hazra durch und durch ein Nicht-Dualist und ein trockener Verstandesmensch war. Er hielt das ganze Universum bloß für einen Traum, glaubte, dass alle Arten von Verehrung und Opfer nur geistige Täuschungen seien, dass Gott das einzige unwandelbare Sein sei und dass ein Mensch nur über seinen Atman (Selbst) und über nichts anderes meditieren sollte.

Bhagavan (lachend): "Worüber sprecht ihr?"

Narendra: "Wir sprechen über Themen, die zu groß für gewöhnliche Sterbliche sind."

Reines Bhakti und reines Jnana sind dasselbe.

Bhagavan (lachend): "Was immer ihr auch sagt, wisst, dass reine, selbstlose Hingabe (Bhakti) und reine, selbstlose Erkenntnis (Jnana) dasselbe sind. Ihr Ziel ist dasselbe. Sanft und leicht ist der Weg der Hingabe, der zu Gott führt."

Narendra: "Es gibt keinen Grund zu argumentieren wie ein Philosoph. Ich habe Hamiltons Philosophie gelesen. Er schreibt [Zitat in Englisch]: ‚Gelehrte Unwissenheit ist das Ende der Philosophie und der Anfang der Religion.'

Bhagavan: "Was bedeutet das?"

---

[72] Heilige Hindu-Bücher werden Shastras genannt.

Narendra erklärte es in Bengalisch. Sri Ramakrishna lachte und sagte in Englisch „danke". Alle lachten darüber, da Bhagavans Englisch auf wenige solcher Wörter beschränkt war.

III.

Bald setzte die Dämmerung ein. Die Verehrer verabschiedeten sich nacheinander von Bhagavan, so auch Narendra.

Abend im Tempel

Der Tag ging zur Neige. Der Tempeldiener kümmerte sich um die Lichter. Die Priester waren damit beschäftigt, ihre Gebete aufzusagen, wobei sie bis zur Taille im heiligen Wasser des Ganges standen und Körper und Seele reinigten. Sie würden in Kürze zu ihren jeweiligen Tempeln gehen, um Arati, die Abendzeremonie, zu feiern.

Die jungen Männer aus Dakshineswar waren mit ihren Freunden gekommen, um im Garten spazieren zu gehen. Sie schlenderten am Wall entlang und genossen die liebliche Abendbrise, die von Blumenduft erfüllt war, und beobachteten die leichten Wellen der Wasseroberfläche des rasch dahinfließenden Ganges. Einige von ihnen, vielleicht die nachdenklicheren, gingen einzeln in der Einsamkeit der heiligen Bäume des Panchavati umher. Bhagavan Sri Ramakrishna betrachtete ebenfalls von der westlichen Veranda aus für einige Zeit den Ganges.

Es war Abend. Die Lampenanzünder hatten alle Lampen im großen Tempel angezündet. Die alte Magd kam, zündete die Lampe in Bhagavans Zimmer an und verbrannte Räucherwerk. Inzwischen hatte die Arati-Zeremonie in den zwölf Schreinen, die Shiva geweiht sind, begonnen. Sie begann kurz darauf auch in den Tempeln der Kali, der Mutter des Universums, und Sri Vishnus. Der vereinte, feierliche Klang der Gongs, Glocken und Zimbeln wurde noch feierlicher und lieblicher, als vom murmelnden Ganges sein Echo zurückgeworfen wurde.

Es war der erste Tag nach Vollmond. Kurz nach Einbruch der Nacht ging der Mond auf. Allmählich wurden die Kronen der Bäume im Garten und der große Tempelbereich in seinem sanften Licht gebadet. Bei der magischen

Berührung seiner Strahlen schien das Wasser des Ganges hell wie Silber und floss in großer Freude tanzend dahin.

Als bei Einbruch der Nacht Sri Ramakrishna sich vor der Göttlichen Mutter verneigte, wiederholte er die heiligen Namen Gottes und klatschte die ganze Zeit mit den Händen den Takt dazu. In seinem Zimmer gab es Bilder verschiedener Inkarnationen Gottes. Er verneigte sich vor jedem Bild und wiederholte den heiligen Namen eines jeden. Er wiederholte auch seine Lieblingsmantren, wovon jedes einen erhabenen, verbindenden Leitgedanken hat, wie etwa:

1. Brahma-Atma-Bhagavan (Das absolute Brahman des Vedanta, das wahre Selbst und der persönliche Gott des Bhakta sind drei in einem und eins in drei.)

2. Bhagavata-Bhakta-Bhagavan (Das Wort, der Verehrer und der persönliche Gott sind drei in einem und eins in drei.)

3. Brahma-Sakti, Sakti-Brahma (Gott, das Absolute, und die kreative Energie sind ein und dasselbe.)

4. Veda-Purana-Tantra-Gita-Gayatri (Der Gott der verschiedenen Schriften und heiligen Texte ist ein und derselbe.)

5. Saranagata, Saranagata (Ich nehme Zuflucht bei Dir. Ich gehöre Dir, ich gehöre Dir.)

6. Naham-Naham, Tuhu-Tuhu (Nicht ich, nicht ich, sondern Du, sondern Du.)

7. Ami Yantra, tumi yantri (Ich bin die Maschine, Du bist derjenige, der sie bedient.)

Nachdem er all diese Wiederholungen beendet hatte, meditierte er mit gefalteten Händen über die Göttliche Mutter.

Einige Verehrer waren am Abend im Garten spazieren gegangen. Als die Arati-Zeremonie in den Tempeln vorbei war, kam einer nach dem anderen in Sri Ramakrishnas Zimmer. Er saß auf seinem Platz mit den Verehrern vor ihm auf dem Boden. Er sagte: „Narendra, Rakhal und Bhavanatha – diese sind Nityasiddhas (von Geburt an vollkommen). Sie brauchen keine Schulung. Die Ausbildung, die sie durchlaufen, ist mehr als sie brauchen. Ihr seht, dass Narendra sich nie um jemanden schert. Er war kürzlich mit mir in Visvanathas Wagen. Als man ihn bat, den besseren Sitz zu nehmen, kümmerte er sich nicht darum. Außerdem zeigt er mir nie, dass er etwas weiß, damit ich ihn nicht vor den Menschen lobe. Er hat keine Maya, keine Anhaftung. Er scheint von allen Bindungen frei zu sein. Für ein einziges Individuum hat er viele Gaben und viele edlen Eigenschaften. Er ist auch sehr höflich. Er weiß seine Sinne zu kontrollieren. Er hat gesagt, er wolle nicht heiraten, sondern ein reines Leben führen. Das ist gut. Ich gehe immer in Samadhi ein, wenn ich ihn sehe."

Charakter und Verbindungen

„Wir formen unseren Charakter gemäß der Gesellschaft, in der wir verkehren. Und wir verkehren in solcher Gesellschaft, die mit unserem Charakter übereinstimmt. Aus diesem Grund verkehren die Paramahamsas (vollkommenen Seelen) gern mit unschuldigen Kindern, weil ihr Geist rein, einfach und von Weltlichkeit unbefleckt ist."

Als Sri Ramakrishna diese Worte sagte, betrat ein ehrwürdiger Brahmane das Zimmer und verneigte sich vor seinen Füßen. Bhagavan kannte ihn bereits und liebte ihn, weil er aufrichtig und einfach war. Er hatte in Benares, dem Sitz großer Gelehrsamkeit, Vedanta studiert. Ramakrishna sagte zu ihm: „Du warst schon lange nicht mehr hier. Wie geht es dir?"

Der Brahmane erwiderte lächelnd: "Verehrter Herr, die Pflichten der Welt beanspruchen mich die meiste Zeit, wie du weißt."

Dann nahm er Platz, und Ramakrishna fuhr fort: „Du warst lange in Benares. Erzähl uns, was du dort gesehen hast. Lass uns etwas von Dayananda[73] hören."

Brahmane: "Ja, ich habe Dayananda getroffen. Du hast ihn auch besucht."

Ramakrishna: "Ja, ich habe ihn einmal besucht. Er wohnte in einem Gartenhaus nicht weit von hier. An diesem Tag hatte er eine Verabredung mit

---

[73] Dayananda Saraswati war ein Sannyasin der Advaita-Vedanta-Richtung. Er war ein großer vedischer Gelehrter, Redner und Hindu-Reformer des 19. Jahrhunderts. Er schrieb Sanskritkommentare über die Veden und war der Gründer der reformierten Hindu-Sekte Arya Samaj, die jetzt aufblüht. Er starb 1883.

Keshab Sen. Er ist ein großer Gelehrter. Er glaubt auch an die Devas (vollkommene Geister, Götter), aber Keshab nicht, weshalb er sagte: ‚Wenn Gott all diese Erscheinungen erschaffen hat, kann Er dann nicht auch die Devas erschaffen haben?' Er glaubt an den einen Gott, aber ohne Gestalt. Visvanatha wiederholte stets den heiligen Namen des Herrn: 'Rama, Rama'. Dazu sagte er: ‚Wiederhole besser „Sandesha, Sandesha (Süßigkeit, Süßigkeit)."'

Brahmane: "In Benares führte Dayananda lange theologische Diskussionen mit den anderen Gelehrten. Am Ende standen alle Gelehrten einhellig auf einer Seite, während er allein auf der anderen Seite stand. Dann trieben ihn die Gelehrten aus der Stadt, indem sie riefen: ‚Dayanandas Meinung ist falsch und soll nicht angenommen werden!'

Ich besuchte auch Colonel Olcott, den Theosophen. Die Theosophen glauben an die Existenz der Mahatmas, den Bereich des Mondes, den Bereich der Sonne und die Bereiche der Sterne. Sie glauben, dass die Astralkörper zu diesen Bereichen gehen usf. Verehrter Herr, was denkst du über die Theosophie?"

Hingabe an das Höchste

Ramakrishna: "Bhakti, Verehrung des Höchsten, ist das einzig Wertvolle. Suchen sie Bhakti? Wenn ja, ist es gut. Wenn ihr Ziel die Erkenntnis Gottes ist, dann haben sie recht. Aber indem man sich nur mit diesen Bereichen und den Mahatmas befasst, kann man Gott nicht suchen. Man sollte Sadhana (spirituelle Übungen) praktizieren, um wahres Bhakti zu erlangen. Man sollte sich sehr nach der Erkenntnis Gottes sehnen. Man sollte alle geistigen Aktivitäten sammeln und sich auf Ihn konzentrieren. Die Erkenntnis Gottes stellt sich nicht so leicht ein. Sie benötigt sehr viel spirituelle Übung.

Ein Mann fragte: ‚Warum kann ich Gott nicht schauen?' Ich erwiderte; ‚Wenn du einen großen Fisch fangen willst, der im tiefen Wasser lebt, musst du viele Vorbereitungen treffen, um ihn anzuziehen. Du musst eine Leine, einen Stab, Haken und Schwimmer besorgen. Du musst einen schmackhaften Köder anbringen. Wenn du dann Blasen im Wasser siehst, weißt du, dass er näherkommt. Ähnlich ist es, wenn du Gott schauen willst. Dann widme dich der Übung des wahren Bhakti."

Bhakti und Jnana

Verehrer: "Was ist besser, Bhakti oder Jnana?"

Ramakrishna: "Die höchste Form des Bhakti kommt durch äußerste Liebe für Gott.

Drei Freunde gingen durch einen Wald. Da erschien ein Tiger. Einer von ihnen rief: ‚Bruder, der Tiger wird uns verschlingen.' Der zweite sagte: 'Warum sollen wir von ihm verschlungen werden? Komm, wir wollen zum Herrn beten.' Als der dritte das hörte, erwiderte er: ‚Oh nein, warum sollten wir den Herrn belästigen? Lasst uns auf diesen Baum hinaufklettern.'

Der Mann, der gesagt hatte: ‚Er wird uns verschlingen', wusste nicht, dass der Herr der Beschützer aller ist. Jener, der zum Herrn beten wollte, war ein Jnani. Er wusste, dass der Herr der Schöpfer, Beschützer und Vernichter aller Erscheinungen ist. Aber der dritte Mann, der sagte: 'Warum sollten wir den Herrn belästigen. Lasst uns auf den Baum klettern' war ein wahrer Gott-liebender. Er besaß den Geschmack der göttlichen Liebe, die höchste Form von Bhakti. Ein Aspekt der göttlichen Liebe (Prema) ist, dass der Liebende sich für größer als den Gegenstand seiner Liebe hält. Er wünscht sich be-ständig, den Geliebten zu beschützen und Ihn glücklich zu machen, indem er alle Probleme und Sorgen von Ihm fernhält. Die Gopis hatten wahres Prema oder göttliche Liebe."

Die göttliche Liebe in ihren verschiedenen Aspekten

„Bei der göttlichen Liebe existiert das Empfinden von ‚ich' und ‚mein', wie die Mutter der göttlichen Inkarnation Krishnas gezeigt hat. Für sie war Krishna nur ein Sohn und nicht der Herr des Universums. Sie wollte Ihn großziehen und sich um Ihn kümmern und nannte Ihn immer ‚mein Krishna'. Sie hatte dieselben Sorgen um Ihn wie eine irdische Mutter um ihren Sohn.

Als ein bestimmter Heiliger zu ihr sagte: ‚Dein Krishna ist der vollkommene Meister der Welt. Er ist nicht menschlich', antwortete Yasoda, die Mutter Krishnas: 'Oh nein, Er ist nicht der Herr der Welt. Er ist mein Kind. Ich kann Ihn nur als mein Kind betrachten.' Göttliche Liebe zeigt sich in ver-schiedenen Beziehungen. Je enger die Beziehung, desto stärker das Band der Liebe. Die Beziehung eines Dieners zu seinem Meister wurde in

Hanuman manifest. Die Beziehung eines Freundes zu seinem Freund wurde in der Beziehung von Arjuna zu Krishna manifest, während die Gopis dem Herrn als ihren göttlichen Gemahl hingegeben waren.

Einige Leute glauben, dass sie gebunden seien (Baddha) und nie die göttliche Weisheit oder Liebe erlangen würden. Aber diese ganze Angst verschwindet aus dem Herzen eines wahrhaften Schülers, wenn sein Guru oder spiritueller Führer gnädig zu ihm ist."

Das Gleichnis vom Tiger

"Im Wald lebte eine Herde Schafe. Plötzlich sprang ein Tigerweibchen in ihre Mitte. In diesem Augenblick gebar sie ein Junges und starb auf der Stelle. Die freundlichen Schafe kümmerten sich um das Junge und zogen es bei sich auf. Sie fraßen Gras. Das Junge machte es ihnen nach. Sie blökten. Auch das Junge lernte zu blöken. Auf diese Weise wuchs das Junge nicht zu einem jungen Tiger heran, sondern war wie ein Schaf.

Eines Tages kam ein ausgewachsener Tiger des Wegs und beobachtete erstaunt den grasfressenden Tiger. Als er näherkam, begann das Junge zu blöken. Da schleppte der echte Tiger es ans Ufer eines Sees und sagte: ‚Sieh her! Vergleiche dein Gesicht mit meinem. Gibt es einen Unterschied? Du bist ein Tiger wie ich. Gras ist nicht deine Nahrung. Deine Nahrung ist Tierfleisch.' Aber der grasfressende Tiger konnte es nicht glauben.

Nach langer Zeit überzeugte ihn der echte Tiger, dass er derselben Gattung angehörte. Dann gab er ihm ein Stück Fleisch zu fressen, aber er rührte es nicht an. Er begann erneut zu blöken und suchte nach Gras. Schließlich zwang ihn der echte Tiger, Tierfleisch zu fressen. Sofort mochte er den Geschmack von Blut, gab es auf, Gras zu fressen und zu blöken, und erkannte, dass er kein Schaf, sondern ein Tiger war. Dann folgte er dem echten Tiger und wurde wie er."

Die göttliche Seele ist das Kind Gottes.

"Die menschliche Seele ist das Kind Gottes, aber sie weiß es nicht und lebt deshalb wie ein gewöhnlich Sterblicher (Schaf). Aber wenn sie durch die Gnade des Gurus ihr wahres Wesen erkennt, wird sie frei von aller Furcht und erlangt Vollkommenheit. Deshalb sage ich: Wenn die Gnade des Gurus kommt, verschwindet alle Angst. Sie bewirkt, dass du weißt, wer und was du in Wirklichkeit bist. Du musst nur sehr wenig selbst tun, nachdem du diese Gnade erlangt hast. Du bist dann fähig, zwischen dem Wirklichen und Unwirklichen zu unterscheiden und zu erkennen, dass Gott die Wahrheit ist und dass die Welt unwirklich ist."

Das Gleichnis vom falschen Sadhu

"Ein Fischer ging nachts in einen Garten und warf sein Netz in den Teich, um Fische zu fangen. Als der Eigentümer das Geräusch hörte, schickte er seine Männer los. Sie kamen mit Fackeln in den Händen, um den Dieb zu entdecken. In der Zwischenzeit ließ der Fischer sein Netz fallen, bedeckte sein Gesicht mit Asche, setzte sich unter einen Baum und gab vor, ein heiliger Mann zu sein, der in Meditation versunken war. Die Männer konnten den Dieb nicht finden. Sie bemerkten nur, dass ein heiliger Mann unter einem Baum meditierte. Also kehrten sie zum Eigentümer zurück und erzählten ihm, was sie gesehen hatten.

Jeder brachte Blumen, Obst und Süßigkeiten zu dem heiligen Mann und erwies ihm Ehre und Respekt. Am nächsten Morgen kamen Menschenmassen, um den Sadhu zu sehen, und boten ihm Geld und andere Dinge an. Der Fischer dachte: ‚Wie seltsam! Ich bin kein heiliger Mann. Dennoch haben die Leute so viel Respekt vor mir, und ich habe so viele Geschenke bekommen. Wenn ich ein echter Sadhu (Einsiedler) werde, wie viel mehr bekomme ich dann! Zweifelsohne werde ich Gott schauen.‘

Wenn allein die Vortäuschung, ein heiliger Mann zu sein, ihn erwecken konnte, was kann man dann über einen Menschen sagen, der alle Tugenden geübt hat, um wirklich ein heiliger Mann zu werden! Er wird erkennen, was wirklich und unwirklich ist, dass Gott die Wahrheit ist und dass die Welt unwirklich ist."

Ein Verehrer: "Wo soll ich über Gott meditieren?"

Ramakrishna: „Das Herz ist der beste Ort dafür. Meditiere über Ihn in deinem Herzen."

KAPITEL VII: EINIGE VORFÄLLE AUS DEM LEBEN SRI RAMAKRISHNAS (VON DENEN ER SELBST ERZÄHLTE)

Mathura Babu

I.

Die Tage des Kampfes

"Ich übte lange Entsagung. Ich kümmerte mich sehr wenig um den Körper. Meine Sehnsucht nach der Göttlichen Mutter war so groß, dass ich nicht aß und schlief. Ich lag auf dem nackten Boden, legte meinen Kopf auf einen Erdklumpen und schrie laut: ‚Mutter, Mutter, warum kommst Du nicht zu mir?' Ich wusste nicht, wie die Tage und Nächte vergingen. Ich war die ganze Zeit in Ekstase. Ich sah meine Schüler als meine eigenen Leute vor mir, wie Kinder und Verwandte, lange bevor sie zu mir kamen. Ich weinte vor meiner Mutter und sagte: 'Oh Mutter, ich sterbe für meine Geliebten (Bhaktas). Bitte bring sie so schnell wie möglich zu mir.'"

Alle Wünsche wurden erfüllt.

"In dieser Zeit traf alles, was ich wünschte, ein. Einmal wollte ich eine kleine Hütte im Panchavati[74] bauen, um dort zu meditieren, und einen Zaun um sie herum errichten. Gleich darauf entdeckte ich ein großes Bündel Bambusstecken, Seil, Schnur und sogar ein Messer. Das alles hatte die Strömung vor das Panchavati getragen. Ein Tempeldiener sah diese Dinge, rannte erfreut zu mir und erzählte mir davon. Es war genau die Menge Material für die Hütte und den Zaun. Als sie gebaut waren, blieb nichts übrig. Jeder war erstaunt, als er das sah.

Als ich den Zustand beständiger Ekstase erreichte, gab ich alle äußeren Formen der Verehrung auf. Ich konnte sie nicht länger ausüben. Dann betete ich zu meiner Göttlichen Mutter: ‚Mutter, wer wird sich jetzt um mich kümmern? Ich kann mich nicht um mich selbst kümmern. Ich liebe es, Deinen Namen zu hören, Deinen Bhaktas zu essen zu geben und den Armen zu helfen. Wer wird es mir ermöglichen, diese Dinge zu tun? Schicke mir jemanden, der dies für mich tun kann.‘

Als Antwort auf dieses Gebet kam Mathura Babu[75], der mir lange mit solch intensiver Hingabe und mit solchem Vertrauen diente. Ein andermal sagte ich zur Mutter: ‚Ich werde keine eigenen Kinder haben, aber ich möchte einen Bhakta als Kind haben, der immer bei mir bleibt. Bitte schick mir einen solchen.‘ Da kam Rakhal (Brahmananda).

Jene, die zu mir gehören, sind Teil meines Selbst."

II.

Besuch im Zoologischen Garten

Er bezog sich auf die Zeit seiner Erleuchtung und rief aus:

"Was für ein Zustand das war! Die kleinste Ursache bewirkte, dass ich an das göttliche Ideal dachte. Eines Tages ging ich in den Zoologischen Garten

---

[74] s. Fußnote 27
[75] Mathura Babu war der Schwiegersohn Rani Rashmonis, die den Tempelgarten in Dakshineswar gegründet hat. Er erkannte die göttlichen Kräfte und den übermenschlichen Charakter Sri Ramakrishnas und wurde sein hingebungsvoller Schüler.

in Kalkutta. Ich wollte besonders den Löwen sehen, aber als ich ihn sah, verlor ich alles Sinnesbewusstsein und ging in Samadhi ein. Jene, die mich begleiteten, wollten mir die anderen Tiere zeigen, aber ich erwiderte: ‚Ich habe alles gesehen, als ich den König der Tiere gesehen habe. Bringt mich nach Hause.' Die Kraft des Löwen hatte in mir das Bewusstsein der Allmacht Gottes erweckt und mich über die Welt der Erscheinungen hinausgetragen."

Die Göttlichkeit ist überall.

"An einem anderen Tag ging ich zum Paradeplatz, um den Aufstieg eines Ballons zu sehen. Plötzlich fiel mein Blick auf einen englischen Jungen, der an einem Baum lehnte. Die Position seines Körpers ließ vor mir die Vision von Krishna entstehen, und ich ging in Samadhi ein. Auch sah ich eine Frau, die ein blaues Gewand trug und unter einem Baum stand. Sie war eine Hure. Als ich sie ansah, erschien sofort das Ideal von Sita[76] vor mir. Ich vergaß die Straßenhure und sah vor mir die reine, makellose Sita, die auf Rama, die Inkarnation der Göttlichkeit, zuging, und war lange Zeit bewegungslos. Ich verehrte alle Frauen als Vertreterinnen der Göttlichen Mutter. Ich erkannte in der Gestalt einer jeden Frau die Mutter des Universums.

Mathura Babu, der Schwiegersohn von Rashmoni, lud mich für einige Tage in sein Haus ein. Zu dieser Zeit empfand ich so stark, dass ich die Magd meiner Göttlichen Mutter war, dass ich mich für eine Frau hielt. Die Frauen des Hauses hatten dasselbe Empfinden. Sie betrachteten mich nicht als Mann. Wie Frauen sich vor einem jungen Mädchen ungezwungen verhalten, so waren sie es vor mir. Mein Geist stand über dem Bewusstsein von Geschlechtlichkeit.

Was für ein göttlicher Zustand das war! Ich konnte nicht hier im Tempel essen. Nach der Essenszeit ging ich von Ort zu Ort in die Häuser von Fremden. Ich saß still da, ohne etwas zu sagen. Wenn man mich fragte, sagte ich. ‚Ich würde gern hier essen.' Sofort gaben sie mir das Beste, das sie hatten."

---

[76] Sita ist die Gemahlin Ramas, der göttlichen Inkarnation und des Helden des Ramayana. Sie ist nach hinduistischer Sichtweise die perfekte Frau.

Der Besuch bei einem armen Brahmanen

"Einmal hörte ich von einem armen Brahmanen, der ein wahrer Verehrer war und in einer kleinen Hütte in Baghbazar lebte. Ich wollte ihn besuchen. Deshalb bat ich Mathura Babu, mich zu ihm zu bringen. Er war damit einverstanden, bestellte sofort einen großen Wagen und brachte mich hin. Das Haus des Brahmanen war so klein, dass er kaum Platz hatte, um uns zu empfangen. Er war sehr überrascht, dass ich ihn mit solch einem reichen Mann in solch einem Wagen besuchte!"

III.

Der Besuch bei Debendranath Tagore

"Ein andermal wollte ich Debendranath Tagore[77] treffen. Er ist ein sehr reicher Mann, aber trotz seines gewaltigen Wohlstands ist er Gott hingegeben und wiederholt Seinen heiligen Namen. Deshalb wollte ich ihn kennenlernen. Ich sprach mit Mathura Babu über ihn. Er erwiderte: ‚Gut, Baba, ich werde dich zu ihm bringen. Er war mein Klassenkamerad.'

Also brachte er mich zu ihm und stellte mich ihm mit den Worten vor: ‚Dieser heilige Mann will dich besuchen. Er ist verrückt nach Gott.' Ich bemerkte in ihm ein wenig Stolz und Egoismus. Es ist natürlich für einen Menschen, der so viel Reichtum, Kultur, Berühmtheit und solch eine soziale Position besitzt. Ich sagte zu Mathura Babu: ‚Sag mir, entspringt Stolz wahrer Weisheit oder Unwissenheit? Wer die höchste Erkenntnis Brahmans erlangt hat, kann weder so stolz und egoistisch sein, um zu sagen: „Ich bin gelehrt", „Ich bin weise", „Ich bin reich" usw.'

Während ich mit Debendranath Tagore sprach, ging ich in einen Zustand ein, in dem ich den wahren Charakter eines jeden Individuums erkennen kann. In diesem Zustand erscheinen mir die gebildetsten Pandits und Ge-

---

[77] Debendranath Tagore war ein hinduistischer Multimillionär in Kalkutta. Er wurde 1818 geboren. 1841 wurde er ein Anhänger von Raja Rammohun Roy, dem Gründer des Adi Brahmo Samaj, und 1844 wurde er der Archarya, der spirituelle Anführer dieser theistischen Hindu-Kirche. Später zog er sich von der Welt zurück und widmete seine ganze Zeit spirituellen Studien. Er wurde von den Hindus als Maharshi oder heiliger Mann seiner Zeit geachtet. [Das jüngste seiner 13 Kinder war der berühmte Rabindranath Tagore.]

lehrten wie Grashalme. Wenn ich sehe, dass Gelehrte weder wahre Unterscheidung noch Leidenschaftslosigkeit besitzen, dann empfinde ich sie wie Stroh. Oder sie erscheinen mir wie Geier, die hoch in den Himmel hinaufsteigen, aber ihren Geist auf das Aas unten auf der Erde richten.

Debendranath Tagore

In Debendra fand ich sowohl spirituelle Erkenntnis als auch weltliches Verlangen. Er hatte viele Kinder. Einige von ihnen waren noch sehr klein. Ich sagte: ‚Wenn du so viel spirituelles Wissen besitzt, wie kannst du dann beständig inmitten solcher Weltlichkeit leben? Du bist wie König Janaka. Du kannst deinen Geist auf Gott gerichtet halten und inmitten weltlicher Freuden und weltlichem Luxus bleiben. Deshalb habe ich dich besucht. Erzähle mir etwas vom göttlichen Sein.'

Debendra las einige Abschnitte aus den Veden vor und sagte: ‚Diese Welt ist wie ein Kronleuchter, und jeder Jiva (individuelle Seele) ist wie ein Licht auf ihm.' Vor langem, als ich fast meine ganze Zeit mit Meditation im Panchavati verbrachte, sah ich dasselbe. Da Debendras Worte sich mit meiner Erfahrung deckte, wusste ich, dass er etwas wahre Erkenntnis erlangt haben musste. Ich bat ihn, es zu erklären.

Er sagte: 'Wer könnte diese Welt erkennen? Gott hat den Menschen erschaffen, um Seinen Ruhm zu zeigen. Wenn es auf dem Kronleuchter kein Licht gäbe, wäre es völlig dunkel. Der Kronleuchter selbst wäre nicht sichtbar.' Nach einem langen Gespräch bat mich Debendranath Tagore, zur Jahresfeier des Brahmo Samaj zu kommen. Ich antwortete: ‚Wenn es der Wille des Herrn ist. Ich gehe, wohin Er mich führt.'"

IV.

Besuch bei Padmalochana

Padmalochana war der berühmteste Gelehrte am Hof des Raja von Burdwan. Er kam in ein Gartenhaus in der Nähe von Dakshineswar. Und da ich ihn treffen wollte, schickte ich Hridai, um herauszufinden, ob er stolz war oder nicht. Ich erfuhr, dass er einfach und völlig frei von gelehrtem Stolz war. Also ging ich zu ihm.

Er war in der Tat ein großer Gelehrter und wahrer Jnani. Er besiegte alle großen Gelehrten und Theologen. Er erzählte von einer theologischen Diskussion über die Hindu-Trinität am Hof des Raja: ob die erste Person der Trinität, Brahma, größer sei als die dritte Person der Trinität, Shiva. Die Gelehrten wandten sich an ihn, um die endgültige Entscheidung zu treffen. Padmalochana erwiderte: ‚Ich habe weder Brahma noch Shiva gesehen. Wie kann ich es entscheiden?'

Er wollte mich das Lob meiner Göttlichen Mutter singen hören. Ich führte ein langes Gespräch mit ihm. Er wurde mir wahrhaft ergeben und sagte: ‚Ich habe nirgends so viel Glück gefunden.' Er verehrte mich, obwohl ich nach meiner Göttlichen Mutter weinte wie ein Kind."

V.

Abneigung gegen weltliche Gespräche

"Nichts anderes als Gespräche über Gott sagten mir in dieser Zeit zu. Wenn ich weltliche Gespräche hörte, setzte ich mich in eine Ecke und weinte bitterlich. Als ich mit Mathura Babu nach Benares ging, saß ich mit ihm im

Wohnzimmer, als einige Freunde hereinkamen, die ihn besuchen wollten. Sie begannen, über weltliche Dinge zu diskutieren. ‚Wir haben so viel Gewinn gemacht, so viel Verlust.' Als ich das hörte, weinte ich und rief laut: ‚Mutter, warum hast Du mich hierhergebracht? Mir ging es im Tempel viel besser. Bin ich in die heilige Stadt gekommen, nur um von Lust und Gold zu hören? Dort im Tempel musste ich keinen solchen Gesprächen zuhören.'"

Die Sehnsucht, vom Höchsten zu hören

"Ich war zu jener Zeit wie ein Junge, und deshalb erfüllte mir Mathura Babu jeden Wunsch. Mein Herz und meine Seele sehnten sich jedoch beständig danach, vom höchsten Sein zu hören. Ich suchte die Orte auf, wo die heiligen Schriften ausgelegt wurden. In der Nachbarschaft gab es einen Brahmanen, der ein großer Gelehrter war und wahren Glauben besaß. Ich ging sehr oft zu ihm, um ihm zuzuhören. In der Nähe lebte ein Heiliger am Ufer des Ganges, und ich wollte ihn mit diesem Brahmanen besuchen. Aber ein Priester, der die Welt als einen Traum betrachtete, riet mir davon ab, indem er sagte: ‚Der Körper eines Heiligen ist ein irdischer Käfig. Was kann man Gutes erlangen, indem man solch einen Käfig besucht?'

Ich erzählte es dem Brahmanen. Er erwiderte: ‚Wer an Gott denkt, Seinen heiligen Namen wiederholt und allem um des Herrn willen entsagt hat, sollte nicht als ein irdischer Käfig betrachtet werden. Der Priester weiß nicht, dass die Gestalt eines Verehrers eine spirituelle Gestalt voller göttlicher Intelligenz ist.'

Dieser Brahmane fragte mich einmal, warum ich meine Brahmanenschnur weggeworfen hatte. Ich erwiderte: ‚Als der Sturm der göttlichen Ekstase mein Herz und meine Seele überwältigte, blies er alle Zeichen von Kaste und Glaube weg. Wenn du einmal verrückt nach Gott geworden bist, wirst du mich verstehen.'

Nach einiger Zeit wurde dieser Brahmane selbst von der Verrücktheit der göttlichen Ekstase erfasst. Er sagte nur: ‚Om, Om' und saß schweigend in seinem Zimmer. Er pflegte mit niemandem Umgang und sprach mit keinem. Seine Freunde und Verwandten riefen die Ärzte. Er sagte zu einem von ihnen: ‚Ihr könnt meine Krankheit heilen, aber nehmt mir nicht mein „Om" weg.'

Einmal besuchte ich ihn, als er in diesem Zustand war. Ich fragte ihn, wie es ihm ginge, und er antwortete: ‚Die Steuereintreiber sind hier gewesen, und ich frage mich, was ich tun soll. Sie sagten, dass sie meinen Besitz beschlagnahmen würden. Ich erwiderte: ‚Was gewinnt du, wenn du auf diese Weise denkst? Sollen sie deinen Besitz verkaufen. Wenn sie dich ins Gefängnis werfen, können sie dir nichts anhaben, wenn du sagst, dass du nichts weiter als unendlicher Raum (Kha) bist.‘ Ich wiederholte dies, seinen eigenen Standpunkt, oft und sagte: ‚Da du unendlicher Raum bist, kann man keine Steuern aus dir herauspressen.‘“

VI.

Völlige Offenheit

“In dieser Zeit war ich völlig unverblümt. Ich hielt mich an keine Förmlichkeit oder Etikette. Ich war furchtlos. Einmal traf ich einen reichen Zemindar (Grundbesitzer) und fragte ihn: ‚Was ist unsere höchste Pflicht? Besteht sie nicht darin, Gott zu erlangen?‘ Er erwiderte: ‚Wir sind weltliche Menschen. Die Befreiung ist nicht für uns gedacht. Wenn selbst Yudhisthira[78], der Reinste und Vollkommenste unter den Sterblichen, in einer Vision das Fegefeuer sehen musste, weil er einmal für eine halbe Sekunde von der absoluten Wahrheit abgewichen ist, was können dann wir erwarten?‘ Ich konnte seine Worte nicht ertragen und wies ihn scharf zurecht, indem ich sagte: ‚Was für ein Mensch bist du, dass du an die flüchtige Vision des Fegefeuers denkst? Du solltest nicht daran denken, sondern an Yudhisthiras Wahrheitsliebe, Versöhnlichkeit, Geduld, Unterscheidungsgabe, Entsagung, Hingabe und Liebe für Gott.‘

Ein anderes Mal besuchte ich einen Zemindar, der den Titel eines Rajas trug, und sagte ihm frei heraus, dass ich ihn nicht einen Raja nennen könne, weil er kein wirklicher Raja sei.

Eines Tages sah ich einen frommen Brahmanen am Ufer des Ganges, der Rosenkranz betete. Ich stand in seiner Nähe und wusste, dass er in Gedanken nicht bei Gott, sondern bei irdischen Dingen war. Sofort rüttelte ich ihn auf, indem ich ihm auf die Schulter schlug. Ein andermal betete Rashmoni, die Gründerin des Tempels, im Tempel, während ich das heilige Lied der

---

[78] Yudhisthrira ist der Held im Mahabharata und der Herrscher des alten Indien.

Göttlichen Mutter sang. Ich nahm wahr, dass sie an weltliche Dinge dachte, und rüttelte sie auf dieselbe Weise auf. Erstaunt faltete sie ihre Hände und blieb bewegungslos vor mir stehen."

VII.

Ein Besuch bei Keshab Sen

Keshab Chunder Sen litt an einer ernsten Krankheit. Bhagavan Sri Rama-krishna wollte ihn unbedingt besuchen. Also kam er eines Tages mit einigen Schülern in Keshabs Haus, wo er von einigen von Keshabs Schülern emp-fangen wurde. Sie führten ihn ins Wohnzimmer und ließen ihn auf einem Sofa Platz nehmen. Der Raum war mit modernen Möbeln ausgestattet. Bhagavan betrachtete sie für einen Augenblick. Dann wandte sich sein Geist nach innen, und er ging in Samadhi ein. Nachdem er das Sinnesbewusstsein wiedererlangt hatte, sagte er folgendes:

Der Körper und Atman

"Es gibt zwei, den physischen Körper und Atman. Der Körper wurde gebo-ren, also muss er sterben. Aber Atman ist unsterblich. Er ist vom Körper getrennt wie eine Nuss in der Schale. Aber wenn die Nuss unreif ist, ist es schwierig, den Kern von der Schale zu lösen. So ist es auch bei den weltli-chen Leuten, die Gott nicht erkannt haben. Ihr Atman bleibt dem Körper verhaftet. Aber bei der wahren Erkenntnis erscheint der Atman getrennt vom Körper."

In diesem Augenblick betrat Keshab das Zimmer. Er war sehr dünn und sah fast wie ein Skelett aus. Er konnte sich kaum auf den Beinen halten. Mit großer Schwierigkeit ging er zum Sofa und setzte sich zu Füßen Bhagavan Sri Ramakrishnas nieder. Bhagavan setzte sich vom Sofa auf den Boden herunter. Keshab berührte mit der Stirn den Boden und blieb einige Zeit in dieser Haltung vor ihm. Ramakrishna hielt Keshabs Hand und sagte:

Vollkommene Erkenntnis bringt die Erkenntnis der Einheit.

„Solange man Verschiedenheit erkennt, solange gibt es Bindung. Wenn die vollkommene Erkenntnis kommt, erkennt der Mensch den einen Geist in allen. In diesem Zustand sieht er auch, dass dasselbe Eine zur individuellen

Seele und Erscheinungswelt mit ihren verschiedenen Zuständen und Elementen geworden ist. Es stimmt, dass der universelle Geist überall wohnt, aber Er zeigt sich verschieden. An einigen Orten zeigt Er sich stärker, an anderen weniger stark. Wo immer der Geist sich mehr zeigt, dort gibt es auch eine größere Manifestation der göttlichen Kräfte."

Einheit und Verschiedenheit

"Zuerst musst du die Einheit durch die Unterscheidung: ‚Nicht dies, nicht das' erkennen. Nachdem du diesen Erkenntnisstand erreicht hast und zu den Erscheinungen herunterkommst, wirst du entdecken, dass die Vielfalt aus der Einheit gekommen ist und dass dieselbe Einheit das Ziel der Vielfalt ist. Der Unterschied in der Manifestation der Sakti oder Kraft macht die Vielfalt aus. Wenn die Flut der spirituellen Erkenntnis in die Seele strömt, bedeckt der universelle Geist alles wie eine Wasserfläche. Alle Unterschiede verschwinden. Dann kann ein Boot über ein Feld fahren, und der Weg von einem Ort zum anderen führt direkt übers Wasser."

Keshab hörte mit andächtiger Aufmerksamkeit zu. Obwohl das Zimmer überfüllt war, herrsche völlige Stille. Bhagavan sah Keshab an und fragte:

Die Bedeutung von Keshabs Krankheit

"Wie geht es dir? Wie fühlst du dich? Du leidest. Aber deine Krankheit hat eine tiefe Bedeutung. Du bist in diesem Körper durch verschiedene Stufen der spirituellen Entwicklung gegangen. Der Körper leidet jetzt an der Reaktion. Wenn sich die spirituellen Wellen erheben, verschwindet das Körperbewusstsein. Aber das hat am Ende Auswirkungen auf den Körper.

Ich habe beobachtet, wie die Wellen nach einiger Zeit am Ufer aufschlagen, wenn ein großes Dampfschiff im Ganges fährt. Je größer das Schiff, desto stärker die Wellen. Manchmal reißen sie das Ufer nieder. Wenn ein Elefant eine kleine Hütte betritt, wird sie erschüttert und bricht entzwei. Ebenso ist es, wenn der Elefant des spirituellen Ideals den Körper betritt. Er wird erschüttert und zerbricht manchmal.

Weißt du, was geschieht? Wenn in einem Haus Feuer ausbricht, verbrennt es viele Dinge. Ebenso verbrennt das Feuer der göttlichen Weisheit alle Leidenschaften, allen Ärger und andere Feinde und vernichtet am Ende das

Empfinden von ‚ich, mich und mein'. Der Körper ist dann elend und zerbrochen. Du magst glauben, dass damit alles erledigt ist, aber solange es noch das kleinste Anzeichen für die Krankheit gibt, macht Er dich nicht frei. Wenn du dich als Patient ins Krankenhaus hast einweisen lassen, kannst du es nicht mehr verlassen, bis du völlig gesund bist."

Keshab begann zu lächeln. Bhagavan fuhr fort: „Hridai pflegte zu sagen, als er meinen körperlichen Zustand sah: ‚Ich habe nie so viel Spiritualität bei solch einem Körperzustand gesehen!' Aber obwohl mein Körper schwach war, hörte ich nie auf, mit anderen über Gott zu sprechen. Ich erinnere mich, dass ich zu einer gewissen Zeit so dünn wie ein Skelett war. Trotzdem sprach ich weiterhin stundenlang über spirituelle Dinge."

Alles ist Gottes Wille.

Dann vergoss Bhagavan Tränen aus Mitgefühl mit Keshab und sagte: „Es ist Sein Wille. Alles geschieht durch Deinen Willen, oh Herr! Du vollbringst Dein Werk. Die Leute sagen fälschlicherweise: ‚Ich tue.' Der Gärtner legt manchmal die Wurzeln der Rosenbüsche frei, damit der Tau auf sie fallen kann. Manchmal schneidet er einige Wurzeln zurück, damit die Blüten größer werden. Vielleicht bereitet der Herr dich darauf vor, Größeres zu tun. Aber ich bin sehr unglücklich, wenn du krank bist. Als du das letzte Mal krank warst, war ich so besorgt um dich, dass ich nachts weinte und meine Göttliche Mutter um deine Genesung bat. Manchmal sagte ich zu meiner Mutter: 'Wenn Keshab stirbt, mit wem soll ich dann über Gott reden?' Aber diesmal empfinde ich es nicht so."

In diesem Augenblick kam Keshabs alte Mutter zur Tür und fragte Bhagavan: „Wird Keshab wieder gesund werden?"

Bhagavan erwiderte: "Bete zu meiner seligen Göttlichen Mutter. Sie beseitigt allen Schmerz und alles Leid."

(Zu Keshab): „Verbringe nicht so viel Zeit mit deiner Familie und den Kindern. Ihre Gesellschaft zieht dich in die Weltlichkeit. Es wird dir besser gehen, wenn du an Gott denkst und über Ihn sprichst."

Keshabs Mutter sagte: "Bitte segne meinen Keshab."

Ramakrishna: "Welche Macht habe ich? Gott wird ihn segnen. Du tust Dein Werk, oh Göttliche Mutter! Die Leute sagen irrtümlich: ‚Ich tu es.' Bei zwei Gelegenheiten lächelt der Herr: Erstens, wenn Brüder das Familienvermögen teilen und sagen: ‚Das gehört mir und das dir.' Und zweitens, wenn der Arzt eines sterbenden Patienten erklärt: ‚Ich bringe ihn zum Leben zurück.'"

Keshab begann zu husten und konnte nicht länger bleiben. Also verneigte er sich vor Bhagavan, verabschiedete sich von ihm und verließ mit großer Schwierigkeit das Zimmer. Keshabs ältester Sohn war da. Ein Brahmo-Verehrer sagte: „Bhagavan. Leg deine Hand auf seinen Kopf und segne ihn."

Ramakrishna erwiderte: "Es ist nicht meine Aufgabe, jemanden zu segnen." Dann berührte er ihn sanft am Arm und sagte zu dem Brahmo-Verehrer: „Ich kann zu niemandem sagen: ‚Sei geheilt.' Ich habe meine Göttliche Mutter nie um diese Kraft gebeten. Ich bitte sie einfach um reine Liebe und um nichts anderes."

Sri Ramakrishna stand auf, um zu gehen. Keshabs Schüler begleiteten ihn mit großer Ehrerbietung zur Tür, und er verließ mit seinen Schülern das Haus.

KAPITEL VIII: EIN FEST IM GARTENHAUS VON SURENDRA

Surendranath Mitra

I.

Sri Ramakrishna wurde von Surendra, einem seiner geliebten Laienschüler, zu einem Fest in seinem Gartenhaus[79] in Kankurgachi bei Kalkutta eingeladen.

---

[79] [Diese sog. Gartenhäuser sind die Landhäuser reicher Leute, die in einem Garten liegen.]

Diese Feste waren immer Gelegenheiten, dass seine Schüler, Verehrer und Bewunderer zusammenkamen. Es waren wahre Freudenfeste, während derer der heilige Name Gottes zur Begleitung der Mridangas und anderer Musikinstrumente gesungen wurde. Die ganze Zeit über konnte man Bhagavan in bester Stimmung sehen, singend und vor Freude über den Herrn tanzend. Oft war er in diesem seligen Zustand der Ekstase oder Samadhi verloren. Wenn das Singen hingebungsvoller Lieder und die spirituelle Begeisterung, die damit einherging, zu Ende war, führte Bhagavan vor der Gesellschaft eines dieser himmlischen Gespräche zum spirituellen Wohl der Menschheit, die jene, die das seltene Privileg besaßen, ihm zuzuhören, nie vergessen würden.

Ramakrishnas Ekstase

Der erste Teil des Tages war dem Sankirtan (dem Singen des Namens des Herrn) gewidmet. Sie sangen die Lieder, die von der Trennung der Gopis vom Herrn Sri Krishna handelten, der nach Mathura gegangen war. Im Laufe des Singens war Bhagavan immer wieder in Samadhi. Plötzlich stand er auf und sagte: „Oh, meine Freunde, bringt meinen geliebten Krishna zu mir oder nehmt mich zum Ort mit, wo Er ist." Wie es schien war Bhagavans Persönlichkeit in die Radhas, der bedeutendsten Gopi, eingegangen. Er erkannte, dass Er und Radha eins waren. Mit diesen Worten stand er schweigend und bewegungslos da, mit halbgeschlossenen Augen, die sich nicht bewegten, und hatte offensichtlich alles Sinnesbewusstsein verloren. Als er wieder zu sich kam, rief er erneut mit einer Stimme, die denen, die ihm zuhörten, Tränen in die Augen trieb: „Oh mein Freund, tu es mir zuliebe, und ich werde Dein hingebungsvollster Diener sein. Denk daran, dass Du es warst, der mich Liebe zum Geliebten lehrte."

Der Chor sang weiter. In einem Lied sagt Radha: „Oh, ich werde nicht zum Ufer des Jamuna gehen, um Wasser zu schöpfen. Denn wenn ich zum Kadamba-Baum komme, werde ich an meinen Geliebten erinnert." Ramakrishna seufzte und sagte: „Ach!" Als der Chor laut den Namen des Herrn sang, stand Bhagavan wieder auf seinen Füßen und war in Samadhi. Als er sein Sinnesbewusstsein wiedererlangte, konnte er nur unartikuliert „Kitma, Kitma" für „Krishna, Krishna" wiederholen.

Das Sankirtan wurde von Bhagavan beendet, der den Chor das wohlbekannte: „Sieg Radha, Sieg Govinda" singen ließ. Er tanzte mit seinen Schülern, die einen Kreis um ihn herum bildeten.

Die Verrücktheit der Liebe für den Herrn

Das Tanzen und Singen hatten in der Empfangshalle stattgefunden. Bhagavan zog sich in eines der angrenzenden Zimmer im Westen zurück. Er sagte zu einem Schüler über die Gopis: „Wie wundervoll war ihre Hingabe! Wenn sie den Tamal-Baum[80] sahen, wurden sie von der Verrücktheit der Liebe erfasst."

Schüler: "Das war auch bei Chaitanya der Fall. Wenn er den Wald betrachtete, dachte er, dieser Wald sei Vrindavan, der heilige Geburtsort Sri Krishnas!"

Bhagavan: "Oh, wenn jemand das Glück hat, nur einen kleinen Teil dieser ekstatischen Liebe zu besitzen! Welche Hingabe! Welche intensive Liebe! Von dieser Hingabe hatten die Gopis nicht nur das volle Gegenstück (sechzehn Annas), sondern viel mehr als das – fünf Sikas und fünf Annas.[81] Das wird die Verrücktheit der göttlichen Liebe genannt. Die Hauptsache ist, intensive Liebe und aufrichtige, ernsthafte Sehnsucht nach Gott zu haben.

Auf welchem Pfad du auch immer reist, ob du an die Göttlichkeit mit oder ohne Gestalt glaubst, ob du an die Verkörperung Gottes in einer menschlichen Gestalt glaubst oder nicht – wenn du intensive Liebe und aufrichtige Sehnsucht nach Ihm hast, wirst du Ihn sicherlich erlangen. Er allein weiß, wie Er ist. Er wird bewirken, dass du Sein göttliches Wesen erkennst. Warum solltest du verrückt nach den Dingen der Welt sein? Wenn du verrückt sein musst, dann sei nach Gott verrückt. Es gibt eine Verrücktheit nach göttlicher Liebe, eine Verrücktheit von Bhakti oder Ekstase und eine Verrücktheit von Jnana. Radha hatte die Verrücktheit der göttlichen Liebe.

Hanuman zeigte die Verrücktheit wahrer Hingabe. Als Sita von Rama gezwungen wurde, ihre Keuschheit durch die Feuerprobe zu beweisen, wurde Hanuman so verrückt, dass er seinen Herrn Rama, die göttliche Inkarnation,

---

[80] [Der Kadamba- und der Tamal-Baum stehen mit Krishna in Vrindavan in Verbindung.]
[81] [16 Annas sind eine Rupie. Sika bedeutet Münze.]

töten wollte, obwohl er sein Verehrer war. Ich sah einen wahren Jnani, der wie ein Verrückter umherwanderte. Er kam in den Tempelgarten. Er hatte die Einheit des Geistes in jeder lebenden Kreatur so sehr verwirklicht, dass er, wenn er einen Hund sah, der die Reste einer Speise auffraß, ihn bei den Ohren hielt und sagte: ‚Bruder, willst du alles aufessen?' Er nahm dann etwas davon und aß mit dem Hund.'"

Er sagte zu Hridai: „Wenn das heilige Gangeswasser und das Schmutzwasser als dasselbe erscheinen, dann stellt sich die Erkenntnis der göttlichen Einheit ein.

Einmal hatte ich diese Verrücktheit. Ich ging wie ein Verrückter umher, sah überall denselben Geist und erkannte weder hoch noch niedrig an, was die Kasten oder den Glauben betraf. Ich konnte sogar mit einem Paria [einem Ausgestoßenen] essen. Ich hatte die beständige Erkenntnis, dass Brahman die Wahrheit ist und dass die Welt unwirklich ist wie ein Traum. Einmal nahm mich Mathura Babu in einem Boot mit. Die muslimische Besatzung kochte, und ich wollte mit ihnen essen, aber Mathura Babu ließ es nicht zu. In diesem Zustand verneigte ich mich vor jedem und bat ihn, den heiligen Namen des Herrn zu wiederholen. In einem heftigen Sturm wird ein Staubschleier aufgewirbelt, der die verschiedenartigen Bäume verhüllt, sodass alle Bäume gleich aussehen. Ebenso wenig konnte ich im Sturm der spirituellen Schau einen Menschen vom anderen als hoch oder niedrig unterscheiden."

Ein Verehrer: "Bhagavan, wie kann ein Mensch in der Welt leben und diese Verrücktheit erfahren?"

Sri Ramakrishna: "Diese Zustände sind nicht für jene gedacht, die in der Welt leben und die Pflichten der Welt erfüllen, sondern für jene, die innerlich und äußerlich völlig entsagt haben. Äußerliche Entsagung ist nicht für jene gedacht, die in der Welt leben. Sie sollten innere Entsagung oder geistige Anhaftungslosigkeit üben."

(Zu einem Schüler): "Ein Mann brachte eine Flasche Wein. Ich wollte sie berühren, konnte es aber nicht."

Schüler: "Warum nicht, Bhagavan?"

Göttliche Berauschtheit

Ramakrishna: "Wenn man göttliche Seligkeit erlangt hat, wird man von ihr berauscht. Man braucht keinen Wein trinken. Wenn ich die Füße meiner Göttlichen Mutter sehe, fühlte ich mich so berauscht als hätte ich fünf Flaschen Wein getrunken. In diesem Zustand kann man nichts essen und nicht alles essen."

Schüler: "Was das Essen betrifft, sollte man essen, was man erhält."

Das Essen des Bhakta

Ramakrishna: "Das hängt vom spirituellen Zustand ab. Auf dem Weg des Jnana schadet das nichts. Wenn ein Jnana isst, legt er das Essen als Opfergabe ins Feuer der Kundalini. Aber für einen Bhakta ist das anders. Ein Bhakta sollte nur reine Nahrung zu sich nehmen, solche Nahrung, die er ohne Weiteres seinem geliebten Herrn anbieten kann. Tierische Nahrung ist nichts für einen Bhakta. Aber ich muss auch sagen, dass ein Mensch, der Gott liebt und Schweinefleisch isst, gesegnet ist, und ein Mensch, der von Milch und Reis lebt, dessen Geist aber von Lust und Gold in Anspruch genommen wird, ein Schuft ist. Einmal übte ich den Namens Allahs als Mantra, das mir ein muslimischer Lehrer gegeben hatte. Ich wiederholte den Namen mehrere Tage lang und aß ihr Essen."

II.

Bhagavan kam, gefolgt von seinen Schülern, in die Halle zurück und setzte sich. Ein Kissen war für ihn hergerichtet worden, worauf er sich lehnen konnte. Bevor er es berührte, sagte er: „Om tat sat" (Brahman ist die einzige Wirklichkeit.) Das Kissen war natürlich von unheiligen Weltmenschen benutzt worden, und Bhagavan reinigte es.

Es wurde spät, aber kein Abendessen wurde serviert, und Bhagavan wurde etwas ungeduldig wie ein Kind. Der Gastgeber Surendra war ein geliebter Schüler des Herrn. Bhagavan sagte: „Surendras Gesinnung hat sich bewundernswert entwickelt. Er ist sehr großzügig. Jene, die ihn um Hilfe bitten, werden nie enttäuscht. Dann ist er auch sehr unverblümt. Er ist so wagemutig, die Wahrheit zu sagen."

Wahrhaftigkeit

"In diesem Zeitalter ist Wahrhaftigkeit die beste aller asketischen Übungen. Wer wahrhaftig ist, erlangt Gott. Das Fehlen von Wahrhaftigkeit vernichtet alle Tugenden. Deshalb muss ich, auch wenn ich zum Beispiel irrtümlich sage: ‚Ich gehe dorthin. Ich tu das', dorthin gehen, weil ich es gesagt habe. Ich würde meine Wahrhaftigkeit verlieren, wenn ich mein Wort nicht bis auf den Buchstaben halte. Offenheit im Gegensatz zu Heuchelei ist die Frucht von viel Übung in religiöser Entsagung, die man in seinen vorigen Leben ausgeführt hat. In einem bekannten Lied von Tulsi Das[82] heißt es: ‚Gib Heuchelei und Arglist auf.'

Erkennst du nicht, dass jedes Mal, wenn Gott eine menschliche Gestalt angenommen hat, diese große Tugend der Arglosigkeit sichtbar wurde? Nimm Dasaratha, den Vater Ramas, und Nanda Gosh, den Vater Sri Krishnas, als Beispiel. Beide waren frei von Arglist."

(Zu einem jungen Schüler): „Wie die Menschen der Welt hast du eine Stellung angenommen, aber du arbeitest für deine Mutter. Andernfalls würde ich sagen: ‚Schäm dich! Schäm dich! Du solltest nur dem Herrn dienen.'"

(Zu Mani Mullik): „Dieser junge Mann ist offen und bis zu einem bestimmten Grad arglos. Nur in letzter Zeit sagt er manchmal die Unwahrheit. Das ist alles. Gestern hat er gesagt, dass er mich besuchen würde. Aber er ist nicht gekommen."

(Zu Mahendra): „Du hast Bhagavan Das besucht. Mochtest du ihn?"

Mahendra: "Ja, verehrter Herr, ich habe ihn besucht. Der große vishnuitische Weise ist sehr alt geworden. Er lag da, als ich ihn besuchte. Ein Schüler hat ihn gefüttert. Er kann nur hören, wenn man laut mit ihm spricht. Als er deinen Namen gehört hat, sagte er zu mir: ‚Du brauchst nichts zu fürchten. Ramakrishna ist eine göttliche Manifestation. Wenn man seinen Namen verehrt, verehrt man Gott.'"

---

[82] Tulsi Das war ein großer Hindu-Dichter, der von 1544 bis 1624 lebte. Er war ein hingebungsvoller Verehrer Ramas. Seine Hindu-Dichtung Ramayana oder die Geschichte von Rama wie auch seine Sprüche und anderen Verse sind bis heute in jeder Stadt und auf dem Land, wo Hindi gesprochen wird, geläufig. Er wird von den Leuten als Hindu-Heiliger des Vishnuismus betrachtet.

Mahima kam herein, und Bhagavan rief aus: „Dies ist ein unerwarteter Besuch! Wir erwarten in unserem armseligen Fluss höchstens seine Schaluppe, aber hier kommt ein Schiff! Dann ist Regenzeit!"

Das Gespräch wandte sich dem spirituellen Aspekt der Feste zu, und Bhagavan sagte zu Mahima: „Warum werden bei einem Fest die Leute verköstigt? Glaubst du, es ist dasselbe als Gott, der das lebendige Feuer aller Lebewesen ist, ein Opfer darzubringen? Aber schlechte Menschen, die Gott nicht fürchten, die sich des Ehebruchs und der Unzucht schuldig gemacht haben, sollten bei einem Fest auf keinen Fall bewirtet werden. Ihre Sünden sind so groß, dass mehrere Ellen der Erde unterhalb des Ortes, wo sie gegessen haben, verunreinigt sind."

III.

Protap Chunder Mazoomdar[83], ein Mitglied des Brahmo Samaji, kam herein und grüßte Sri Ramakrishna. Bhagavan grüßte ihn in seiner bekannten Bescheidenheit zurück und verneigte sich tief.

Mozoomdar sagte: „Verehrter Herr, ich war kürzlich in Darjeeling."

Sri Ramakrishna: "Aber es scheint dir durch den Wechsel nicht besser zu gehen. Was ist los mit dir?"

Mozoomdar: "Ich habe dasselbe Leiden wie Keshab Chunder Sen."

Der Egoismus entsteht aus der Unwissenheit.

Es wurde über eine bestimmte Marathi-Frau gesprochen. Mozoomdar sagte, sie sei in England gewesen und zum Christentum übergetreten. Er fragte Bhagavan, ob er von der Frau gehört habe. Bhagavan erwiderte: „Nein. Ich schließe aus dem, was ich von dir höre, dass sie eine Person sein muss, die sich einen Namen machen will. Egoismus dieser Art ist nicht gut. Jene, die

---

[83] Protap Chunder Mozoomdar ist in Amerika als Herr Mozoomdar bekannt. Er war ein Mitarbeiter von Keshab Chunder Sen und wurde der Anführer der New Dispensation des Brahmo Samaj. Er nahm 1893 am Parlament der Religionen in Chicago teil und hielt in vielen amerikanischen Hauptstädten Reden. Er ist der Verfasser von "Oriental Christ". 1879 schrieb er seinen gefeierten Artikel über Ramakrishna, der im Theistic Quarterly Review of India veröffentlicht und von Swami Vivekananda in seinem Buch „My Master" aufgenommen wurde.

nach Berühmtheit suchen, sind einer Täuschung erlegen. 'Ich tu dies oder das', dieses Empfinden entsteht aus Unwissenheit. Aber: ‚Oh Herr, Du tust alles', ist wahre Erkenntnis. Gott ist der wirklich Handelnde. Die anderen sind es nur dem Namen nach."

Das Ego eines Kalbs

"Das Kalb sagt: 'Hamma' oder ‚Aham' (ich). Jetzt betrachte die Schwierigkeiten, die verursacht werden, wenn das Selbst ‚ich, ich' sagt. Zunächst wird das Kalb aufs Feld gebracht, wo es an den Pflug gespannt wird. Es muss von morgens bis abends arbeiten, bei Sonne und Regen. Seine Probleme sind damit noch nicht vorbei. Oft wird es vom Metzger geschlachtet. Sein Fleisch wird gegessen. Seine Haut wird zu Leder gegerbt, aus dem Schuhe gemacht werden. Das Leiden des Kalbs ist unermesslich. Aber das ist noch nicht alles. Trommeln werden aus seiner Haut hergestellt, die erbarmungslos geschlagen werden, manchmal mit der Hand und manchmal mit dem Trommelschlägel. Erst wenn aus seinen Eingeweiden Sehnen für die Bögen zum Kämmen der Baumwolle gemacht werden, sind die Schwierigkeiten der armen Kreatur vorbei. Und das ist deshalb so, weil es nicht länger ‚Hamma, Hamma' (ich, ich) sagt, sondern ‚Tuhum Tuhum' (Du, oh Herr, Du, oh Herr!).

So ist es auch, wenn der Jiva (das Ego) sagt: ‚Oh Herr, nicht ich, sondern Du bist der Handelnde und der Vollbringende. Ich bin lediglich ein Werkzeug in Deiner Hand.' Dann wird er frei von allen weltlichen Problemen und erlangt die völlige Freiheit von Geburt und Wiedergeburt in dieser Welt der Sorge und des Leids."

Ein Verehrer: "Wie kann der Jiva vom Egoismus (Ahamkara) frei werden?"

Bhagavan: "Der Egoismus verschwindet nicht, ehe man Gott erkannt hat. Wenn jemand völlig frei vom Egoismus (Ahamkara) geworden ist, dann weißt du, dass diese Person das Göttliche geschaut und erkannt hat."

Verehrer: "Verehrter Herr, was sind die Anzeichen eines Menschen, der Gott geschaut und erkannt hat?"

Die Anzeichen eines Menschen, der Gott erkannt hat

Bhagavan: "Die Anzeichen eines Menschen, der Gott geschaut hat, werden im Bhagavatam folgendermaßen beschrieben: Es gibt vier Anzeichen. Das erste ist, dass er sich wie ein Kind benimmt. Ein wahrhaft weiser Mensch, der den Herrn geschaut hat, wird wie ein Kind. Ein Kind hat kein wirkliches Ego. Es wird von keiner Sitte gebunden. Das Selbst eines Kindes ist nicht wie das Selbst eines Erwachsenen. Das zweite Anzeichen ist, dass einer, der Gott geschaut hat, sich nicht um seinen Körper und seine Kleidung kümmert. Reinheit und Unreinheit sind für ihn dasselbe. Drittens handelt solch einer manchmal wie ein Verrückter. In einem Moment lacht er, dann weint er und im nächsten Augenblick spricht er mit sich selbst. Einmal kleidet er sich wie ein Babu (ein Herr), dann wieder nimmt er sein einziges Gewand unter den Arm und geht völlig nackt umher wie ein Kind. Viertens kann er lange reglos und bewegungslos im Zustand des Samadhi bleiben."

Verehrer: "Verschwindet der Egoismus (Ahamkara) völlig, wenn man Gott geschaut hat?"

Bhagavan: "Manchmal wischt der Herr den letzten Fleck des Egoismus aus, wie im Zustand von Samadhi. Manchmal lässt Er eine schwache Spur davon bestehen, aber sie ist harmlos. Sie ist wie der Egoismus eines unschuldigen Kindes, das nicht weiß, wie man einen anderen verletzt. Das Stahlschwert wird durch die Berührung des Steins des Philosophen zu Gold. Es behält seine Gestalt, verletzt aber niemanden."

Bhagavan zu Mozoomdar: "Du warst in England und Amerika. Erzähle mir, was du dort gesehen hast."

Mozoomdar: "Herr, die Leute in England verehren vor allem, was Du Kanchan (Gold) nennst, aber es gibt einige gute Männer und Frauen, die nicht so sehr an der Weltlichkeit hängen. Allgemein gesprochen sieht man überall nichts anderes als weltliche Geschäftigkeit (Rajas)."

Anhaftung an die Arbeit

Bhagavan: "Ich habe dasselbe gesehen. Warum nur in England und Amerika? Anhaftung an die Arbeit ist in jedem Land zu finden. Das weltliche Tun ist das erste Kapitel des Lebens. Solange die Rajas-Eigenschaft [Eigenschaft der Aktivität] vorherrscht, nimmt die Anhaftung an die Arbeit zu.

Man sorgt mehr für sein eigenes, weltliches Wohl – Reichtümer, Ehre und Berühmtheit. Das führt allmählich zur Unwissenheit, die einen Gott, die Wirklichkeit des Universums, vergessen lässt. Gott kann nicht erkannt werden, solange die sattvischen Eigenschaften wie Hingabe, rechte Unterscheidung, Leidenschaftslosigkeit und Mitgefühl mit allen nicht vorherrschen. Alle Anhaftung an Lust und Gold kommt von den Rajas- und Tamas-Eigenschaften, aber man kann der Arbeit nicht völlig entsagen. Von der Natur (Prakriti) angetrieben stürzt du dich in die Arbeit, auch wenn du es nicht willst. Deshalb sage ich, dass du ohne Anhaftung arbeiten sollst, in anderen Worten: du sollst arbeiten, ohne die Früchte zu suchen.

Bei einer großen religiösen Zeremonie geben wir den Armen Almosen, verrichten verschiedene wohltätige Werke und glauben, dass wir völlig vom Ergebnis solcher Arbeit unberührt sind. Aber am Ende entdecken wir, dass sich der Wunsch nach Name und Berühmtheit ins Herz gestohlen hat, wir wissen nicht wie. Nur derjenige, der Gott geschaut und erkannt hat, kann völlig unberührt von der Arbeit und ihrem Ergebnis sein."

Ein Verehrer: "Was ist der Weg für jene, die Gott nicht erkannt haben? Müssen sie alle Arbeit und weltliche Aktivität aufgeben?"

Der Weg der Hingabe

Ramakrishna: "In diesem Zeitalter (Kali-Yuga) ist der Weg der Hingabe und Liebe (Bhakti-Yoga) für alle leicht. Die Übung von Naradas Bhakti ist für dieses Zeitalter gut geeignet. Man sollte den heiligen Namen des Herrn wiederholen, Sein Lob singen und mit ernstem und aufrichtigem Herzen zu Ihm beten: ‚Oh Herr, gewähre mir Deine göttliche Weisheit, Deine göttliche Liebe. Öffne meine Augen, und lass mich Dich erkennen.‘

Wenn Karma Yoga so schwer zu üben ist, sollte man zum Herrn auf diese Weise beten: ‚Oh Herr, verringere unser Karma zu einem Minimum, und lass uns durch Deine Gnade die wenige Arbeit, die wir täglich verrichten, ohne Anhaftung erledigen! Lass unser Verlangen nach Arbeit nicht zunehmen und uns an die Weltlichkeit binden.‘"

Ist Arbeit das Ziel des Lebens?

Verehrer: "Die Leute im Westen (in England und Amerika) sagen immer: ‚Arbeit, Arbeit, Arbeit.' Ist nicht Arbeit (Karma) das Ziel und der Zweck des Lebens?"

Ramakrishna: "Das Ziel und der Zweck des Lebens ist, Gott zu erlangen. Arbeit (Karma) ist nichts weiter als das erste Kapitel des Lebens. Wie kann es sein Ziel und sein Zweck sein? Aber Arbeit, ohne das Ergebnis zu begehren, ist ein Mittel, nicht das Ziel.

Keiner kann jedoch Arbeit (Karma) vermeiden. Jede geistige Handlung ist Karma. ‚Ich denke', ‚ich meditiere', 'ich fühle', all das ist Karma. Je mehr man wahre Hingabe erlangt, desto geringer wird für einen die weltliche Arbeit. Die Freuden der Welt befriedigen solch eine Seele nicht. Sie verlieren ihren Reiz. Wie kann jemand, der Limonade aus reinem Kristallzucker gekostet hat, mit dem Geschmack eines Getränks aus Melasse oder Sirup zufrieden sein?

Einmal sagte ein Karma Yogi (Sambhu) zu mir: ‚Möge dein Segen bewirken, dass ich meinen Wohlstand für das Erbauen von Krankenhäusern und Apotheken verwende, für den Bau von Straßen und Brunnen für Reisende, für die Errichtung von Schulen, Colleges und für andere guten Werke.' Daraufhin erwiderte ich: ‚Sambhu, all diese Arbeiten sind gut, wenn sie ohne Anhaftung ausgeübt werden. Aber das ist sehr schwierig. In jedem Fall solltest du immer daran denken, dass das Ziel und der Zweck deiner menschlichen Existenz die Erlangung Gottes ist und nicht Krankenhäuser und Apotheken.'"

Erlangung der Gottesschau

„Nimm einmal an, der Herr erscheint dir und bietet gnädig an, deine Wünsche zu erfüllen. Wirst du dann um Apotheken und Krankenhäuser, Wasserspeicher, Brunnen und Straßen beten, oder wirst du sagen: ‚Oh Herr, gewähre mir, dass ich reine Liebe für Dich habe und unerschütterliche Hingabe zu Deinen Füßen, dass ich immer Deine Gegenwart spüre und Dich unter allen Umständen erkenne'?

Krankenhäuser, Apotheken und all diese Dinge sind vergänglich. Gott allein ist die Wirklichkeit. Alles andere ist unwirklich. Wenn wir einmal von Angesicht zu Angesicht die göttliche Schau gehabt haben, scheinen sie uns nicht mehr zu sein als Träume. Dann beten wir um mehr Licht, mehr Weisheit, mehr göttliche Liebe, die Liebe, die einen Menschen zu Gott erhebt, die Liebe, die uns erkennen lässt, dass wir wirklich Söhne des höchsten Seins sind, von dem alles, was gesagt werden kann, ist, dass Er existiert, das Er Erkenntnis im höchsten Sinn ist und dass Er die ewige Quelle der Liebe und Seligkeit ist.

Wenn man die Gottesschau erlangt, spürt man, dass Gott allein der wirklich Handelnde im Universum, der Täter aller Dinge ist und dass wir nichts tun können. Wenn Gott alles tut, warum sollten wir uns dann im Netz der weltlichen Arbeiten verstricken, anstatt Ihn zu erkennen? Erkenne zuerst Gott, dann können viele Krankenhäuser und Apotheken gegründet werden, wenn Er es will. Deshalb sage ich, verliere nie das Ziel des Lebens aus dem Blick, das ich dir gezeigt habe, sondern gehe weiter, indem du Hingabe und Liebe übst. Wenn du weit genug vorangekommen bist, dann wirst du wissen, dass Gott allein die Wirklichkeit ist, dass alle Dinge der Welt unwirklich sind und dass das höchste Ziel und der höchste Zweck des Lebens die Erlangung Gottes ist."

Das Gleichnis vom Holzfäller

„Es gab einen Holzfäller, der mit den geringen Mitteln, die er erwarb, indem er täglich eine Ladung Holz aus dem benachbarten Wald verkaufte, ein recht elendes Leben führte. Einmal kam ein Sannyasin des Wegs, sah ihn bei der Arbeit und wies ihn an, weiter in den Wald hineinzugehen: ‚Geh weiter, mein Kind, geh weiter!' Der Holzfäller gehorchte der Aufforderung und ging weiter, bis er zu einem Sandelholzbaum kam. Hocherfreut nahm er so viele Sandelholzscheite mit, wie er tragen konnte, verkaufte sie auf dem Markt und machte einen großen Gewinn.

Dann begann er sich zu fragen, warum der gute Sannyasin ihm nichts von dem Holz des Sandelholzbaumes erzählt hatte, sondern ihm nur geraten hatte weiterzugehen. Deshalb ging er am nächsten Tag weiter als zum Ort, wo der Sandelholzbaum stand, bis er auf eine Kupfermine stieß. Er nahm so viel Kupfer mit, wie er tragen konnte, verkaufte es auf dem Markt und erhielt noch mehr Geld dafür.

Am nächsten Tag ging er noch weiter, ohne bei der Kupfermine Halt zu machen, wie der Sadhu es ihm geraten hatte, und er stieß auf eine Silbermine. Er nahm so viel mit, wie er tragen konnte, verkaufte es und erhielt noch mehr Geld. So ging er jeden Tag immer weiter. Er fand Goldminen und Diamantenminen und wurde schließlich sehr reich.

So ist es auch mit dem Menschen, der nach wahrer Erkenntnis strebt. Wenn er nicht stehen bleibt, nachdem er einige außergewöhnliche, übernatürliche Kräfte erlangt hat, wird er schließlich wirklich reich an ewiger Erkenntnis der Wahrheit. Also geht weiter, meine Kinder, und verliert euer Ideal nie aus den Augen! Geht voran und bleibt niemals stehen, bis ihr das Ziel erreicht habt. Wenn ihr auf einer bestimmten Stufe angekommen seid, glaubt nicht, dass ihr das Ziel eurer Reise erreicht habt. Arbeit ist nur der erste Abschnitt der Reise. Denkt daran, dass ohne Anhaftung zu arbeiten äußerst schwierig ist und dass deshalb Bhakti Yoga, der Weg der Liebe, für dieses Zeitalter besser passt und dass Arbeit, auch wenn sie anhaftungslos getan wird, nicht das Ziel eures Lebens ist, sondern nur ein Mittel zum Zweck. Also geht weiter und bleibt nie stehen, bis ihr das große Ideal eures Lebens, die Erkenntnis Gottes, erreicht habt."

Vorträge von Predigern

„Über die Vorträge der Mitglieder von religiösen Organisationen wie dem Brahmo Samaj und Harisabha[84] sagte Bhagavan: „Man kann einen Mann durch seine Vorträge einschätzen. Ein Gelehrter hielt als Lehrer (Acharya) eines bestimmten Harisabha einen Vortrag. In seiner Predigt sagte er: ‚Der Herr hat kein Rasa (Lieblichkeit). Wir wollen Ihn lieblich machen, indem wir Ihm unsere Liebe und Hingabe geben.'"

Die Geschichte vom Jungen und dem Kuhstall

"Das erinnert mich an eine Geschichte. Ein Junge versuchte, seine Freunde davon zu überzeugen, dass sein Onkel viele Pferde besaß. Er sagte, er hätte einen ganzen Kuhstall voller Pferde. Natürlich kann jede intelligente Person

---

[84] Harisabha ist eine orthodoxe Hindu-Gesellschaft.

sofort erkennen, dass ein Kuhstall nicht dasselbe wie ein Pferdestall ist und dass Pferde nie in einem Kuhstall gehalten werden. Was denken die Leute, wenn sie solch absurde Behauptungen hören? Sie lachen und kommen zum Schluss, dass der Onkel überhaupt keine Pferde besitzt. Seht, wie absurd es ist zu sagen, dass Gott keine Lieblichkeit besitzt, Gott, der die Quelle aller Lieblichkeit und Zärtlichkeit ist!"

Dann wandte sich Bhagavan Mozoomdar zu und sagte: „Du bist ein gebildeter und intelligenter Mann. Du bist ein tiefer Denker. Keshab und du seid wie die Brüder Gour (Chaitanya) und Netai.[85] Du hast genug von dieser Welt gehabt – genug Vorträge, Debatten, Spaltungen und alles Übrige. Kümmerst du dich noch darum? Jetzt ist es für dich höchste Zeit, deinen zerstreuten Geist zu sammeln und ihn auf Gott zu richten. Tauche in das Meer der Göttlichkeit ein."

Mozoomdar: "Ja, verehrter Herr, das sollte ich tun. Darüber besteht kein Zweifel. Aber ich tu das alles nur, um Keshabs Name und Ruf zu schützen."

Die Geschichte von einem Mann und seiner Hütte

Ramakrishna (lächelnd): "Du glaubst, dass du das alles für Keshab tust, wie du sagst, aber nach einer Weile wird sich diese Vorstellung wandeln, und du wirst anders denken. Lass mich dir eine Geschichte erzählen.

Ein Mann baute auf dem Gipfel eines Berges eine Hütte. Sie kostete ihn harte Arbeit und viel Geld. Nach einigen Tagen kam ein Wirbelsturm auf, und die Hütte begann hin- und herzuschwanken. Er wollte sie unbedingt retten. Deshalb bat er den Windgott: ‚Herr, ich flehe Dich an, zerstöre diese Hütte nicht.' Aber der Windgott erhörte ihn nicht. Er betete erneut, aber die Hütte schwankte weiterhin. Dann erdachte er sich einen Plan, um sie zu retten. Er erinnerte sich, dass in der Mythologie Hanuman der Sohn des Windgottes ist. Sogleich rief er: 'Herr, ich flehe Dich an, verschone diese Hütte, denn sie gehört Deinem Sohn Hanuman.' Aber der Windgott erhörte ihn nicht. Dann sagte er: 'Herr, ich flehe Dich an, verschone diese Hütte, denn

---

[85] Gour ist die Abkürzung von Gouranga, ein weiterer Name für Chaitanya. Netai ist die Abkürzung von Nityananda, dem mächtigsten Prediger unter den Nachfolgern Chaitanyas. Er wird von den Vishnuiten dieser Richtung als spiritueller Bruder Gourangas betrachtet.

sie gehört Hanumans Herrn Rama.' Der Windgott erhörte ihn immer noch nicht. Als die Hütte dabei war umzukippen, rannte der Mann hinaus, um sein Leben zu retten, und begann zu schimpfen: ,Soll sie doch zerstört werden! Was bedeutet mir das schon!'

Du willst jetzt Keshabs Namen schützen, aber tröste dich mit dem Gedanken, dass es trotz allem Gottes Willen zu verdanken ist, dass die religiöse Bewegung, die mit seinem Namen verbunden ist, errichtet wurde und dass es auch demselben göttlichen Willen entspricht, wenn die Bewegung ausgedient hat. Tauche deshalb tief ins Meer ein."

Und Bhagavan sang:

1. Tauche tief, tauche tief, tauche tief, oh mein Geist, in das Meer der Schönheit.
Suche in den unteren Regionen, die noch tiefer sind und unter dem Meeresgrund liegen, und du wirst gewiss das Juwel von Prema (die intensive Liebe für Gott) finden.

2. In deinem Herzen ist Vrindavan (die Wohnstatt des Gottes der Liebe).
Suche, suche, suche. Wenn du suchst, wirst du es finden. Dann soll im Herzen brennen, brennen, brennen unaufhörlich die Lampe der Weisheit.

3. Wer ist es, der das Boot an Land, an Land, an Land steuert?
Kuvir sagt: ,Höre, höre, höre. Meditiere über die Lotusfüße des Gurus.'

„Hörst du das Lied? Du bist mit deinen Vorträgen, Streitigkeiten und Kämpfen an ein Ende gekommen. Jetzt tauche in diesen Ozean. In diesem Meer gibt es keine Todesfurcht. Es ist das Meer der Unsterblichkeit. Fürchte nicht, dass du das Gleichgewicht verlierst, wenn du über Gott meditierst. Ich habe einmal zu Narendra (Vivekananda) gesagt …"

Mozoomdar (ihn unterbrechend): "Wer ist Narendra?"

Gott, das Meer der Unsterblichkeit

Bhagavan: "Oh, es gibt einen jungen Mann, der so heißt. Gut, ich sagte zu Narendra: ‚Gott ist wie ein Meer von unsterblich machendem Sirup. Würdest du nicht tief in dieses Meer eintauchen? Mein Junge, nimm einmal an, da ist ein Becken, das Sirup aus Zucker enthält, und du bist eine Fliege, die unbedingt den süßen Saft trinken will. Wo würdest du dich hinsetzen und trinken?' Narendra antwortete: ‚Natürlich an den Beckenrand. Wenn ich mich vom Rand entferne, könnte ich untergehen und mein Leben verlieren.' Darauf sagte ich zu ihm: 'Mein Junge, im Meer der Göttlichkeit gibt es keine Angst dieser Art. Weißt du nicht, dass es das Meer der Unsterblichkeit ist? Wer immer in dieses Meer eintaucht, stirbt nicht, sondern erlangt ewiges Leben.' Wer nach Gott verrückt ist, kann nie das Gleichgewicht verlieren oder krank werden.'"

Arbeit ohne Hingabe

(Zu den Bhaktas): "Arbeit ohne Hingabe (Bhakti) an Gott hat in diesem Zeitalter keine Grundlage. Entwickle zuerst Hingabe (Bhakti). Alles andere – Schulen, Apotheken und wohltätige Arbeit können dann hinzugefügt werden, wenn du es willst. Zuerst Hingabe, dann Arbeit. Arbeit ohne Hingabe oder Liebe für Gott ist schwierig und kann nicht bestehen."

Mozoomdar fragte nach den Schülern. Er wollte wissen, ob jene, die zu Bhagavan gekommen sind, täglich im Geist gesunden würden.

Das Ideal der Amme

Bhagavan sagte: "Ich gebe ihnen das Vorbild einer Amme, um sie zu lehren, wie sie in dieser Welt leben sollen. Die Magd sagt über das Haus ihres Meisters: ‚Dies ist unser Haus.' Aber sie weiß die ganze Zeit, dass ihr Zuhause, an das sie immerzu denkt, weit weg in einem entfernten Dorf ist. Sie sagt über das Kind des Meisters in ihrem Arm: ‚Mein Hari ist sehr böse' oder ‚Mein Hari mag dies oder das essen' usw. Aber sie weiß die ganze Zeit, dass Hari nicht ihr eigenes Kind ist. Ich erzähle das jenen, die zu mir kommen, um ein Leben ohne Anhaftung wie diese Magd zu führen. Ich sage ihnen, sie sollen ohne Anhaftung an diese Welt leben, in der Welt, aber nicht von der Welt sein und zugleich ihren Geist auf Gott richten, auf die himmlische

Heimat, woher alle kommen. Ich sage ihnen, sie sollen um Liebe zu Gott (Bhakti) bitten, die ihnen helfen wird, so zu leben."

Der Agnostizismus in Europa und Amerika

Nach einer Weile wandte sich das Gespräch dem Agnostizismus in Europa und Amerika zu, und Mozoomdar sagte: „Was die Leute im Westen auch immer vorgeben zu sein, keiner von ihnen ist meiner Meinung nach ein Atheist aus Überzeugung. Die europäischen Denker erkennen alle eine unbekannte Kraft an, die hinter dem Weltall steht."

Bhagavan: "Wie können sie Atheisten sein, wenn sie an die Sakti, die ewige Energie glauben?"

Mozoomdar: "Sie erkennen auch die moralische Herrschaft des Universums an."

Als Mozoomdar aufstand, um zu gehen, sagte Bhagavan zu ihm: „Was soll ich sagen? Es ist besser, wenn du nichts mehr mit diesen Dingen zu tun hast – Spaltung, Streit usw. Alle Streitigkeiten und Dispute kommen vom Egoismus und der Anhaftung an die Welt. Sie halten die Menschen von Gott ab. Gib deshalb jede irdische Anhaftung auf und richte deinen Geist auf den Allmächtigen."

V.

Mozoomdar verabschiedete sich von Bhagavan. Nachdem er gegangen war, fragte ein Verehrer: „Verehrter Herr, du hast Vidyasagara besucht. Was denkst du von ihm?"

Ramakrishna: "Vidyasagara ist ein großer Gelehrter. Er ist freundlich und großzügig, aber er besitzt kein spirituelles Bewusstsein. In ihm ist Gold. Wenn er sich dessen bewusst gewesen wäre, hätte er nicht so viel seiner Zeit äußerer Arbeit widmen können. Irgendwann wäre seine Arbeit beendet gewesen. Wenn er gewusst hätte, dass Gott in seinem Herzen wohnt, hätte sein Geist sich darauf gerichtet, an Ihn zu denken und über Ihn zu meditieren.

Manche Leute müssen lange Zeit Arbeit ohne Anhaftung tun, bevor sich wahre Anhaftungslosigkeit für die Welt einstellt. Dann strömt der Geist Gott entgegen und geht in Ihm unter. Alle Arbeit, die Vidyasagara für andere verrichtet hat, war sehr gut und hilfreich."

Mitgefühl und Anhaftung

„Es ist auch gut, freundlich und mitleidsvoll zu sein. Aber es gibt einen Unterschied zwischen Mitgefühl und Anhaftung. Mitgefühl ist gut, aber Anhaftung nicht. Anhaftung ist die Liebe für Frau, Kinder, Bruder, Schwester, Vater, Mutter und andere Verwandte, während wahres Mitgefühl gleiche Liebe für alle Lebewesen ist."

Mahendra: "Ist Mitgefühl auch Bindung?"

Sattva, Rajas und Tamas

Ramakrishna: "Diese Frage betrifft nicht gewöhnlich Sterbliche. Mitgefühl ist das Ergebnis der sattvischen Eigenschaft. Die sattvische Eigenschaft ist beschützend, die rajastische Eigenschaft ist kreativ, und Tamas ist destruktiv. Aber Brahman, das Absolute, ist jenseits dieser drei Eigenschaften Sattva, Rajas und Tamas. Es ist auch jenseits von Prakriti oder der Natur. Keine Eigenschaft der Natur kann die vollkommene Wirklichkeit erreichen. Wie ein Dieb nicht zur genauen Stelle gehen kann, wo der Schatz verborgen ist, weil er sich fürchtet, gefasst zu werden, so sind Sattva, Rajas und Tamas wie Diebe und können nicht in den Bereich eindringen, wo sich der Schatz des Absoluten befindet."

Das Gleichnis von den drei Räubern

„Ein Mann ging durch den Wald. Unterwegs wurde er von einer Bande von drei Dieben gefangen. Sie nahmen ihm alles weg, was er besaß. Dann meinte der erste Räuber: ‚Wozu sollten wir diesen Mann am Leben lassen?‘ Er zog sein Schwert und wollte ihn töten, als der zweite Räuber ihn daran hinderte und sagte: ‚Was nützt es, wenn wir ihn töten? Fessle ihn an Händen und Füßen und wirf ihn an den Straßenrand.‘ Also fesselten sie seine Hände und Füße, ließen ihn am Straßenrand liegen und gingen.

Nachdem sie eine Weile gegangen waren, kehrte der dritte Räuber zurück und fragte: ‚Bist du verletzt? Komm, ich werde dich losbinden und freilassen.‘ Als er die Stricke beseitigt hatte, sagte er: ‚Jetzt komm mit mir. Ich werde dir die Straße zeigen.' Nachdem sie eine weite Strecke gegangen waren, fanden sie die Straße. Der Räuber sage: ‚Sieh, dort ist dein Zuhause. Folge der Straße, und du wirst bald daheim sein.' Der Mann dankte ihm und erwiderte: ‚Herr, du hast mir einen großen Dienst erwiesen. Ich bin dir sehr dankbar. Willst du nicht mit zu mir nach Hause kommen?' Der Dieb antwortete: ‚Nein, ich kann nicht. Der Wächter würde mir auf die Schliche kommen.'

Die drei Gunas [Eigenschaften] der Natur

„Diese Welt ist die Wildnis. Die drei Räuber sind die drei Gunas [Eigenschaften] der Natur – Sattva, Rajas und Tamas. Jiva oder die individuelle Seele ist der Reisende. Die Selbsterkenntnis ist sein Schatz. Die Eigenschaft von Tamas versucht, den Jiva zu zerstören. Die Eigenschaft von Rajas bindet ihn mit den Fesseln der Welt, aber die Eigenschaft von Sattva beschützt ihn vor den Handlungen von Rajas und Tamas.

Indem der Jiva Zuflucht zur sattvischen Eigenschaft nimmt, wird er frei von Lust und Ärger, die die Auswirkungen von Tamas sind. Die sattvische Eigenschaft befreit den Jiva oder die individuelle Seele von der Bindung an die Welt. Aber sie ist auch ein Räuber. Sie kann keine göttliche Weisheit oder Erkenntnis des Absoluten geben. Doch sie führt den Jiva auf den Weg zur höchsten Wohnstatt und sagt dann: ‚Sieh, dort ist dein Zuhause!' Dann verschwindet sie. Selbst die sattvische Eigenschaft kann sich nicht der Wohnstatt des Absoluten nähern."

Über das Absolute kann nichts gesagt werden.

„Was das Absolute ist, kann keiner sagen. Wer das Absolute erlangt hat, kann nichts darüber sagen."

Das Gleichnis von den vier Reisenden

„Vier Reisende entdeckten einen Ort, der von einer hohen Mauer umgeben war, ohne dass es irgendwo eine Öffnung gab. Sie wollten unbedingt nachsehen, was sich darin befand. Also stieg einer von ihnen auf die Mauer. Als er hineinschaute, rief er voller Begeisterung und Freude: 'Ha, ha, ha!', und sprang hinein, ohne seinen Mitreisenden eine Information zu geben. Die anderen folgten ihm. Wer immer auf die Mauer klettert, springt mit großer Freude hinein und kommt nie zurück, um mitzuteilen, was er gefunden hat.

So ist es mit dem Bereich des Absoluten. Die großen Seelen, die das Absolute erkannt haben, sind nicht zurückgekommen, weil man, nachdem man die höchste Erkenntnis Brahmans erlangt hat, das ‚Ich'-Empfinden völlig verliert. Der Geist hört auf, aktiv zu sein, und alles Sinnesbewusstsein verschwindet. Dieser Zustand wird Brahma-Jnana oder göttliche Weisheit genannt."

Ein Verehrer: "Verehrter Herr, hat nicht die vollkommene Seele Sukadeva Brahma-Jnana, die Erkenntnis des Absoluten, erlangt?"

Ramakrishna: "Manche sagen, dass Sukadeva das Meer des absoluten Brahman sah und sein Wasser berührte, aber nicht ins Wasser hineinging. Deshalb konnte er zurückkommen und die Menschheit belehren. Andere glauben, dass er das absolute Brahman erlangt hat und dann zurückgekehrt ist, um der Menschheit zu helfen."

Verehrer: "Gibt es noch verschiedene Glaubensrichtungen, nachdem man das Absolute erlangt hat (Brahma-Jnana)?"

Glaubensrichtungen und Brahma-Jnana

Ramakrishna: "Ich habe mit Keshab Sen über dieses Brahma-Jnana gesprochen. Keshab bat mich, mehr über das Absolute zu sagen. Ich erwiderte: 'Wenn ich mehr sage, wird deine Glaubensrichtung und dein Glaube verschwinden.' Keshab antwortete: ‚Dann möchte ich nicht mehr davon hören, verehrter Herr.' Trotzdem sagte ich zu Keshab: ‚Ich, mich, mein" ist Unwissenheit. „Ich bin der Handelnde", „Ich bin der Täter", „Dies ist meine Frau, dies sind meine Kinder, dies ist mein Besitz, mein Reichtum, meine Berühmtheit", all das entsteht aus Unwissenheit.' Keshab erwiderte: ‚Verehrter Herr, nichts bleibt übrig, wenn das "Ich"-Empfinden aufgegeben wird.'"

Das unreife und das reife „Ich"

„Ich antwortete: 'Keshab, ich bitte dich nicht, das ganze „Ich"-Empfinden aufzugeben, aber lass das unreife „Ich": „Ich bin der Handelnde", „meine Frau, meine Kinder, ich bin ein Lehrer" außen vor. Gib dieses „Ich"-

Empfinden auf und behalte das reife „Ich": „Ich bin Sein Diener, ich bin Sein Verehrer", „Ich bin nicht der Handelnde, sondern Er."‘‘

Verehrer: "Kann das reife ‘Ich‘ eine Glaubensrichtung gründen?"

Keshab und seine Schüler

Ramakrishna: "Ich sagte zu Keshab: „„Ich bin der Führer einer Glaubensrichtung. Ich habe eine Glaubensrichtung gegründet. Ich lehre andere", all das kommt vom unreifen "Ich"-Empfinden.‘ Deshalb habe ich Keshab gebeten, dieses ‚Ich‘ aufzugeben. Ich habe auch zu ihm gesagt: ‚Du sprichst von deiner Glaubensrichtung. Viele Mitglieder sind ausgetreten.‘ Keshab antwortete: ‘Verehrter Herr, nachdem sie drei Jahre unter meiner Leitung standen, sind sie jetzt einer anderen Glaubensrichtung beigetreten. Als sie ausgetreten sind, haben sie mich kritisiert und verleumdet.‘ Ich sagte zu ihm: ‚Du verstehst nicht das innere Wesen deiner Schüler. Du musst ihre vorherrschenden Charakterzüge untersuchen und darfst nicht wahllos Schüler annehmen.‘‘‘

Ram Babu[86]: "Bhagavan, ich kann nicht erkennen, was durch die New Dispensation von Keshab Sen Gutes entstanden ist. Wenn Keshab selbst Gott erkannt hätte, dann wäre der Zustand seiner Schüler und Nachfolger anders gewesen. Meiner Meinung nach besitzt er keine Erkenntnis."

Sri Ramakrishna: "Oh doch, er muss einige Erkenntnis besitzen. Warum sollten sonst so viele Leute ihn ehren und respektieren? Warum ehren und respektieren sie nicht ebenso die Anführer anderer Zweige des Brahmo Samaj? Ohne den göttlichen Willen kann keiner solchen Respekt von den Massen verlangen."

Ein spiritueller Führer muss der Welt entsagen.

"Ein Mensch kann kein wahrer spiritueller Führer werden, solange er nicht völlige Entsagung übt. Ohne das werden die Leute ihm nicht vertrauen. Sie werden sagen: ‚Dieser Mann ist weltlich. Er selbst genießt die Freuden des Fleisches und Wohlstand, doch uns sagt er, dass Gott die Wahrheit ist,

---

[86] Ram Babu war ein hingebungsvoller Laienschüler von Sri Ramakrishna. Er war Wissenschaftler und lehrte Chemie am Medical College von Kalkutta. Er war ein guter Redner und Autor.

während die Welt unwirklich wie ein Traum ist.' Die Welt wird seine Lehre nicht annehmen, wenn er nicht allem entsagt hat. Einige wenige Leute mögen auf ihn hören und ihm nachfolgen. Keshab Sen war in der Welt und dachte an weltliche Dinge. Er versuchte, seine Familie zu unterstützen, indem er Vorträge hielt und seine Tochter mit einem Prinzen verheiratete, um damit seine weltlichen Beziehungen und seine soziale Position zu schützen."

Warum Gott nicht gesehen werden kann

„Einmal fragte mich Keshab: 'Warum kann ich Gott nicht sehen?' Ich antwortete: 'Weil du damit beschäftigt bist, mit Bildung usw. die Ehre und den Respekt der Leute zu suchen. Solange das Kind im Spiel mit seiner Puppe versunken ist, kommt die Mutter nicht. Aber wenn das Kind die Puppe fortwirft und nach seiner Mutter schreit, kann die Mutter nicht fortbleiben. Du glaubst, ein Führer zu sein, aber die Göttliche Mutter denkt: „Mein Kind glaubt, dass es ein Führer geworden ist, und ist glücklich. Soll es sich an seinem Glauben freuen."'"

Das Absolute und die Göttliche Mutter

„Ich habe ihm auch gesagt, er solle an die Göttliche Mutter glauben, dass das Absolute und die Göttliche Mutter eins sind. Die Göttliche Mutter ist ewige Energie. Sie sind nicht voneinander zu trennen. Sie erscheinen so lange getrennt, als wir uns des Körpers bewusst sind und versuchen, sie in Worten zu beschreiben.

Allmählich glaubte Keshab an die Göttliche Mutter. Einmal besuchte er mich mit seinen Schülern. Ich bat ihn, einen Vortrag zu halten. Also hielt er einen Vortrag, und danach führte ich ein langes Gespräch mit ihm."

Gott, Seine Verehrer und Sein Wort sind eins.

„Ich sagte: 'Der persönliche Gott zeigt sich in der einen Gestalt als Sein Verehrer und in der anderen Gestalt als Sein Wort.' Ich sagte weiter zu ihm: ‚Du lebst im Bereich der Maya (Weltlichkeit). Diese Maya lässt keinen Gott erkennen. Sie hält alle in Unwissenheit.'"

Die täuschende Kraft von Maya

„Wie wundervoll ist ihre Kraft! Sie umschlingt sogar eine göttliche Inkarnation und bewirkt, dass sie an Hunger, Durst, Sorge und Not leidet wie ein gewöhnlicher Sterblicher. Siehst du nicht, wie Rama, die göttliche Inkarnation, um Sitas willen litt? Wie Er in seiner großen Sorge bitterlich weinte, als Sita entführt wurde?"

Vishnu als Eber

„In der Hindu-Mythologie gibt es die Geschichte, dass Vishnu sich als Eber inkarnierte, um die Dämonen zu vernichten. Aber nachdem Er die Dämonen vernichtet hatte, wollte Er nicht in Seinen Himmel zurückkehren. Er wollte als Eber weiterleben. Er hatte einige Frischlinge und war glücklich mit ihnen. Die Devas [Götter] im Himmel dachten: ‚Warum kommt unser Herr nicht zurück? Was ist geschehen?' Dann gingen sie zu Shiva und baten Ihn, Vishnu zur Rückkehr in Seinen Himmel zu bewegen. Shiva kam und flehte Ihn an, aber Er kümmerte sich um seinen Nachwuchs und schenkte Ihm keine Beachtung. Da riss Shiva Seinen Körper mit Seinem Dreizack auf und befreite Ihn aus Seiner Selbsttäuschung. Vishnu lachte und kehrte in Seine himmlische Wohnstatt zurück. Solcherart ist die Kraft der Maya! Ihren Bereich zu überschreiten und sich über die Gunas (Eigenschaften) zu erheben, ist äußerst schwierig. Wer Gott erlangt hat, hat Maya mit ihren Eigenschaften überwunden."

KAPITEL IX: DER BESUCH BEI EINEM HINDU-GELEHRTEN UND PREDIGER

I.

Es war der Tag des großen Wagen-Festes in Jagannath. Die Straßen von Kalkutta waren voller Leute. Jungen und Mädchen spielten auf den Wegen und vergnügten sich, indem sie in Hörner und Pfeifen aus Palmblättern bliesen. Ein leichter Regen fiel, und die Straßen waren nass und matschig.

Das Abesha von Ramakrishna

Gegen vier Uhr nachmittags kam Bhagavan aus Ishans[87] Haus und stieg in einen Wagen, der vor der Tür auf ihn wartete. Kaum hatte er sich hingesetzt, verlor er das Sinnesbewusstsein und ging in diesen Zustand reinen Gottesbewusstseins ein, das er oft als sein Abesha bezeichnete. Die Schüler folgten ihrem göttlichen Meister zu Fuß, da sie bei dem denkwürdigen Treffen mit Pandit Sasadhar[88], dem großen Prediger der Vedanta-Philosophie und -Religion, dabei sein wollten. Der Pandit war bei einem Freund in Kalkutta zu Besuch.

Als Sri Ramakrishnas Wagen am Eingangstor vorfuhr, wurde er vom Gastgeber und seinen Leuten herzlich empfangen. Als Bhagavan nach oben kam, traf er Sasadhar, der auf ihn zuging. Er war ein Mann in den mittleren Jahren mit einem schönen Äußeren. Um den Hals trug er einen Rosenkranz aus Rudraksha-Perlen. Er ging ehrerbietig auf Bhagavan zu, begrüßte ihn und führte ihn ins Wohnzimmer, das ihm als Empfangszimmer diente. Die Schüler und andere gingen nach ihm hinein und setzten sich so nahe zu ihm, wie sie konnten. Unter den vielen anwesenden Schülern war auch Narendra.

---

[87] Ishan Cunder Mookerjee war ein frommer brahmanischer Familienvater. Er betrachtete Sri Ramakrishna als die Inkarnation der göttlichen Weisheit.

[88] Pandit Sasadhar Tarkachuramoni war ein angesehener Sanskritgelehrter und ein redegewandter Prediger der Philosophie und Religion des Vedanta. Durch seine machtvollen Reden gebot er den materialistischen Neigungen der Hindu-Studenten Bengalens mit Erfolg Einhalt. Er erklärte auch die Rituale und Zeremonien, die in den Hindu-Schriften beschrieben werden.

Bhagavan lächelte in seinem halbbewussten Zustand und sagte: „Sehr gut, sehr gut! Was für einen Vortrag wirst du halten?"

Sasadhar: "Verehrter Herr, ich versuche, die Wahrheit zu erklären, wie sie von den heiligen Schriften gelehrt wird."

Bhagavan: "Für dieses Zeitalter wird Bhakti Yoga, die Gemeinschaft mit Gott durch Liebe, Verehrung und Selbsthingabe, wie es Rishi Narada geübt hat, vorgeschrieben. Es gibt kaum Zeit für Karma Yoga, die Werke zu tun, die die Schriften vorschreiben. Siehst du nicht, dass der bekannte Aufguss aus den zehn medizinischen Wurzeln (Dasamul Pachan) heutzutage nicht mehr als Medizin gegen Fieber dient? Der Patient könnte dahingerafft werden, bevor die Arznei Zeit hat zu wirken. Eine Fieber-Mixtur ist deshalb angesagt. Lehre sie Karma, wenn du willst, aber lass den Kopf und den Schwanz des Fisches weg. Ich sage den Leuten, sie sollen sich nicht mit dem langen Ritual des Sandhya plagen, sondern nur das kurze Gayatri[89] wiederholen. Du kannst den Leuten jedoch Arbeit empfehlen, wenn du musst."

Die Wirkung von Vorträgen auf weltliche Menschen

„Halte tausende Vorträge. Du kannst nichts bei weltlichen Menschen bewirken. Kannst du einen Nagel in eine Steinwand treiben? Der Kopf wird abbrechen, ohne dass er auf der Wand einen Eindruck hinterlässt. Hau mit einem Schwert auf den Rücken eines Alligators. Es macht auf ihn keinen Eindruck. Die Schale des Bettlers (die Schale eines Kürbisses) kann an den vier großen heiligen Orten Indiens gewesen sein, ist aber noch immer noch so bitter wie zuvor. Aber du wirst das allmählich lernen. Ein Kalb kann nicht sofort auf seinen Beinen stehen. Es fällt, steht wieder auf, fällt wieder, und dann lernt es zu stehen und zu rennen. Du weißt nicht, wer ein Bhakta ist und wer weltlich gesinnt ist. Aber das ist nicht dein Fehler. Wenn ein starker Sturm tobt, kann man einen Tamarindenbaum nicht von einem Mangobaum unterscheiden.

---

[89] Das Gayatri ist das heiligste und gebräuchlichste vedische Gebet der Hindus. Es ist ein Sanskrit-Mantra oder eine Formel und bedeutet: „Wir wollen über das herrliche, aus sich selbst strahlende Licht der göttlichen Sonne meditieren. Möge sie unseren Verstand erhellen." Dies ist immer noch das tägliche Gebet aller Hindus der oberen drei Kasten.

Es stimmt jedoch, dass keiner aller Arbeit völlig entsagen kann, ohne Gott zu erkennen. Die Frage ist, wie lange das Sandhya (die Rituale) und andere Zeremonien geübt werden sollen? Solange der heilige Name des Herrn dir keine Tränen der Liebe in die Augen treibt und eine Gänsehaut auf dem Körper erzeugt. Wenn du ‚Om Rama' sagst und dir Tränen der Liebe in die Augen treten, dann weißt du sicher, dass die Zeit für dein Karma (Arbeit und Pflichten) vorbei ist. Du bist nicht länger verpflichtet, Sandhya und andere Arbeit auszuüben. Du hast dich über das Karma erhoben. Wenn sich die Frucht entwickelt, fallen die Blüten ab. Wahres Bhakti ist die Frucht, während Arbeit die Blüte ist.

Wenn die Schwiegertochter des Hauses ein Kind erwartet, kann sie nicht mehr viel Arbeit verrichten. Deshalb verringert die Schwiegermutter täglich ihre Pflichten. Wenn die Zeit ihrer Entbindung kommt, erlaubt die Schwiegermutter ihr selten, noch etwas zu tun. Wenn das Kind geboren ist, liebkost und streichelt sie es und arbeitet gar nicht mehr."

Alle Rituale enden in Samadhi.

„Das Sandhya geht ins Gayatri ein, das Gayatri in Om, und Om verliert sich allmählich in Samadhi. Wie der Klang einer Glocke – ding, dong – allmählich im Unendlichen ausklingt, so erhebt sich allmählich die Seele eines Yogis mit dem Nada (dem Klang von Om) und geht in Samadhi ins absolute Brahman ein. In dieses Samadhi geht schließlich alles Karma – Sandhya, Gayatri und andere Werke – ein. Auf diese Weise werden die Jnanis von allen Ritualen und religiösen Übungen befreit."

II.

Als Bhagavan von Samadhi sprach, bekam sein liebliches, strahlendes Gesicht einen seltsam himmlischen Ausdruck. Er verlor alles äußere Bewusstsein. Nachdem er einige Zeit in diesem Zustand schwieg, erlangte er wieder sein normales Bewusstsein und sagte wie ein Kind: „Gib mir etwas Wasser." Diese Bitte um Wasser war das übliche Zeichen, dass er wieder auf die Ebene des Sinnesbewusstseins zurückkam. Dann murmelte er: „Oh Mutter! Gestern hast Du mir Vidyasagara gezeigt. Dann wollte ich einen Gelehrten sehen, und Du hast mich hierhergebracht."

Die Notwendigkeit der Übung

Bhagavan wandte sich Sasadhar zu und sagte: „Mein Sohn, gewinne noch mehr spirituelle Kraft. Mache noch etwas länger verehrungsvolle Übungen. Du bist kaum auf den Baum gestiegen. Wie kannst du erwarten, nach seinen Früchten zu greifen? Aber du tust das alles zum Wohl anderer."

Nachdem Bhagavan das gesagt hatte, verneigte er sich vor Sasadhar und fuhr fort: „Als ich zum ersten Mal deinen Namen hörte, erkundigte ich mich, ob dieser Pandit nur ein gewöhnlicher Gelehrter ist oder einer, der rechte Unterscheidung (Viveka) und Leidenschaftslosigkeit (Vairagya) erlangt hat. Jener ist kein wahrer Pandit, dem die richtige Unterscheidungskraft fehlt."

Der vom Göttlichen beauftragte Lehrer

„Wenn es einen Auftrag (Adesha) vom Höchsten gibt, dann schadet es nichts, andere zu belehren. Solch ein vom Göttlichen beauftragter Lehrer ist unschlagbar. Keiner kann ihn besiegen. Wenn ein einziger Strahl von der Göttin der Weisheit auf einen Menschen fällt, wird er so mächtig, dass im Vergleich zu ihm die größten Gelehrten wie Regenwürmer sind.

Wenn eine Lampe angezündet wird, schwärmen zahlreiche Motten von selbst darauf zu, ohne auf einen Ruf zu warten. So muss jener, der einen göttlichen Auftrag erhalten hat, nicht Nachfolger suchen oder bekanntgeben, wann seine Vorträge stattfinden. Seine eigene Anziehungskraft ist so groß, dass sich die Leute von selbst um ihn herum scharen. Dann strömen Könige und Adlige zu ihm und sagen: ‚Wir haben Mangos, Süßigkeiten, Geld, Juwelen und Schals mitgebracht. Was nimmst du davon an?' Zu solchen Leuten sage ich: ‚Nehmt es weg. Ich will nichts davon.'

Sagt ein Magnet jemals zum Eisen: ‚Komm zu mir'? Nein, angezogen vom Magnet kommt es von selbst. Solch ein Mensch muss kein Gelehrter sein. Denke trotzdem für keinen Augenblick, dass es ihm an Wissen fehlt. Wird wahre Weisheit durch das Lesen von Büchern erworben? Die Weisheit desjenigen, der einen göttlichen Auftrag erhalten hat, ist grenzenlos. Diese Weisheit kommt von Gott, und deshalb ist sie grenzenlos.

Wenn man in unserem Land Getreide abwiegt, dann wiegt der eine und der andere schiebt kleine Haufen Getreide zu ihm hin. Auf dieselbe Weise gibt der von Gott beauftragte Lehrer Anweisungen, während meine Mutter hinter ihm steht und ihm die Haufen göttlicher Weisheit zuschiebt. Der Vorrat ist nie erschöpft. Wenn der gnädige Blick der Göttlichen Mutter auf einen fällt, kann es dann an Weisheit fehlen? Deshalb frage ich, ob du irgendeinen Auftrag (Adesha) vom Herrn erhalten hast."

Hazra (zu dem Gelehrten): "Oh, ich wage zu sagen, dass er etwas dieser Art erhalten hat, nicht wahr?"

Sasadhars Gastgeber: "Er hat kein Adesha erhalten, sondern er hält nur aus Pflichtbewusstsein Vorträge."

Der Wert von Vorträgen ohne göttlichen Auftrag

Bhagavan: "Was bewirken die Vorträge eines Mensches Gutes, wenn er keinen göttlichen Auftrag erhalten hat? Während seines Vortrags sagte ein Brahmo: 'Brüder, ich habe immer getrunken und dies und das getan.' Als die Leute das hörten, sagten sie: ‚Was sagt dieser Kerl da? Er hat immer getrunken!' Somit bewirkt diese Aussage den gegenteiligen Effekt bei der Zuhörerschaft. Wenn der Redner kein guter spiritueller Mensch ist, helfen seine Vorträge der Menschheit überhaupt nichts.

Ein Richter sagte einmal zu mir: ‚Herr, wenn du zu predigen beginnst, dann bin auch ich dazu bereit.' Ich antwortete: 'Mein Freund, hör mir zu. In einem Dorf gab es einen großen Teich. Manche Leute warfen Dreck ans Ufer und beschmutzten den Teich anderweitig. Gute Dorfbewohner sprachen mit den Tätern und baten sie, es nicht mehr zu tun, aber sie konnten sie nicht im Geringsten beeindrucken. Die Täter verletzten die Hygienevorschriften weiterhin. Jeden Morgen hagelten Beleidigungen auf sie ein, aber es war alles vergeblich. Als schließlich die Gemeinde einen Aushang anbrachte, der jedem solche Taten verbot, und einen Tagelöhner mit einer Dienstmarke hinschickte, um die Täter zu bestrafen, wagte keiner mehr, Dreck am Teich abzuladen.'"

Die Dienstmarke

„Deshalb sage ich, dass eine Dienstmarke nötig ist. Sonst hört keiner auf deine Worte. Ein wahrer Redner ist einer, der vom Höchsten autorisiert worden ist und eine Dienstmarke für seinen göttlichen Auftrag besitzt. Jeder Mann und jede Frau müssen ihm gehorchen und sich vor ihm verneigen.

Ein wahrer Lehrer der Menschheit muss große spirituelle Kraft (Sakti) besitzen. In Kalkutta gibt es viele alte Ringer. Man muss mit solchen Männern seine Kraft erproben und nicht mit Neulingen im Ringen. Chaitanya Deva war ein Avatar. Sag, wie viel von dem, was er tat, ist bis jetzt erhalten? Was können die Vorträge eines Menschen, der keine Dienstmarke für die göttliche Autorität besitzt, Gutes bewirken? Deshalb sage ich: Du musst dich zuerst in die heiligen Füße des Allmächtigen versenken."

III.

"Es gibt unzählige Wege, die zum Meer der Unsterblichkeit führen. Die Hauptsache ist, in dieses Meer zu fallen. Es spielt keine Rolle, wie man dorthin gelangt. Nimm einmal an, es gibt ein Becken voller Nektar. Ein einziger Tropfen davon, der einem in den Mund fällt, macht einen unsterblich. Du kannst davon trinken, indem du in das Becken springst oder indem du langsam in es hineingehst. Das Ergebnis ist dasselbe, selbst wenn du von einem anderen hineingestoßen oder hineingeworfen wirst. Koste ein wenig von diesem Nektar und werde unsterblich."

Verschiedene Wege zu Gott

"Es gibt unzählige Wege. Jnana, Karma, Bhakti sind alles Wege, die zum selben Ziel führen. Wenn du intensive Sehnsucht hast, wirst du gewiss Gott erreichen. Yoga (die Gemeinschaft mit Gott) ist von viererlei Art: Jnana Yoga, Karma Yoga, Raja Yoga und Bhakti Yoga."

Jnana Yoga

„Jnana Yoga ist die Gemeinschaft mit Gott durch rechte Unterscheidung und Erkenntnis im höchsten Sinn. Das Ziel eines Jnani ist, das Absolute zu erkennen und zu verwirklichen. Er unterscheidet zwischen der absoluten Wirklichkeit und den unwirklichen Erscheinungen, indem er sagt: ‚Nicht dies, nicht das‘, bis er zu einem Punkt kommt, wo jede Unterscheidung zwischen dem Wirklichen und Unwirklichen aufhört und in Samadhi das absolute Brahman erkannt wird."

Karma Yoga

„Karma Yoga ist die Gemeinschaft mit Gott durch Arbeit. Es ist das, was du [Sasadhar] lehrst. Mit dieser Yoga-Methode ist die Ausübung der Pflichten durch die Familienväter, nicht um des Ergebnisses willen, sondern um das Höchste zu verherrlichen, gemeint. Auch Verehrung, die Wiederholung des Namens des Herrn und andere frommen Übungen sind darin enthalten, wenn sie ohne Anhaftung an ihre Früchte und zur Verherrlichung Gottes getan werden. Das Ziel des Karma Yoga ist dasselbe wie die Erkenntnis des unpersönlichen Absoluten oder des persönlichen Gottes oder beides."

Raja Yoga

„Raja Yoga führt durch Konzentration und Meditation zu dieser Gemeinschaft. Es hat acht Stufen. Die erste ist Yama, die beinhaltet, niemanden zu verletzen, Wahrhaftigkeit, nicht begehrlich zu sein, Keuschheit und keine Geschenke anzunehmen. Die zweite ist Niyama, die Entsagung, Vergebung, Zufriedenheit, Glaube an das höchste Sein, Wohltätigkeit, Studium und Hingabe an den höchsten Willen beinhaltet. Die dritte Stufe, Asana, beinhaltet die Übung verschiedener Körperstellungen, während die vierte Stufe aus Pranayama oder Atemübungen besteht. Die fünfte Stufe ist Pratyahara und besteht darin, dass man den Geist nach innen und auf eins richtet. Konzentration oder Dharana ist die nächste Stufe. Dhyana oder Meditation ist die siebte Stufe, und Samadhi oder der Zustand des Überbewusstseins ist die achte Stufe."

Bhakti Yoga

„Bhakti Yoga ist Gemeinschaft [mit Gott] durch Liebe, Hingabe und Selbstunterwerfung (Bhakti). Sie ist besonders für dieses Zeitalter geeignet.

Der Weg der absoluten Erkenntnis ist äußerst schwierig. Die Zeit für das menschliche Leben ist heutzutage kurz und hängt völlig von materieller Nahrung ab. Zudem ist es fast unmöglich, die Vorstellung, dass die Seele eins mit dem Körper ist, loszuwerden. Ein Jnani oder Philosoph kann zwar erklären: 'Ich bin nicht dieser grobstoffliche und subtile Körper. Ich bin eins mit Brahman, dem Absoluten. Ich bin nicht den Bedürfnissen und Bedingungen des Körpers unterworfen wie Hunger, Durst, Geburt, Tod, Krankheit, Kummer, Freude und Leid.' Diese Behauptungen werden ihn jedoch nicht frei von diesen körperlichen Bedingungen machen, solange er auf der Ebene der Relativität ist. Man kann ihn mit einer Person vergleichen, die an einer stark schmerzenden Wunde leidet und versucht, es nur mit Worten zu bestreiten.

Wenn die Kundalini erweckt ist, werden wahres Bhakti, göttliche Liebe und Ekstase erlangt. Durch Karma Yoga kann man leicht verschiedene übernatürliche Kräfte erlangen. Aber wenn Karma Yoga zu Bhakti Yoga führt, stellt sich göttliche Erkenntnis ein. Dann fallen alle Pflichten, Rituale und Zeremonien ab wie die Blütenblätter einer Blume, wenn die Frucht heranreift. Wenn ein Kind geboren wird, erfüllt die junge Mutter nicht andere Pflichten, sondern liebkost das Kind den ganzen Tag. Wie sie von allen Haushaltspflichten frei ist, so wird ein Bhakta von der Bindung an die Arbeit frei, nachdem er Gott erkannt hat.

Der wahre Bhakta sagt: ,Oh Mutter, ich fürchte mich vor dem Karma mit Anhaftung, denn es entsteht aus selbstsüchtigen Motiven, und wie ein Mensch säht, so erntet er. Ich sehe aber auch, dass Arbeit ohne Anhaftung äußerst schwierig ist. Wenn ich mit Anhaftung arbeite, könnte ich Dich vergessen. Deshalb wünsche ich mir kein solches Karma. Bitte gewähre mir, dass meine Arbeit immer weniger wird, solange ich Dich nicht erlangt habe. Möge ich bis dahin die Kraft haben, die wenige Arbeit, die für mich übrig ist, anhaftungslos zu tun, und möge ich mit selbstloser Liebe und Hingabe an Dich gesegnet sein! Mutter, solange ich Dich nicht erkannt habe, lass meinen Geist nicht an neuer Arbeit und neuen Wünschen haften! Aber wenn Du mir gebietest zu arbeiten, dann tue ich sie nicht für mich, sondern nur für Dich.'"

Ein Verehrer: "Verehrter Herr, was ist Hatha Yoga?"

Hatha Yoga

Ramakrishna: "Hatha Yoga befasst sich gänzlich mit dem physischen Körper. Er schreibt Methoden vor, durch die die inneren Organe gereinigt werden und völlige Gesundheit erlangt werden kann. Er lehrt, wie man die verschiedenen Kräfte des Atems (Prana), der Muskeln, Organe und Nerven des Körpers überwinden kann. Aber beim Hatha Yoga muss der Geist immer auf den physischen Körper gerichtet sein.

Ein Hatha-Yogi besitzt viele Kräfte, wie die Kraft des freien Schwebens. Aber all diese Kräfte sind nur Manifestationen des physischen Atems.

Es gab einen Gaukler, der inmitten seiner Tricks plötzlich seine Zunge nach oben wandte, sie in den postnasalen Kanal zurückzog und aufhörte zu atmen. Sofort stellte sein Körper alle Aktivitäten ein. Die Leute dachten, dass er tot sei. Also beerdigten sie ihn. Mehrere Jahre lang blieb er in diesem Zustand begraben. Irgendwie wurde das Grab geöffnet, und er kam wieder zum Bewusstsein. Sofort wiederholte er denselben Zauberspruch, den er aufgesagt hatte, bevor er sein Bewusstsein verlor.

So verschafft die Übung von Hatha Yoga einem Menschen Kontrolle über den Körper, aber sie bringt ihn nur so weit. Raja Yoga dagegen befasst sich mit dem Geist und führt durch Unterscheidung, Konzentration und Meditation zu spirituellen Ergebnissen."

Konzentration

„Für den Weg des Raja Yoga ist völlige Konzentration nötig. Der Geist ist wie die Flamme einer Lampe. Wenn der Wind der Wünsche bläst, ist sie rastlos. Wenn es keinen Wind gibt, ist sie beständig. Letzteres ist der Geisteszustand im Yoga. Gewöhnlich ist der Geist zerstreut. Ein Teil ist hier, ein anderer Teil dort. Es ist nötig, den zerstreuten Geist zu sammeln und ihn auf einen Punkt zu richten. Wenn du ein ganzes Stück Stoff willst, dann musst du dafür den vollen Preis bezahlen. Yoga ist nicht möglich, wenn das kleinste Hindernis im Weg steht. Wenn es in der Telegraphenleitung eine kleine Unterbrechung gibt, wird die Nachricht ihr Ziel nicht erreichen. Ein Yogi kontrolliert seinen Geist. Der Geist kontrolliert nicht ihn. Wenn der Geist völlig konzentriert ist, hört der Atem auf, und die Seele tritt in Samadhi ein."

Kumbhaka

„Dieser atemlose Zustand heißt Kumbhaka. Er kann auch durch Bhakti Yoga erlangt werden. Wenn das Gefühl (Bhakti) seinen Höhepunkt erreicht, hört der Atem auf, und das Denken erstarrt.

Wenn ein Mensch mit Kehren beschäftigt ist und jemand kommt und ihm sagt: ‚Herr Soundso ist gestorben. Hast du davon gehört?', wird er unbekümmert ausrufen, sofern es sich nicht um einen Verwandten handelt: ‚Ach, tatsächlich. Er ist gestorben? Er war ein guter Mann. Es tut mir leid', aber er kehrt weiter. Wenn er jedoch vom Tod eines lieben Verwandten erfährt, ist er so fassungslos, dass ihm der Besen aus der Hand fällt, er zu Boden sinkt und laut schreit: ‚Gott, hilf mir!' Dabei hört sein Atem auf. Er denkt nur an seinen Kummer und an nichts anderes. Oder hast du nicht bei Frauen beobachtet: Wenn eine von ihnen völlig verwundert ist, weil sie etwas Unerwartetes gesehen oder gehört hat, dann hört ihr Atem auf, ihr Denken erstarrt und ihr Körper ist so bewegungslos, dass die anderen Frauen rufen: ‚Was ist los? Hast du den Verstand verloren?'"

Meditation

„In der Zeit wahrer Meditation werden Körper und Sinne völlig still wie ein Holzscheit. Als ich Keshab Sen zum ersten Mal im Adi Brahmo Samaj gesehen habe, meditierte er mit den anderen Mitgliedern. Sein Geist war völlig von der äußeren Welt abgezogen, und sein Körper war völlig bewegungslos wie ein Baumstumpf. Ich sagte zu Mathura Babu: ‚Dieser Mann hat den Fisch an der Angel.' Meditation ist auch mit weit geöffneten Augen möglich, selbst wenn man miteinander spricht.

Nimm einmal an, du hast Zahnweh. Du kannst zwar alle Arbeiten verrichten, aber dein Geist konzentriert sich beständig auf die schmerzende Stelle. So ist es auch, wenn du dich wirklich auf Gott konzentrierst. Dein Geist wird fest auf ihn gerichtet bleiben, selbst wenn sich dein Körper bewegt oder dein Mund spricht. Ich pflegte beim Meditieren die Augen zu schließen. Dann dachte ich: ‚Wenn Gott existierst, nachdem ich die Augen geschlossen habe, warum sollte Er nicht existieren, während ich die Augen offen habe?' Ich öffnete meine Augen und sah überall das göttliche Sein.

Menschen, Tiere, Insekten, Bäume, Schlingpflanzen, Mond, Sonne, Wasser, Erde, in und durch das alles manifestiert sich das unendliche Sein. Wer lange an Gott denkt, besitzt die göttliche Substanz in sich. Durch ihn fließen göttliche Kräfte. Ein großer Sänger oder einer, der ein Musikinstrument virtuos spielt oder eine andere Kunst oder Wissenschaft perfekt beherrscht, besitzt auch einen Teil der göttlichen Kraft. Das ist die Lehre der Bhagavad Gita. ‚Wo immer es Zeichen von Größe gibt, dort manifestiert sich die göttliche Kraft.'"

Ein Verehrer: "Verehrter Herr, was geschieht nach dem Tod?"

Was geschieht nach dem Tod?

Ramakrishna: "Keshab Sen hat mir dieselbe Frage gestellt. Solange ein Mensch in Unwissenheit bleibt oder in anderen Worten, solange er Gott nicht erkannt hat, ist er der Wiedergeburt unterworfen. Aber nach der göttlichen Erkenntnis kommt man weder auf diese Erde zurück noch wird man in einer anderen Welt geboren.

Nachdem die Töpfer irdene Gefäße hergestellt haben, trocknen sie sie in der Sonne. Hast du nicht gesehen, dass es Gefäße gibt, die im Feuer gebrannt wurden und andere, die nicht gebrannt wurden? Wenn ein ungebranntes Gefäß zerbricht, benützt der Töpfer den Ton, um ein neues Gefäß herzustellen. Aber wenn ein gebranntes Gefäß zerbricht, sind die Teile unbrauchbar, und er wirft sie weg.

Ebenso ist es, wenn das Ego nicht im Feuer der Weisheit gebrannt wurde. Nach dem Tod wird es in einer anderen Gestalt erscheinen und immer wieder geboren werden. Wenn ein geröstetes Weizenkorn eingepflanzt wird, treibt es nicht aus. Auf dieselbe Weise ist derjenige, dessen inneres Wesen im Feuer der Weisheit geröstet wurde, nicht mehr der Entwicklung unterworfen, sondern erlangt völlige Freiheit von der Wiedergeburt."

Dualistisches und monistisches Vedanta

„In den Puranas überwiegt die Lehre des dualistischen Vedanta, die besagt, dass der Jiva (die individuelle Seele) das eine und Gott das andere ist. ‚Ich bin von Dir verschieden und getrennt.' Dieser Körper ist wie eine Schüssel. Geist, Intellekt und Egoismus sind wie das Wasser darin, während der persönliche Gott die Sonne ist, die sich im Wasser widerspiegelt. Und diese Widerspiegelung oder dieses Bild des göttlichen Seins kann der Jiva in Ekstase wahrnehmen.

Im monistischen Vedanta jedoch ist Brahman, das Absolute, die Wirklichkeit, und alles andere ist unwirklich wie ein Traum. Der Egoismus ist wie ein Stecken, der auf dem Wasser des unendlichen Meeres der absoluten Existenz, Intelligenz und Seligkeit liegt und es als getrennt erscheinen lässt. Aber wenn man den Stecken beseitigt, verschwindet die scheinbare Trennung, und das Wasser des Meeres bleibt ungeteilt. Die Erkenntnis dieser untrennbaren Einheit bringt den höchsten Zustand von Samadhi mit sich, in dem dieser Egoismus völlig ausgelöscht wird. Aber große spirituelle Lehrer wie Sankaracharya[90] behielten ein wenig Egoismus des Wissens zurück, um die Menschheit zu belehren."

Die Anzeichen eines wahren Jnani

„Einen wahren Jnani oder Kenner des Absoluten kann man an bestimmten Anzeichen erkennen. Ein wirklicher Jnani verletzt niemanden. Sein Wesen wird wie das eines unschuldigen Kindes. Wie ein verbranntes Seil seine Gestalt behält und aus der Ferne wie ein wirkliches Seil aussieht, wobei in Wahrheit ein Atemzug es fortblasen kann, so ist der Egoismus eines Jnani nur scheinbar vorhanden. Ein Kind haftet an nichts. Es kann ein Puppenhaus bauen. Wenn jemand es berührt, schreit es. Aber im nächsten Augenblick zerbricht das Kind es selbst in Stücke. So lebt ein wahrer Jnani in der Welt, aber ohne Anhaftung. Er kann Dinge von großem Wert besitzen, aber er haftet nicht an ihnen. Im monistischen Vedanta ist der Wachzustand nicht wirklicher als der Traumzustand."

Das Gleichnis vom Holzfäller und seinem Traum

„Ein Holzfäller hatte einen glücklichen Traum. Als er plötzlich von jemandem aufgeweckt wurde, rief er verärgert: ‚Warum hast du mich aufgeweckt? Ich war ein König und der Vater von sieben Kindern. Meine Kinder wurden alle in den verschiedenen Wissenschaften unterrichtet. Ich saß auf dem Thron und herrschte über mein Land. Warum hast du meinen glücklichen, herrlichen Zustand zerstört?' Der Mann antwortete: ‚Oh, es war nur ein

---

[90] Sankaracharya [oder Sankara] war der größte Vertreter der Vedanta-Philosophie in Indien. Er lebte am Anfang des 8. Jahrhunderts. Seine Kommentare über die Upanishaden, die Vedanta Sutras und die Bhagavad Gita zeigen die umfassende Tiefe seiner philosophischen Argumentation. Er wurde mit acht Jahren ein Sannyasin. Seine berühmten Kommentare in Sanskrit schrieb er mit zwölf und beendete sein literarisches Werk mit sechzehn. Dann lehrte er sechzehn Jahre lang das monistische Vedanta und gründete monastische Orden und Klöster in den vier Himmelsrichtungen Indiens. Er beendete seine ereignisreiche Laufbahn mit zweiunddreißig. Er wird in Indien als Inkarnation Shivas und Verkörperung der göttlichen Weisheit betrachtet.

Traum. Was spielt es für eine Rolle?' Der Holzfäller erwiderte: 'Verschwinde, du Narr! Du verstehst nicht, dass ich in Wirklichkeit ebenso ein König war, wie ich ein Holzfäller bin. Wenn es stimmt, dass ich ein Holzfäller bin, dann stimmt es auch, dass ich ein König war.'"

Jnana und Vijnana

„Jnana bedeutet, Atman durch den Weg der Unterscheidung ‚Nicht dies, nicht das' zu erkennen. Wenn diese Unterscheidung zu Samadhi führt, dann kann der Atman wahrgenommen werden. Aber Vijnana ist völlige Erkenntnis oder Verwirklichung. Einige haben von Milch gehört, einige haben sie gesehen, aber andere haben sie gekostet. So ist es mit Gott. Jene, die von Ihm gehört haben, sind immer noch unwissend. Jene, die Ihn gesehen haben, sind Jnanis. Aber jene, die Ihn gekostet oder erkannt haben, sind Vijanis. Wenn man Gott geschaut hat, wenn man mit Ihm vertraut wird und Ihn als den Nächsten und Liebsten von allen erkennt, dann ist das Vijnana.

Zuerst muss man unterscheiden 'Nicht dies, nicht das'. Das heißt, Gott ist nicht die Naturelemente, Er ist nicht die Sinne oder die Sinneskräfte, Er ist nicht dieser Geist, nicht dieser Verstand, nicht dieser Egoismus. Er ist jenseits aller Kategorien der Natur.

Um aufs Dach zu gelangen, muss man Stufe für Stufe hinaufsteigen und eine Stufe nach der anderen zurücklassen. Die Treppe ist nicht dasselbe wie das Dach. Nachdem man jedoch auf dem Dach ist, kann man leicht erkennen, dass sowohl das Dach als auch die Treppe aus demselben Material bestehen. Dasselbe unendliche Brahman erscheint als der persönliche Gott, der Jiva und die vierundzwanzig Kategorien der Natur. Du kannst fragen, warum diese Erde so hart und stabil ist, wenn sie aus Brahman entstanden ist. Seine Allmacht kann alles ermöglichen."

IV.

Ramakrishna (zum alten Gopal, Swami Advaitananda): „Wie! Du willst immer noch heilige Orte besuchen?"

Gopal: "Ja Bhagavan, ich würde gern etwas mehr reisen."

Das Gleichnis vom Vogel auf dem Mast

Ram Babu (zu Gopal): "Bhagavan sagt, dass man sich an einem Ort niederlassen soll, nachdem man an viele Orte gereist ist. Das erklärt er mit dem Gleichnis vom Vogel auf dem Schiffsmast.

Ein Vogel saß auf dem Schiffsmast, als das Schiff hinaus aufs Meer segelte. Nach langer Zeit bemerkte der Vogel, dass es ringsum keine Bäume mehr gab und kein Land in Sicht war. Auf der Suche nach Land flog er nach Norden. Da er keines fand, kehrte er zum Mast zurück, ruhte eine Weile aus und flog nach Süden. Als er immer noch kein Ufer fand, kehrte er erneut müde und erschöpft zurück. Er flog in alle Himmelsrichtungen, fand aber überall nur Wasser vor. Schließlich erholte er sich auf dem Mast und wurde zufrieden."

Ramakrishna: "Solange Gott außen, an verschiedenen Orten zu sein scheint, solange herrscht Unwissenheit. Aber wenn Gott im Innern erkannt wird, ist das wahre Erkenntnis."

Das Gleichnis vom Mann, der Feuer wollte

„Ein Mann wachte um Mitternacht auf und wollte rauchen. Er brauchte Feuer. Also ging er zum Haus eines Nachbarn und klopfte an die Tür. Jemand öffnete und fragte, was er wolle. Der Mann sagte: ‚Ich möchte rauchen. Kannst du mir Feuer geben?' Der Nachbar erwiderte: 'Was ist los mit dir? Du machst dir solche Mühe und weckst uns zu dieser Stunde auf, dabei trägst du eine angezündete Laterne in der Hand.'

Was ein Mensch will, hat er bereits. Trotzdem wandert er auf der Suche danach hierhin und dorthin."

Ram Babu: "Bhagavan, jetzt habe ich verstanden, warum ein Guru seinen Schüler bittet, heilige Orte zu besuchen. Er tut das, um ihm Erfahrung und mehr Glaube in seine Lehre zu geben."

Pandit (Gelehrter): "Verehrter Herr, wo bist du auf Pilgerreise gewesen?"

Pilgerreisen

Ramakrishna (lächelnd): "Ich ging an einige Orte. Hazra ging weiter nach Norden, bis nach Hrishikesha[91] im Himalaja. Ich war nicht so weit oben. Der Geier und der Milan steigen sehr weit nach oben, aber sie haben die Augen immer auf das Aas unten gerichtet. Weißt du, was das Aas ist? Lust und Gold. Wenn ein Mensch auf Pilgerreise geht und kein Bhakti erlangt, dann ist seine Pilgerreise umsonst. Denn Bhakti ist das Ziel von allem. Es ist das einzige, was nötig ist.

Weißt du, wer der Geier und der Milan sind? Es sind jene, die hochtrabend daherreden und sagen: ‚Wir haben das meiste getan, was die heiligen Schriften vorschreiben.' Sie sind jedoch in Weltlichkeit versunken und haften sehr an Wohlstand, Name, Berühmtheit und Sinnesfreuden."

Pandit: "Ja, verehrter Herr, das stimmt. Eine Pilgerreise ist, wie wenn man den wertvollen Stein, den Vishnu auf der Brust getragen hat, wegwirft und auf der Suche nach anderen Juwelen umherwandert."

Ramakrishna: "Obwohl du tausende Anweisungen gibst, bleiben sie wirkungslos bis die Zeit reif ist. Das solltest du wissen. Ein Kind sagt zur Mutter, bevor es schlafen geht: 'Liebe Mama, weck mich auf, wenn ich hungrig bin.' Die Mutter antwortet: ‚Sorg dich nicht darum, mein Kind. Dein Hunger wird dich aufwecken.' Auf dieselbe Weise sehnt man sich nach Gott, wenn die Zeit dafür kommt."

Drei Klassen von religiösen Lehrern

"Ärzte kann man in drei Klassen einteilen. Zuerst die, die kommen, wenn sie gerufen werden, sich den Patienten ansehen, seinen Puls fühlen, die nötige Arznei verordnen und den Patienten bitten, sie einzunehmen. Wenn der Patient sich weigert, kümmert es sie nicht. Dies ist die unterste Klasse. Ebenso gibt es spirituelle Lehrer, die nicht wissen wollen, ob ihre Anweisungen ausgeführt wurden und ob sie bei ihren Schülern gute Ergebnisse bewirkt haben.

---

[91] Hrishikesha [Rishikesh] ist ein heiliger Pilgerort am Ufer des heiligen Ganges am Fuß des Himalaja.

Es gibt andere Ärzte, die den Patienten nicht nur bitten, die verschriebene Arznei einzunehmen, sondern ihm gut zureden, wenn er sich weigert. Diese gehören der mittleren Klasse an. Ebenso sind jene spirituellen Lehrer, die ihre Schüler nicht nur unterweisen, sondern ihnen auch gut zureden und sie sanft überzeugen, ihre Lehre zu folgen, besser als die erste Klasse.

Aber die besten Ärzte, die der höchsten Klasse angehören, zwingen den Patienten, wenn er nicht auf ihre freundliche Überredung hört. Sie können so weit gehen, ihn, wenn nötig, zu zwingen, die Arznei zu schlucken. Ebenso zwingen die besten spirituellen Lehrer ihre Schüler, um sie auf den Weg des Herrn zu bringen. Diese Lehrer gehören der höchsten Klasse an."

Pandit: "Verehrter Herr, wenn es solche spirituellen Lehrer gibt wie die Ärzte der höchsten Klasse, warum sagst du dann, dass die spirituelle Erweckung sich nicht einstellen kann, bevor die Zeit reif ist?"

Bhagavan: "Ja, das stimmt. Aber nimm einmal an, die Arznei gelangt nicht in den Magen. Was macht der Arzt dann? Selbst die besten Ärzte sind dann völlig hilflos."

Geeignete Gefäße

"Um passende Anweisungen zu geben, muss man zuerst geeignete Gefäße aussuchen. Du prüfst nicht die Aufnahmefähigkeit deiner Schüler. Aber ich frage jene, die zu mir kommen: ‚Für wen musst du sorgen?' Nimm einmal an, ein junger Mann hat keinen Vater oder sein Vater hat ihn mit Schulden zurückgelassen. Wie kann er dann sein Herz und seine Seele Gott geben? Hörst du, mein Kind?"

Pandit: "Ja, Bhagavan, ich bin ganz aufmerksam."

Die Gnade Gottes

Das Gespräch wandte sich dann einem anderen Thema zu – der Gnade Gottes. Bhagavan sagte: „Einmal kamen Sikh-Soldaten zum Tempel. Ich traf sie vor dem Tempel der Göttlichen Mutter. Einer von ihnen sagte: ‚Gott ist allbarmherzig.' Ich sagte: ‚Ja, ist es so? Woher weißt du das?' ‚Warum, Herr? Gibt uns der Herr nicht Nahrung und kümmert sich um uns?' Ich sagte: ‚Ist das so außergewöhnlich? Gott ist der Vater von uns allen. Wenn der Vater sich nicht um seine eigenen Kinder kümmert, wer wird es dann tun? Sollen Fremde aus der Nachbarschaft kommen und sich um sie kümmern?'"

Narendra: "Sollten wir Ihn dann nicht barmherzig nennen?"

Bhagavan: "Verbiete ich dir, Ihn allbarmherzig zu nennen? Was ich meine, ist, dass der Herr unser Nächstes und Liebstes ist und kein Fremder."

Pandit: "Diese Worte sind unbezahlbar!"

Bhagavan bat um ein frisches Glas Wasser. Er nahm nicht das, das man ihm bereits gebracht hatte, und es wurde deshalb weggenommen. Anscheinend hielt er es nicht für würdig, dem Gott in ihm angeboten zu werden, da es durch die „fiebrige" Berührung einiger böser Männer unrein geworden war.

Pandit (zu Hazra): "Ihr, die ihr Tag und Nacht mit Bhagavan lebt, müsst die höchste Seligkeit genießen."

Bhagavan (lächelnd): "Heute hatte ich das seltene Vergnügen, den Mond am zweiten Vollmondtag zu sehen. Weißt du, warum ich vom Mond am zweiten Vollmondtag spreche? Sita[92] sagte zu Ravana: ‚Du bist der Vollmond, und mein Rama Chandra ist der Mond am zweiten Vollmondtag.' Ravana freute sich sehr, da er die Bedeutung nicht verstand. Sita meinte, dass das Glück Ravanas seinen Höhepunkt erreicht hatte wie der Vollmond, und dass es jetzt abnehmen würde. Aber das Glück von Rama Chandra ist wie der Mond am zweiten Vollmondtag, der täglich zunimmt."

Bhagavan stand auf, um zu gehen. Der Pandit und seine Freunde verneigten sich ehrfürchtig und hingebungsvoll vor ihm. Dann ging er, gefolgt von seinen Schülern.

---

[92] Sita ist die treue und ergebene Frau des Herrn Rama Chandra, der als eine Inkarnation Gottes betrachtet wird. Sie wurde von Ravana, dem König von Ceylon, entführt, der sie in seine Hauptstadt Lanka brachte. Deshalb der Krieg, der im Epos Ramayana geschildert wird und mit der Vernichtung Ravanas und vieler seiner Leute endete.

KAPITEL X: ZUSAMMENKUNFT DER SCHÜLER IM TEMPEL

I.

Sri Ramakrishna saß wie üblich auf seinem Platz, das Gesicht nach Norden gerichtet. Die westliche und die nördliche Tür seines Zimmers, in dem er neuerdings seine Tage verbrachte, sahen auf das heilige Wasser des Ganges hinaus. Balaram, Rakhal und andere Verehrer und Besucher saßen auf einer Matte auf dem Boden des Zimmers. Sie sangen Loblieder zur Begleitung von Musikinstrumenten. Eines der Lieder bezog sich auf die sechs Lotusblüten, die die verschiedenen Stufen des Fortschritts des Yogis bei der Vereinigung mit dem universalen Geist markieren. Am Ende dieses Liedes sagte Bhagavan:

Sieben geistige Ebenen

„Die sechs Lotusblüten [Chakren] in der Wissenschaft des Yoga entsprechen den sieben geistigen Ebenen des Vedanta. Wenn der Geist in Weltlichkeit versunken ist, wohnt er im untersten Lotus am Ende der Wirbelsäule. Sexuelle Wünsche entstehen, wenn der Geist im zweiten Lotus, dem Sexualorgan, weilt. Ist er im dritten, im Nabel, geht der Mensch in den Dingen der Welt auf – in Essen, Trinken und dem Zeugen von Kindern. Auf der vierten, geistigen Ebene wird das Herz des Menschen mit der Vision der göttlichen Herrlichkeit gesegnet, und er ruft aus: ‚Was ist das! Was ist das!‘ Auf der fünften Ebene ruht der Geist im Hals. Der Verehrer spricht dann nur über Dinge, die sich auf Gott beziehen, und wird ungeduldig, wenn andere Themen im Laufe eines Gesprächs aufkommen.

Auf der sechsten Ebene ist der Geist zwischen den Augenbrauen. Der Verehrer sieht Gott von Angesicht zu Angesicht. Nur eine dünne, glasähnliche Trennwand hält ihn von der göttlichen Person getrennt. Für ihn ist Gott wie ein Licht in einer Laterne oder ein Foto hinter einem Glasrahmen. Er versucht, die Vision zu berühren, kann es aber nicht. Seine Wahrnehmung greift zu kurz für die völlige Erkenntnis, denn es gibt noch das Element des Selbstbewusstseins, das ‚Ich‘-Empfinden, das bis zu einem gewissen Grad beibehalten wird.

Auf der letzten oder siebten Ebene herrscht vollkommenes Samadhi. Dann hört alles Sinnesbewusstsein auf, und absolutes Gottesbewusstsein tritt an seine Stelle. In diesem Zustand verweilt das Leben des Heiligen einundzwanzig Tage. Danach stirbt er. In diesen Tagen hört er auf zu essen. Wenn ihm Milch in den Mund geschüttet wird, läuft sie wieder heraus und erreicht nie seinen Magen."

Weise, die die siebte Ebene erreicht haben

Bhagavan fuhr fort: "Einige Weise, die die siebte oder höchste Ebene erreicht und somit das Gottesbewusstsein erlangt haben, kommen gern von dieser spirituellen Höhe zum Wohl der Menschheit herunter. Sie behalten das Ego von Vidya oder, in anderen Worten, das höhere Selbst. Aber dieses Ego ist nur scheinbar. Es ist wie eine Linie, die auf einer Wasserfläche gezogen wird. Hanuman wurde mit der Schau Gottes mit und ohne Gestalt gesegnet, behielt aber das Ego eines Dieners Gottes zurück. So war es auch mit den Weisen in alten Zeiten Narada, Sanaka, Sananda und Sanat Kumara.[93]"

Es wurde die Frage gestellt, ob Narada und die anderen nur Bhaktas und keine Jnanis waren.

Bhagavan erwiderte: "Narada und andere hatten die höchste Erkenntnis (Brahma-Jnana) erlangt, aber sie sprachen und sangen trotzdem weiter wie das murmelnde Wasser eines Flüsschens. Das zeigt, dass auch sie dieses Ego der Erkenntnis behalten haben. Sie waren Jnanis (Wissende), aber sie sprachen und sangen das Lob des persönlichen Gottes zum Wohl der anderen. Ein Dampfschiff erreicht nicht nur selbst das Ziel, sondern trägt viele Menschen an Bord zum selben Ort. Lehrer wie Narada sind wie Dampfschiffe."

Avatare

„Die Avatare oder Inkarnationen Gottes werden mit göttlichen Kräften und Eigenschaften geboren. Sie können überall hingehen und in jedem Seinszustand bleiben, vom höchsten bis zum niedrigsten. Sie können auf dem Dach eines Hauses stehen und auf der Treppe bis zum Erdgeschoss herunter-

---

[93] Narada s. Fußnote 22. Sanaka, Sananda und Sanat Kumara sind die drei Rishis oder Seher der Wahrheit im alten Indien.

kommen und wieder zum Dach zurückkehren. Sie besitzen sowohl die Kraft herunterzukommen als auch zurückzukehren. In einem siebenstöckigen Palast kann ein Fremder nur die äußeren Bereiche betreten, aber das Kind des Königs, der Prinz des Hauses, kann überallhin gehen."

Avatare und gewöhnliche Jivas

„Wie bei einem Feuerwerk gibt es eine Zündbatterie, die eine Zeit lang eine Art von Funken abschießt, dann eine andere Art und dann noch eine weitere, die sozusagen eine unendliche Vielfalt an Funkenarten besitzt. So sind die Avatare."

Die ewig freien Seelen

„Es gibt noch eine weitere Art von Zündbatterie, die, wenn sie entzündet wird, ein wenig brennt und dann sofort losgeht. Ebenso gehen gewöhnlich Jivas nach langer, hingebungsvoller Übung sofort in Samadhi ein und kehren nicht zurück. Es gibt noch eine andere Art, die man als ewig frei bezeichnen kann. Sie suchen von Geburt an Gott und kümmern sich um nichts in der Welt.

Uns wird von einer legendenumwobenen Vogelart namens Homa erzählt. Diese Vögel leben so weit oben im Himmel und lieben diese Region so sehr, dass sie sich nie herablassen, auf die Erde herunterzukommen. Es heißt, dass sogar ihre Eier, die sie im Himmel legen und die durch die Schwerkraft zur Erde fallen, während des Fallens ausgebrütet werden und dass die Jungen, wenn sie spüren, dass sie fallen, sofort die Richtung ändern und nach oben zu ihrer Heimat fliegen, weil sie von ihrem Instinkt dorthin gezogen werden.

Menschen wie Sukadeva, Narada, Jesus, Sankaracharya und andere sind wie diese Vögel. Bereits in ihrer Kindheit geben sie alle Anhaftung an die Dinge dieser Welt auf und begeben sich in die höchsten Regionen der wahren Erkenntnis und des göttlichen Lichts. Jene, die als Avatare kommen, sind entweder ewig freie Seelen oder wurden zum letzten Mal geboren."

Zwei Klassen von Paramahamsas

„Die heiligen Männer (Paramahamsas) können in zwei Klassen eingeteilt werden. Erstens in jene, die erklären, dass das höchste Sein das Gestaltlose ist. Trailanga Swami von Benares gehört dieser Klasse an. Allgemein gesprochen sind heilige Menschen dieser Klasse vergleichsweise selbstsüchtig, da sie sich nur um die Befreiung ihrer eigenen Seele kümmern.

Jene der zweiten Klasse sagen, dass Gott sowohl eine Gestalt besitzt als auch gestaltlos ist, und dass Er sich Seinen Verehrern als Sein mit Gestalt manifestiert. Hast du jemals einen Kanal gesehen, dessen Wasser in den Fluss fließt, mit dem er verbunden ist? Der Kanal hinterlässt manchmal keine Spur und ist völlig eins mit dem Flusswasser. Aber sehr oft kann man eine leichte Bewegung des Wassers bemerken, was beweist, dass es vom Fluss getrennt ist. Mit dem Paramahamsa, der der zweiten Klasse angehört, ist es ziemlich dasselbe. Seine Seele wird eins mit dem universalen Geist."

Das Ego der Erkenntnis

„Das Ego der Erkenntnis (Vidya) oder eine leichte Spur von Individualität wird noch beibehalten, um seine getrennte Existenz von der Gottheit zu kennzeichnen. Solch ein heiliger Mensch kann mit einem Wasserkrug oder einer Wasserkanne verglichen werden. Die Kanne, die bis zum Rand mit Wasser gefüllt ist, macht nur dann ein Geräusch, wenn ein Teil des Wassers in ein anderes Gefäß geschüttet wird. Ebenso ist der Paramahamsa still, außer wenn sein Wasser der Weisheit in die Seele des Schülers geschüttet wird. Somit behält er das Ego der Erkenntnis zurück, um andere zu belehren.

Nimm wiederum an, ein Mensch gräbt einen Brunnen. Er ist durstig und trinkt das Brunnenwasser. Aber wenn sein Durst gestillt ist, ist es nicht ungewöhnlich, dass solch eine Person seine Gerätschaften – die Hacke, die Schaufel, den Spaten – für die anderen behält, die sie zum selben Zweck gebrauchen können.

Auf dieselbe Weise will ein Paramahamsa der zweiten Art, der vom Wasser des ewigen Lebens getrunken und somit seinen spirituellen Durst gelöscht hat, oft unbedingt der Menschheit Gutes tun. Mit diesem Ziel vor Augen behält er das Ego der Erkenntnis, das Ego der Liebe und das Ego des Lehrers zurück."

Anderen helfen

„Einige Leute essen Mangos und beseitigen dann alle Spuren, indem sie sich den Mund mit einer Serviette abwischen. Sie kümmern sich nur um ihren eigenen Genuss. Aber es gibt andere, die die Leute wissen lassen, dass sie Mangos gegessen haben, und bereit sind, ihren Genuss mit ihnen zu teilen. Ebenso gibt es Jnanis, die die göttliche Gemeinschaft genießen und nicht daran denken, mit anderen darüber zu sprechen. Aber bei den Gopis von Vrindavan war es anders. Sie genossen nicht nur die Gemeinschaft mit Krishna, dem inkarnierten Gott, sondern wollten auch ihr Glück mit anderen teilen."

Göttliche Gemeinschaft

„Die Gemeinschaft mit Gott kann man mit dem Prozess der Rückbildung vergleichen. Wenn man mit dem höchsten Sein kommuniziert, wird die eigene Persönlichkeit völlig mit der göttlichen Persönlichkeit vereint. Das ist der Zustand von Samadhi. Wenn man dann wiederum auf die menschliche Ebene zurückkehrt und an den Ausgangspunkt zurückkommt, erkennt man, dass die Welt und das Ego oder das individuelle Selbst von demselben höchsten Sein ausgehen und dass Gott, Mensch und Natur zusammenhängen, sodass du, wenn du dich an eines von ihnen hältst, auch die anderen erkennst."

Das Feuer von Bhakti vernichtet die Sünden.

„Rufe mit Bhakti (Liebe) Seinen heiligen Namen, und der Berg deiner Sünden wird sofort verschwinden wie ein Berg Baumwolle, wenn er einen Funken Feuer fängt. Verehrung aufgrund von Angst vor dem Höllenfeuer ist für Anfänger gedacht."

Dann wandte sich Bhagavan einigen der Sänger zu und sagte: „Werdet ihr Lieder singen, die die Freude beschreiben, die die menschliche Seele nach der Gottesschau erlebt? Rakhal (Swami Brahmananda, einer der jungen Schüler), erinnerst du dich an das Lied, das gestern in Nobin Neogis Haus gesungen wurde: ‚Sei berauscht vor Freude am Herrn'?"

Einer der Sänger sagte: "Verehrter Herr, tust du uns den Gefallen und singst eines deiner Lieder?"

Bhagavan: "Was soll ich singen? Ich singe ziemlich so wie ihr. Nun gut, wenn die Zeit kommt, werde ich singen." Dann schwieg er für eine Weile.

Das erste Lied, das er sang, handelte von Sri Chaitanya Deva und Sri Krishna aus der Sicht der Vishnuiten (dualistischen Bhaktas). Das letzte handelte von der Göttlichen Mutter.

DER VEREHRER UND SEINE EKSTATISCHE LIEBE

1. Die Wellen der göttlichen Liebe prallen auf meinen Körper. Der Wellengang des Meeres der Liebe bewirkt, dass die Unredlichen fallen, ja, er überschwemmt das ganze Universum.

2. Ich will tief hinunter zum Meeresgrund tauchen, aber der Alligator der Ekstase hat mich verschlungen. Wer fühlt mit mir, hält mich bei der Hand und zieht mich aus dem Wasser?

DIE MUTTER DES UNIVERSUMS
UND DIE MASCHINE DES MENSCHLICHEN KÖRPERS

1. Was für eine feine Maschine des menschlichen Körpers hat die Göttliche Mutter gemacht?
Wie wundervoll ist Ihr Spiel, das Sie mit der Maschine, die nur sechs Fuß hoch ist, spielt!

2. Sie wohnt in der Maschine und hält in Ihrer Hand die Schnur, die sie in Bewegung setzt. Aber die Maschine denkt: ‚Ich bewege mich durch meinen eigenen Willen' und weiß nicht, wer sie bewegt.

3. Die Maschine, die Sie erkannt hat, muss nicht wiedergeboren werden. Sie selbst [die Mutter] ist durch die Schnur des Bhakti (Liebe) an einige Maschinen gebunden.

II.

Am Ende des Lieds war Bhagavan in Samadhi. Seine Augen waren starr und halb geschlossen. Sein Puls und Herzschlag hatten ausgesetzt. Das Sinnesbewusstsein hatte ihn verlassen und Platz für reines Gottesbewusstsein gemacht. Als er in den halbbewussten Zustand zurückkehrte, sprach er mit der heiligen Mutter und sagte: ‚Sei nicht beunruhigt, oh Mutter! Komm auf diese Ebene herunter. Schweige, oh Mutter! Was Du, oh Mutter, willst, trifft bei jedem ein! Was soll ich diesen Leuten sagen?'"

Unterscheidung und Entsagung

„Nichts kann auf dem spirituellen Weg ohne Unterscheidung (zwischen dem Wirklichen und dem Unwirklichen) und Entsagung (Nicht-Anhaftung an Reichtümer, Ehre und Sinnesvergnügen) erlangt werden. Es gibt viele Arten von Entsagung. Eine Art kommt vom akuten Schmerz am Elend der Welt. Aber die bessere Art der Entsagung kommt von der Erkenntnis, dass alle weltlichen Segnungen unwirklich sind, selbst wenn sie in Reichweite sind. Obwohl der Mensch alles hat, entsagt er allem für Gott."

Religiöse Erweckung braucht Zeit.

„Alles hängt von der Zeit ab. Auf jede religiöse Erweckung müssen wir warten. Aber in der Zwischenzeit müssen die Gebote eines Gurus, des spirituellen Lehrers, sorgfältig befolgt werden, da sich diese Gebote auf den Geist eines weltlichen Menschen in Notzeiten sehr hilfreich auswirken können. Ein anderer Grund ist, dass die schlechten Auswirkungen der weltlichen Anhaftung allmählich beseitigt werden, wenn man beständig diese Gebote hört."

Weltliche Anhaftung und Erkenntnis

„Wie die Wirkung der Betrunkenheit beseitigt werden kann, indem der Trunkenbold dazu gebracht wird, Reiswasser zu trinken, so kann die Vergiftung der weltlich gesinnten Leute geheilt werden, wenn sie beständig die Gebote eines heiligen Gurus hören. Die Anzahl derer, die göttliche Weisheit erlangen, ist sehr begrenzt. Deshalb sagt die Gita: ‚Unter Tausenden streben nur wenige nach der Erkenntnis Gottes, und unter Tausenden solcher Wahrheitssucher haben nur wenige Erfolg und erreichen das Ziel.' Je mehr ein Mensch an der Welt haftet, desto unwahrscheinlich ist es, dass er göttliche Weisheit erlangt. Je geringer seine Anhaftung ist, desto wahrscheinlicher ist es, dass er sie erlangt. Deshalb kann man sagen, dass Weisheit sich direkt als Nicht-Anhaftung an die Welt, ihre Freuden und ihre Reichtümer auswirkt und das Gegenteil als Anhaftung an die Welt."

Stadien der Spiritualität

„Es gibt verschiedene Stadien der Spiritualität. Zuerst gibt es den Zustand, sprachlos zu sein bei dem Gedanken oder der Erkenntnis des absoluten Brahman – Existenz, Wissen und Seligkeit. Dies ist der äußerste Punkt bezüglich der Liebe zu Gott, den ein gewöhnlicher Sterblicher erlangen kann. Zweitens gibt es den Zustand der ekstatischen Liebe. Diesen können nur wenige erlangen. Es sind Menschen mit außergewöhnlichen, ursprünglichen Kräften, die mit einem göttlichen Auftrag bedacht wurden. Da sie Erben der göttlichen Kräfte und Herrlichkeiten sind, bilden sie eine eigene Klasse. Zu dieser Klasse gehören Inkarnationen Gottes wie Christus, Krishna, Buddha und Chaitanya und ihre Verehrer der höchsten Ordnung."

Ekstatische Liebe

„Die beiden Merkmale der ekstatischen Liebe sind erstens, das Vergessen der äußeren Welt, und zweitens, das Vergessen des eigenen Körpers, der einem so lieb ist. Das Erste ist wie die unreife Mango, das Zweite wie die reife Mango. Ekstatische Liebe zu Gott ist wie eine Schnur in der Hand des Bhakta, die Gott bindet. Der Verehrer hat den Herrn sozusagen unter seiner Kontrolle. Der Herr muss zu ihm kommen, wenn immer er Ihn ruft. In persischen Büchern steht, dass es im Fleisch Knochen gibt, in den Knochen ist das Mark, im Mark ist das Letzte und Innerste von allem, diese ekstatische Liebe.

Sri Krishna wird ‚Tribhanga'[94] genannt. Das bedeutet, dass Sein Körper in seiner gewöhnlichen Körperhaltung dreimal gebogen ist. Nur eine biegsame Substanz kann solch eine gebogene Gestalt annehmen. Deshalb bedeutet diese Gestalt Sri Krishnas, dass Sein ganzes Sein durch diese ekstatische Liebe sehr weich geworden ist."

Die drei Bewusstseinszustände in der Ekstase

„Chaitanya Deva war die Inkarnation der göttlichen Liebe oder Bhakti. Er kam, um der Menschheit wahres Bhakti zu lehren. Er hatte in Ekstase drei

---

[94] [Tribanga = dreifach gebogene Haltung: Diese Körperstellung entspricht einer uralten klassisch-indischen Tanzform. Der stehende Körper biegt sich im Knie, an den Hüften und an der Schulter.]

Bewusstseinszustände. Erstens, das Bewusstsein des grobstofflichen und subtilen Körpers. Zu dieser Zeit wiederholte er den Namen des Herrn und sang Sein Lob im Sankirtan [gemeinsames Singen von Gottes Namen]. Zweitens, das alleinige Bewusstsein des kausalen Körpers. In diesem Zustand wurde er von ekstatischer Freude berauscht und behielt nur ein teilweises Bewusstsein der äußeren Welt zurück. Er tanzte dann zusammen mit anderen Bhaktas. Drittens, das Bewusstsein des Absoluten. In diesem Zustand ging er in den höchsten Bereich von Samadhi ein und erhob sich über alles Sinnesbewusstsein, wobei sein Körper scheinbar leblos war.

Diese Zustände entsprechen den fünf Hüllen der Seele im Vedanta. Nach dem Vedanta enthält der grobstoffliche Körper die materielle Gestalt, die die äußerste Hülle und die Hülle von Prana oder der Sinnesorgane und der Sinneskräfte ist. Der subtile Körper enthält zwei Hüllen, die geistige und die verstandesmäßige. Der kausale Körper ist die Hülle der Freude. Jenseits dieser fünf ist das wahre Selbst, das Absolute. Wenn der Geist diesen höchsten Zustand erreicht, ist Samadhi oder das Gottesbewusstsein das Ergebnis."

Wie man beten soll

„Die nächste Frage ist, wie man beten soll. Lasst uns nicht um die Dinge dieser Welt beten, sondern wie Narada. Narada sagte zu Rama Chandra: ‚Oh Rama, gewähre mir, dass ich Bhakti, Liebe, Verehrung und Hingabe zum Lotus Deiner Füße habe.‘ ‚Sei es so‘, sagte Rama. ‚Aber willst du nicht noch um etwas anderes bitten?‘ Narada erwiderte: ‚Herr, möge es Dir gefallen, mir zu gewähren, dass ich nicht von Deiner Maya angezogen werden, die die Geschöpfe dieser Welt fasziniert.‘ Rama Chandra sagte erneut: ‚So sei es, Narada. Aber willst du nicht noch um etwas anderes bitten?‘ Narada erwiderte: ‚Nein, Herr, das ist alles, worum ich bitte.‘"

Die Stufen der Erkenntnis

„Jnana (Erkenntnis) unterscheidet sich in Ausmaß und Art. Zuerst gibt es die Erkenntnis der weltlichen Menschen, der gewöhnlich Sterblichen. Diese Erkenntnis ist nicht mächtig genug. Sie kann mit dem Licht einer Lampe verglichen werden, die nur das Innere eines Raums beleuchtet. Die Erkenntnis eines Bhakta (Verehrers) ist ein stärkeres Licht und kann mit dem Mondlicht verglichen werden, das ermöglicht, sichtbare Dinge außerhalb des

Raumes wie auch in ihm zu erkennen. Aber das Jnana einer Inkarnation Gottes ist noch machtvoller. Es ist mit einem noch stärkeren Licht vergleichbar – der strahlenden Pracht der Sonne. Dieses Licht erhellt den Mond wie auch die ganze Welt. Nichts ist für den Avatar (die göttliche Inkarnation) ein Problem. Er löst die größten Schwierigkeiten des Lebens und der Seele, als wären sie die einfachsten Dinge der Welt. Seine Erklärungen der kompliziertesten Fragen, an denen die Menschheit interessiert ist, sind so einfach, dass ein Kind sie verstehen kann. Er ist die Sonne der göttlichen Erkenntnis, deren Licht die angesammelte Unwissenheit von Zeitaltern vertreibt."

Spirituelle Erkenntnis und weltliche Menschen

„Solang ein Mensch in Weltlichkeit versunken ist, kann er die göttliche Erkenntnis nicht erlangen und Gott nicht schauen. Reflektiert schlammiges Wasser jemals die Sonne oder einen Gegenstand der Umgebung? Spirituelle Erkenntnis ist gelegentlich bei weltlichen Menschen sichtbar, aber nur sehr selten. Sie hält nicht lange an. Sie ist wie das Licht einer Lampe. Nein, nein, sie ist wie ein Sonnenstrahl – als würde ein Sonnenstrahl durch ein sehr kleines Loch in der Wand kommen. Weltliche Menschen wiederholen den heiligen Namen des Herrn, aber sie haben keine Sehnsucht im Herzen. Sie haben keine Ausdauer. Ob sie Gott erlangen oder nicht, es kümmert sie nicht. Sie sind vom Karma gebunden und müssen die Folgen ihrer Werke ernten.

Gibt es kein Heilmittel für diesen Zustand, keine Hoffnung für weltliche Menschen? Doch, die gibt es. Wirf ein Reinigungsmittel, z.B. ein Stück Alaun ins trübe Wasser. Das Wasser wird gereinigt, und die Unreinheiten setzen sich am Boden des Gefäßes ab. Die Unterscheidung des Wirklichen von der unwirklichen Erscheinungswelt und die Nicht-Anhaftung an die Welt sind die beiden Reinigungsmittel. Damit hört ein weltlicher Mensch auf, weltlich zu sein und wird rein.

Weltliche Menschen erkennen Unterschiede, was dasselbe wie Unwissenheit ist. Aber wahres Wissen lässt einen Menschen die Einheit der Existenz erkennen. ‚Dies ist Gold, dies Messing' ist Unwissenheit, während ‚alles ist Gold' wahre Erkenntnis ist. Alle Unterschiede hören auf, wenn sich wahre Erkenntnis einstellt."

Sankara und der Paria

„Sankara war ein großer Jnani. Er besaß wahre Selbsterkenntnis. Er erkannte überall und in allen Lebewesen das eine Brahman. Er erkannte keinen Unterschied der Kaste oder des Glaubens an. Einmal jedoch sah er einen Unterschied. Er unterschied einen Paria [einen Ausgestoßenen] von einem Brahmanen der hohen Kaste oder einem Weisen. Er berührte keinen Paria, nachdem er im heiligen Ganges gebadet hatte.

Einmal trug ein Paria Tierfleisch am Flussufer entlang, als Sankara von seinem Bad kam und der Paria mit ihm zusammenstieß. Sankara rief aus: ‚Du Kerl, wie kannst du es wagen, mich zu berühren?‘ Der Paria erwiderte: ‚Weder hast du mich berührt, noch habe ich dich berührt. Der Atman ist rein. Er ist weder der Körper noch die Bestandteile des Körpers. Er steht weit über den vierundzwanzig Kategorien des Weltalls. Du bist der wahre Atman, und auch ich bin es. Wie kann ich dich berühren?‘

Sankara verneigte sich vor dem Paria, und siehe da, der Paria verwandelte sich in Shiva, den Herrn der Weisheit. In diesem Augenblick öffnete sich Sankaras spirituelles Auge, und er erkannte die absolute Einheit des Atman. ‚Ich bin der reine und unbefleckte Atman, ewig frei.‘ Dies ist das Wesen wahrer Selbsterkenntnis.“

Spirituelle Übungen

„Spirituelle Übungen (Sadhana) sind unbedingt für die Selbsterkenntnis nötig. Aber wenn es völligen Glauben gibt, dann genügt ein wenig Übung. Man muss an die Worte des Gurus oder spirituellen Meisters glauben.“

Vyasa und die Gopis

„Vyasa[95] war dabei, den Jamuna zu überqueren. In diesem Augenblick kamen die Gopis (Schäferinnen). Auch sie wollten den Fluss überqueren, aber es gab keine Fähre. Sie fragten Vyasa: ‚Herr, was sollen wir tun?‘ Vyasa erwiderte: ‚Sorgt euch nicht, ich werde euch über den Fluss bringen. Aber ich habe großen Hunger. Könnt ihr mir etwas zu essen geben?‘ Die Gopis hatten Milch, Rahm und frische Butter dabei. Er aß alles auf.

---

[95] Vyasa ist der Verfasser der Vedanta Sutras und vieler Puranas.

Dann fragten die Gopis: ‚Was ist nun mit dem Überqueren des Flusses?‘ Vyasa stand am Ufer des Wassers und betete: ‚Oh Jamuna, da ich heute noch nichts gegessen habe, bitte ich Dich durch diese Tugend, dass Du das Wasser teilst, damit wir Dein Flussbett durchqueren und die andere Seite erreichen können.‘ Kaum hatte er das gesagt, als das Wasser sich teilte und das trockene Flussbett dalag. Die Gopis waren verblüfft. Sie dachten: ‚Wie kann er sagten, dass er heute nichts gegessen hat, wenn er soeben so viel gegessen hat?‘ Sie konnten nicht erkennen, dass dies ein Beweis festen Glaubens war, dass Vyasa den Glauben hatte, nichts gegessen zu haben, sondern dass der Herr, der in ihm wohnte, der wahre Esser gewesen war.“

Stufen der spirituellen Übung

„Die erste Stufe der spirituellen Übung ist der Umgang mit spirituellen Menschen, die Gesellschaft mit heiligen Männern. Die zweite Stufe ist der Glaube an Dinge, die den Geist (Spirit) betreffen. Die dritte Stufe ist die auf Eins gerichtete Hingabe an das eigene Ideal. Das Ideal mag der Guru, der spirituelle Lehrer sein, das unpersönliche Brahman, der persönliche Gott oder eine Seiner Manifestationen. Die vierte Stufe ist der Zustand, sprachlos zu sein beim Gedanken an Gott.

Die fünfte Stufe ist, wenn das Empfinden der Hingabe an Gott den Höhepunkt erreicht. Sie wird Mahabhava genannt. Der Verehrer lacht manchmal wie ein Verrückter, und manchmal weint er. Er verliert jegliche Kontrolle über seinen Körper. Dieser Zustand wird von gewöhnlichen Menschen nicht erlangt, die nicht fähig sind, das Fleisch zu überwinden. Er wird von Inkarnationen Gottes erlangt, die in dieser Welt erscheinen, um die Menschheit zu retten.

Die sechste Stufe, Prema oder ekstatische Liebe, geht mit Mahabhava einher. Sie ist die intensivste Liebe zu Gott und ist grundsätzlich der höchste spirituelle Zustand. Die beiden Merkmale dieses Zustands sind das Vergessen dieser Welt und das Vergessen des individuellen Selbst, den eigenen Körper eingeschlossen.“

Nachdem Bhagavan diese Predigt gehalten hatte, sagte er zu seinen Zuhörern, dass er gern jede Frage beantworten würde. Aber keine wurde gestellt. Also fuhr Bhagavan fort:

Das schrittweise Erlangen von Erkenntnis

„Erkenntnis (Jnana) kann nicht auf einmal mitgeteilt werden. Sie muss allmählich erlangt werden. Nimm einmal an, ein Patient hat heftiges Fieber. Der Arzt gibt unter solchen Umständen kein Chinin. Er weiß, dass diese Arznei nichts nützt. Zuerst muss das Fieber den Patienten verlassen, was Zeit braucht. Dann kann das Chinin wirken. Manchmal geht das Fieber auch ohne Chinin oder eine andere Arznei weg.

Genauso ist es mit dem Menschen, der Erkenntnis sucht. Bei ihm wirken religiöse Regeln oft nicht, solange er in Weltlichkeit versunken ist. Gestehe ihm eine gewisse Zeit zu, um die Dinge der Welt zu genießen, dann wird seine Anhaftung an die Welt allmählich nachlassen. Das ist genau der Augenblick, in dem die religiösen Anweisungen, die man ihm gibt, Erfolg haben. Bis dahin sind solche Anweisungen völlig umsonst, wie wenn man Perlen vor die Schweine wirft.

Viele kommen zu mir. Ich habe beobachtet, wie einige von ihnen unbedingt meinen Worten zuhören wollen. Aber andere werden in meiner Gegenwart unruhig und ungeduldig. Sie flüstern ihren Freunden zu: ,Lasst uns gehen, lasst uns gehen. Wenn du bleiben willst, dann gehen wir zum Boot und warten dort auf dich.' Spirituelle Erweckung ist eine Frage der Zeit. Der Lehrer ist nur eine Hilfe."

Dann war das Treffen beendet.

II.

Karma

Sri Ramakrishna (zu einem Schüler): „Tatsache ist, dass dieser Wunsch nach Erkenntnis oder Freiheit vom Karma der eigenen früheren Geburten abhängt."

Schüler: "Ja, Bhagavan, es ist so schwierig, sich selbst zu verstehen. Wir sehen das Selbst nur so, wie es uns erscheint. Dahinter können hundert frühere Wiedergeburten stehen. Wir gehen auf dem Boden eines Hauses, aber wir bleiben nie stehen, um nachzusehen, wie er gemacht wurde und was alles darunter ist."

Bhagavan lächelte den Schüler an und verließ seinen Platz. Er ging auf die Veranda hinaus, die neben der westlichen Tür seines Zimmers lag, und betrachtete eine Zeit lang die Sonne, die schnell am Horizont versank. Dann starrte er hinunter zum Wasser des heiligen Stroms vor ihm.

Ein Schüler ging alleine vor dem Tempel am Ufer des Ganges umher. Er beobachtete Balaram und andere, die in ein Boot stiegen, um nach Kalkutta zurückzukehren. Es war Hochsommer. Das heilige Wasser des Flusses wurde durch Wellen gebrochen.

Der Tag neigte sich dem Ende zu. Es war nach fünf. Der Himmel war bewölkt, und die Wolken präsentierten einen wundervollen Anblick, besonders im Norden. Im Vordergrund war das Panchavati zu sehen, dahinter eine Reihe hoher Weiden mit dem silbrigen Strom, der rechts an ihnen vorbeifloss. Im Hintergrund waren schöne dunkelblaue Wolken zu sehen und darunter der dunkle Strom.

Der Schüler betrachtete diese bezaubernde Szene. Plötzlich wurde seine Aufmerksamkeit von Bhagavan beschlagnahmt, der auf das Panchavati und die Weiden zuging. Als Sri Ramakrishna, der wie ein fünfjähriges Kind lächelte, hinzukam, war das schöne Bild mehr als vollendet. Zum einen war da das Universum, zum anderen die eine Seele, die das Universum reflektierte und sein wahres Wesen erkannte. Ja, der Schüler spürte, dass er in dieser Gegenwart der Lösung des Problems des Lebens so nahe war, wie er nur sein konnte.

Es war diese Gegenwart, die alles hervorgebracht hat – die Statuen von Göttern und Göttinnen, Männer, Frauen und Kinder, Bäume, Blumen und Blätter. Jeder Zoll in diesem Tempel war von Spiritualität und der Freude am Herrn erfüllt. Der Schüler spürte wahrhaftig, dass es der Gottesmann vor ihm war, der einen unwiderstehlichen Zauber über alles an diesem wundervollen Ort geworfen hatte – über jeden Gegenstand, göttlich oder menschlich, beseelt oder unbeseelt, sichtbar für das äußere oder innere Auge, vom Staub unter seinen heiligen Füßen bis zu jenen heiligen Götterbildern, die im Tempel verehrt werden und sichtbar sind, wenn man in diesen anderen Tempel schaut, den Körper des Mannes, diese wahrhafte „Offenbarung im Fleisch." Er war in dieser Gegenwart wie verzaubert.

III.

Es war Abend. Nach den üblichen Gebeten und anderen religiösen Übungen, die dem frommen Hindu vorgeschrieben sind, traf der Meister denselben Schüler nochmals. Der Schüler fragte, wobei er sich auf die scheinbar widersprüchlichen religiösen Glaubensrichtungen der Hindus bezog: „Bhagavan, ist das ein Widerspruch? Einige Hindus behaupten, dass Sri Krishna mit Kali, der Göttlichen Mutter, identisch ist, während andere behaupten, dass Sri Krishna der Atman, das Absolute, ist, und dass Radha Chitsakti, die selbstbewusste Kraft ist, die das Universum regiert, die Schöpferin, Erhalterin und Vernichterin, der persönliche Gott."

Gott ist unendlich.

Bhagavan: "Die erste Sichtweise ist die des Devi Puran. Auch wenn es so ist, muss das kein Widerspruch sein. Gott ins unendlich. Unendlich sind die Gestalten, in denen Er sich manifestiert. Unendlich sind auch die Wege, die zu Ihm führen."

Schüler: "Oh, ich verstehen! Das Ziel ist, auf das Dach des Hauses zu gelangen. Die Mittel können verschieden sein, wie du oft gesagt hat – ein einfaches Seil, ein Bambusstab, eine Holzleiter oder eine Treppe."

Die Gnade Gottes

Bhagavan: "Genau. Dass du das so schnell verstehen kannst, kommt durch die Gnade Gottes. Ohne Seine Gnade wird der Zweifel nie ausgeräumt. Unsere Haltung Gott gegenüber sollte wie die von Hanuman sein, der zu Rama Chandra sagte: ‚Herr, ich kümmere mich nicht um eine besondere Zeit oder einen besonderen Ort für die Meditation. Mich kümmert nur, über Dich zu meditieren.'"

Die Liebe zu Gott ist das einzige, was nötig ist.

„Nimm einmal an, du gehst in einen Garten, um Mangos zu essen. Musst du dafür zuerst die Bäume im Garten zählen, die tausende sein können, dann die Äste, die hunderttausende sein können? Gewiss nicht. Du solltest im Gegenteil sofort mit dem Essen beginnen. Ebenso ist es sinnlos, in alle Arten von Diskussionen und Debatten über Gott einzutreten, was nur eine

Verschwendung von Zeit und Energie ist. Deine jetzige und wichtigste Pflicht ist es, Gott zu lieben und Bhakti oder Hingabe zu entwickeln."

Schüler: "Bhagavan, ich wünsche mir sehr, dass meine Arbeit in der Welt etwas weniger wird als sie jetzt ist. Der Druck der Arbeit hindert einen daran, dass man sich ganz auf Gott konzentriert, nicht wahr?"

Bhagavan: "Oh ja, zweifelsohne. Aber ein Weiser kann ohne Anhaftung arbeiten. Dann wird die Arbeit ihm nicht schaden."

Schüler: "Aber das hängt davon ab, ob man eine außergewöhnliche Willenskraft besitzt, die von der Erkenntnis Gottes kommt. Zuerst die Erkenntnis Gottes, dann Arbeit ohne Anhaftung. Ist es nicht so, Bhagavan?"

Die Kraft des Wunsches

Sri Ramakrishna: "Ich muss zugeben, dass du recht hast. Aber wahrscheinlich hast du dir diese Dinge in deinen früheren Inkarnationen gewünscht. Das erinnert mich an eine Geschichte, die in einem der heiligen Bücher erzählt wird. Dort steht, dass Sri Krishna seine Wohnstadt im Herzen Radhas genommen hatte. Solange gab es keine Lila (das spielerische Leben, das er in Vrindavan führte). Aber er hatte den Wunsch, menschliche Gestalt anzunehmen. Die Folge seines Wunsches war, dass er nach Vrindavan kam. Solcherart ist die Kraft des Wunsches. Deine jetzige Pflicht ist es, unaufhörlich um Liebe zu Gott zu beten, sodass die Bindung der Arbeit allmählich abfällt."

Schüler: "Bhagavan, ist es die Pflicht des Familienvaters, für Notzeiten zu sparen?"

Wirf alle Sorgen auf Gott.

Bhagavan: "Versuche, dem Grundsatz von Jadrichchalabha zu folgen, der lautet: ‚Man soll sich die Dinge nützlich machen, die von selbst kommen, ohne dass man sich anstrengen muss, sie zu erlangen.' Denke nicht so viel über Dinge dieser Art nach, wie für Notzeiten zu sparen. Wirf deine Sorgen auf Gott. Was glaubst du geschieht, wenn ich in Samadhi bin?"

Schüler: "Dein Geist ist dann auf der sechsten Ebene, die im Vedanta erwähnt wird. Dann kommst du auf die fünfte Ebene herunter, wenn du zu sprechen beginnst."

Bhagavan: "Ich bin nur ein bescheidenes Werkzeug in Seinen Händen. Er tut all diese Dinge. Ich weiß nichts."

Schüler: "Wegen dieser wundervollen Selbstverleugnung werden alle Leute zu dir hingezogen. Du hast gesagt, dass Maya Anhaftung an Verwandte und Freunde ist, dass Daya dagegen Liebe ist, die sich auf die ganze Menschheit erstreckt – auf alle Kreaturen Gottes. Ich verstehe den Unterschied nicht. Ist Daya kein Gefühl, das den Menschen an der Welt festhalten lässt?"

Bhagavan: "Daya ist kein schlechtes Gefühl. Im Gegenteil, es ist erhebend und führt einen zu Gott. Glaubst du an Gott mit oder ohne Gestalt?"

Schüler: "Ich gehe so weit wie die Eigenschaften. Gott hat Eigenschaften. Bis dahin kann ich klar genug sehen. Aber ist es nicht eine Tatsache, dass es unmöglich ist, an das Gestaltlose ohne die Hilfe einer Gestalt zu denken? In jedem Fall müssen wir durch Gestalten und Symbole gehen."

Bhagavan (lächelnd): "Du siehst, dass ich Wert auf die Verehrung Gottes mit Gestalt als überaus vorteilhaft für die Kultivierung von Hingabe lege."

Schüler: "Macht Pandit Sasadhar Fortschritte in dieser Richtung – in der Kultivierung von Bhakti oder Hingabe?"

Bhagavan: "Ja, aber seine Neigung geht in die Richtung des Weges der Erkenntnis. Diese Leute gehören einer eigenen Klasse an. Sie sehen nicht, dass dieser Weg äußerst schwierig ist."

Entsagung

„Es genügt, wenn du die Welt im Geist aufgeben kannst. Äußere Entsagung ist nicht unbedingt nötig."

Schüler: "Was du sagst, gilt für die Schwachen, so scheint mir. Für Menschen der höchsten Klasse gilt Entsagung im wörtlichen Sinn. Sie müssen die Welt aufgeben, nicht nur im Geist, sondern auch äußerlich."

Bhagavan: "Du hast alles über Entsagung gehört, was ich gelehrt habe."

Schüler: "Ja, Bhagavan. Mit Entsagung verstehe ich nicht nur die Abwesenheit von Anhaftung an die Dinge dieser Welt. Es ist Nichtanhaftung an die Dinge dieser Welt plus etwas. Dieses Etwas ist die Liebe zu Gott."

Der Zustand der Gottesschau

Bhagavan: "Du hast recht. Ich bin froh, dass du das einsiehst. Die Gottesschau kann anderen nicht klar gemacht werden. Die Dinge, die sich ereignen, kann man jedoch bis zu einem gewissen Grad beschreiben. Du bist zweifelsohne im Theater gewesen, um ein Drama zu sehen. Bevor die Vorführung beginnt, musst du bemerkt haben, dass die Leute eifrig über verschiedene Themen miteinander reden – über Politik, Haushaltsangelegenheiten, Geschäftsdinge. Aber sobald sich der Vorhang hebt und Berge, Hütten, Flüsse und Menschen sichtbar werden, hören aller Lärm und alle Gespräche auf, und jeder Zuschauer sieht ganz aufmerksam der neuen Szene zu, die vor ihm aufgeführt wird. Ziemlich gleich ist der Zustand dessen, der mit der Gottesschau gesegnet ist."

Schüler: "Wie du heute gesagt hast, ist ekstatische Liebe zu Gott die Schnur, mit der man den Gott der Liebe bindet. Mit solcher Liebe kann man gewiss Gott schauen. Aber die Frage ist, ob eine solche Liebe in Reichweite des weltlichen Menschen (Grihastha) liegt."

Bhagavan schwieg.

KAPITEL XI: SRI RAMAKRISHNA IM BRAHMO SAMAJ IN SINTI[96]

I.

Bhagavan Sri Ramakrishna wurde gebeten, dem Jahrestreffen des Brahmo Samaj beizuwohnen, das in diesem Jahr im schönen Gartenhaus eines Herrn namens Veni Babu[97] stattfand. Der Morgengottesdienst war vorbei, als Bhagavan mit einigen seiner Schüler in einem Wagen ankam. Er nahm auf einem erhöhten Sitz Platz, der für ihn auf der Veranda bereitgestellt worden war und von wo aus er einen großen Innenhof überblicken konnte.

Viele Verehrer, Nachfolger und Mitglieder des Brahmo Samaj versammelte sich im Kreis um ihn. Die Gebete, die Musik und andere fromme Übungen wurden fortgesetzt. Als Sri Ramakrishna die Musik hörte, ging er in Samadhi ein und war eine Zeit lang bewegungslos. Als er sein Sinnesbewusstsein wiedererlangte, öffnete er seinen Mund, und begann folgendes zu sagen:

Übernatürliche Kräfte

"Die Verwirklichung Gottes ist nicht dasselbe wie die übernatürlichen Kräfte. Es gibt viele Yogakräfte, aber erinnert ihr euch, was Krishna zu Arjuna über sie sagte? Wenn du jemanden eine dieser Kräfte ausüben siehst, dann weißt du, dass er Gott nicht erkannt hat, weil zur Ausübung dieser Kräfte Egoismus (Ahamkara) benötigt wird, der ein Hindernis auf dem Weg zur höchsten Verwirklichung ist."

Die Gefahr übernatürlicher Kräfte

„Es ist tatsächlich sehr gefährlich, übernatürliche Kräfte zu besitzen. Totapuri lehrte mich diese Wahrheit mit folgender Geschichte:

Ein Siddha (ein Mensch mit übernatürlichen Kräften) saß am Meeresufer. Plötzlich kam ein heftiger Sturm auf, der ihn sehr in Bedrängnis brachte. Er

---

[96] Sinti ist ein Dorf etwa vier Meilen nördlich von Kalkutta gelegen.
[97] Veni Babu war ein Mitglied des Brahmo Samaj. Er betrachtete Ramakrishna als den göttlichsten Menschen des gegenwärtigen Zeitalters.

wollte ihn beenden und rief: ‚Möge dieser Sturm aufhören!' Sein Befehl wurde sofort erfüllt. Ein Schiff, das alle Segel gesetzt hatte, kam in einiger Entfernung vorbei. Als der Wind plötzlich aufhörte, kenterte das Schiff, und alle an Bord ertranken. Der Siddha war die Ursache dieses Unglücks, und deshalb musste er die Sünde auf sich nehmen, so viele unschuldige Menschen getötet zu haben. Wegen dieser schrecklichen Sünde verlor er seine Kraft und musste nach dem Tod im Fegefeuer leiden."

Der Siddha und der Elefant

„Ein anderer Siddha war sehr stolz auf seine übernatürlichen Kräfte. Er war ein guter Mensch und ein Asket. Eines Tages kam der Herr in Gestalt eines Heiligen zu ihm und sagte: ‚Verehrter Herr, ich habe gehört, dass du wundervolle Kräfte besitzt.' Der gute Mann empfing in freundlich und ließ ihn Platz nehmen.

In diesem Augenblick kam ein Elefant vorbei. Der Heilige fragte: ‚Herr, kannst du diesen Elefanten töten, wenn du es willst?' Der Siddha erwiderte: 'Ja, das ist möglich.' Er nahm eine Handvoll Staub, wiederholte ein Mantra und warf ihn auf den Elefanten. Sofort brüllte das Tier, fiel in Qual zu Boden und starb. Als der Heilige das sah, rief er: ‚Was für eine wundervolle Kraft du besitzt! Du hast solch eine große Kreatur in einem Augenblick getötet!'

Dann bat ihn der Heilige: 'Du musst auch die Kraft besitzen, ihn wieder lebendig zu machen.' Der Siddha erwiderte: ‚Ja, auch das ist möglich.' Wiederum nahm er eine Handvoll Staub, sang ein Mantra und warf ihn auf den Elefanten. Und siehe da, der Elefant wurde wieder lebendig. Als der Heilige das sah, war er verblüfft und rief erneut: ‚Wie wundervoll sind deine Kräfte! Aber darf ich dir noch eine Frage stellen. Du hast den Elefanten getötet und zum Leben erweckt. Was hast du dadurch gewonnen? Hast du Gott erkannt?' Als der Heilige das gesagt hatte, verschwand er."

Der Wunsch nach übernatürlichen Kräften verhindert die Verwirklichung.

„Der Weg der Spiritualität ist sehr subtil. Gott kann nicht erkannt werden, solange noch der kleinste Wunsch nach Kräften im Herzen ist. Du kannst keine Nadel einfädeln, solange Fasern am Faden sind. Krishna sagte zu Arjuna: ‚Bruder, wenn du Mich (Gott) erkennen willst, darfst du dir keine übernatürlichen Kräfte wünschen. Der Besitz übernatürlicher Kräfte bringt Stolz und Egoismus mit sich. Dann vergisst man leicht Gott. Solange Egoismus da ist, kann sich göttliche Erkenntnis nicht einstellen."

Die vier Stufen der Erkenntnis

„Auf dem Weg der Erkenntnis gibt es vier verschiedene Stufen. Die erste ist die des Anfängers, eines Pravartaka oder eines Menschen, der soeben begonnen hat, Gott zu verehren. Jene, die zu dieser Klasse gehören, beginnen, Zeichen ihres Glaubens zu tragen wie den Rosenkranz oder das Zeichen auf der Stirn, und sie sind sehr wählerisch, was die äußeren Formen ihrer Glaubensrichtung betrifft.

Die zweite Stufe ist die des Neulings oder Sadhaka. Jene, die dieser Klasse angehören, sind weiter fortgeschritten. Sie stellen ihren Glauben nicht zur Schau und legen keinen so großen Wert auf äußere Zeichen. Ihre Verehrung ist im Innern. Sie wiederholen schweigend den Namen des Herrn, beten ohne Zurschaustellung und spüren einige Sehnsucht nach Gott.

Die dritte Stufe ist die des Siddha. Wer ist ein Siddha? Einer, der in seinem Herzen und in seiner Seele fest davon überzeugt ist, dass Gott existierst, dass Er alles tut, dass Er das allmächtige Sein ist, und der einen ersten Blick auf Ihn erhalten hat.

Die vierte Stufe ist die des Siddha der Siddhas. Einer, der diese Stufe erreicht hat, hat nicht nur Gott geschaut, sondern hat Bekanntschaft mit Ihm gemacht und eine feste Beziehung zu Ihm aufgebaut – entweder die eines Sohnes zu seinem Vater, die einer Mutter zu ihrem Kind, die eines Freundes zu einem Freund, die eines Bruders zu einem Bruder oder die Beziehung von Mann und Frau."

Glaube und Erkenntnis

„Zu glauben, dass Feuer im Holz ist, ist Glaube. Das ist das Eine. Aber es ist etwas anderes, das Holz in Brand zu setzen, etwas mit ihm zu kochen, zu essen und danach Friede und Glück zu erlangen. So ist auch der Glaube, dass Gott in der Welt ist, und einen entfernten Blick auf Ihn zu erhaschen, das Eine. Aber in direkten Austausch mit Ihm zu kommen, Seine Gesellschaft zu genießen und göttliche Seligkeit zu schmecken, ist etwas anderes.

Keiner kann die verschiedenen Aspekte Gottes, die ein Bhakta erkennt, begrenzen. Sie nehmen immer mehr zu."

Ein Verehrer: "Bhagavan, warum können einige schneller die Verwirklichung erlangen als andere?"

Ramakrishna: "Das hängt von den Samskaras oder Eindrücken aus früheren Leben ab. Nichts geschieht plötzlich oder zufällig.

Ein Mann trank am Morgen ein kleines Gläschen Wein und führte sich wie ein Trunkenbold auf. Die Leute, die ihn sahen, fragten sich, warum er von einem kleinen Glas Wein betrunken wurde. Als ein anderer Mann das hörte, erwiderte er: ‚Weil er die ganze Nacht getrunken hat.'"

Plötzliche Bekehrung

"Es gibt viele Beispiele einer plötzlichen Bekehrung. Leute, die in Wohlstand und Luxus lebten, haben plötzlich der Welt entsagt. Solche plötzlichen Veränderungen kommen von den spirituellen Eindrücken, die im vergangenen Leben erlangt wurden. In der letzten Inkarnation eines Jiva überwiegen sattvische Eigenschaften. Sein Herz und seine Seele sehnen sich nach Erkenntnis. Der Geist wird frei von weltlichen Freuden und bleibt beständig auf das höchste Sein gerichtet."

Für die Erkenntnis ist ein fester Glaube nötig.

„Die Leute hier glauben an Gott und verehren Ihn ohne Gestalt. Das ist gut."

(Er wandte sich an die Brahmo-Verehrer): „Haltet bei der Verehrung nur an einem Aspekt fest, entweder an Gott mit Gestalt oder am gestaltlosen Gott. Bestimmtheit im Glauben ist das Erste, was für die Erkenntnis nötig ist. Nichts kann ohne Standhaftigkeit erreicht werden. Wenn du fest an Gott mit Gestalt glaubst, wirst du Ihn erlangen. Ebenso wirst du Ihn erreichen, wenn du fest an eine unpersönliche und gestaltlose Göttlichkeit glaubst. Eine Süßigkeit schmeckt süß, ob du gerade oder krumm an ihr abbeißt.

Aber ihr müsst standhaft sein und müsst Ihn mit großer Sehnsucht anrufen. Wisst ihr, wie es für mich ist, wenn ein weltlicher Mensch über Gott spricht? Es ist, wie wenn Kinder im Spiel streiten und den Namen des Herrn unnütz im Mund führen oder wie ein Geck, der mit dem Stock in der Hand im

Garten herumspaziert, eine Blume pflückt und müßig ausruft: ‚Was für eine schöne Blume hat Gott gemacht!'

Und selbst diese Aufmerksamkeit für Gott existiert nur für einen Augenblick, wie die Wassertropfen auf einem rotglühenden Eisen. Standhaftigkeit in der Hingabe auf einen Aspekt ist unbedingt nötig. Taucht tief ein. Ohne ins Meer zu tauchen, kann keiner den Schatz erhalten. Wenn ihr auf der Oberfläche schwimmt, könnt ihr ihn nicht erreichen. Lernt, Gott zu lieben. Seid in Seine Liebe vertieft. Ich habe von euren Gebeten und frommen Übungen gehört.

Aber warum sprecht ihr so viel von den Erscheinungen, die Gott gemacht hat? 'Oh Herr, Du hast den Himmel gemacht, den mächtigen Ozean, den Mond, die Sonne, die Sterne und die Planeten. Oh Herr, Du hast das alles gemacht' und so fort. Warum verweilt ihr bei diesen Dingen? Beim Anblick des schönen Gartens eines reichen Mannes ruft jeder aus: ‚Was für schöne Bäume! Was für eine hübsche Blume! Was für ein großer Teich, und was für feine Fische sind darin! Was für ein kunstvolles Gebäude! Mit welch reichen Malereien ist das Wohnzimmer verziert!' Beim Anblick all dessen ist jeder voller Bewunderung, aber wie viele wollen den Herrn des Gartens kennenlernen? Nur wenige. Jene, die Gott mit intensiver Sehnsucht suchen, sehen Ihn, machen mit Ihm Bekanntschaft und sprechen mit Ihm, wie ich mit euch spreche. Ich sage euch die Wahrheit, wenn ich sage, dass Gott geschaut werden kann. Wer hört mir zu und glaubt mir?"

Gott und die Schriften

"Kann Gott in den Schriften gefunden werden? Nachdem man die Schriften gelesen hat, ist die höchste Erkenntnis, die man erlangen kann, dass Gott existiert. Aber Gott erscheint jenem nicht, der nicht unter die Oberfläche taucht. Bis dahin werden Zweifel nicht beseitigt, und göttliche Erkenntnis stellt sich nicht ein. Du kannst tausende von Büchern lesen, du kannst hunderte Verse und Hymnen wiederholen, aber wenn du nicht mit größter Sehnsucht der Seele ins Meer der Göttlichkeit eintauchen kannst, kannst du Gott nicht erreichen. Ein Gelehrter kann durch seine Kenntnis der Schriften und seine Büchergelehrsamkeit die Leute verzaubern, aber er wird dadurch nicht Gott erlangen. Schriften, Bücher, Wissenschaften, was bringen sie Gutes?"

Die Gnade Gottes

„Nichts kann ohne die Gnade des Herrn erlangt werden. Sehne dich nach Seiner Gnade, setze deine Energie dafür ein, sie zu erlangen, und durch Seine Gnade wirst du Ihn schauen, und Er wird gern mit dir sprechen."

Richter: "Verehrter Herr, ist Er mit den einen gnädiger als mit den anderen? In diesem Fall wäre Er parteiisch und ungerecht."

Sri Ramakrishna: "Wie wäre das möglich? Ist ein Pferd dasselbe wie ein Tontopf? Vidyasagara stellte mir dieselbe Frage. Er sagte zu mir: ‚Hat Gott einigen mehr Kräfte gegeben als anderen?' Ich erwiderte: ‚Gott durchdringt alle Lebewesen gleichermaßen. Er wohnt in mir auf dieselbe Weise, wie Er in der kleinsten Ameise wohnt, aber es gibt bei den Kräften einen Unterschied. Wenn alle Menschen gleiche Kräfte hätten, warum haben wir dann dich besucht, nachdem wir von dir gehört haben? Etwa weil du zwei Hörner auf dem Kopf hast? Nein, weil du freundlich, wohltätig und gelehrt bist und viele weitere, größere Eigenschaften hast als andere. Deshalb bist du so berühmt. Kennst du keine Männer, die allein hundert Menschen besiegen können, und Männer, die vor einer einzigen Person davonlaufen?'

Wenn es keine Unterschiede bei den Kräften gäbe, warum sollten die Leute dann vor Keshab Chunder Sen so viel Respekt haben? In der Gita heißt es: ‚In demjenigen, den viele Leute respektieren und ehren, sei es für seine Gelehrsamkeit, für sein musikalisches Talent, für seine Wortgewalt oder aus irgendeinem anderen Grund, manifestiert sich die göttliche Kraft besonders. Sei dir dessen gewiss.'"

Ein Brahmo-Verehrer (zum Richter): "Warum glaubst du nicht, was er sagt?"

Sri Ramakrishna (zum Brahmo-Verehrer): „Was bist du für ein Mensch? Weißt du nicht, dass es heuchlerisch ist, scheinbar eine Meinung zu akzeptieren, ohne an sie zu glauben?"

Richter: "Verehrter Herr, müssen wir der Welt entsagen?"

Verehre Gott in der Einsamkeit.

Sri Ramakrishna: "Nein. Warum solltest du ihr entsagen? Du kannst Gott erlangen, während du in der Welt lebst. Aber zuerst musst du einige Tage in

Einsamkeit leben und Ihn allein verehren. Es ist nötig, dass du einen stillen Ort in der Nähe deines Hauses hast, wo du gelegentlich für einige Stunden allein sein kannst und trotzdem zum Essen heimgehen kannst.

Keshab Sen, Mozoomdar und andere haben mir erzählt, dass sie wie König Janaka seien, der in der Welt lebte und trotzdem die höchste Verwirklichung erlangte. Ich erwiderte: 'Es ist nicht leicht, wie König Janaka zu sein. König Janaka war zuerst ein großer Asket und übte viele Jahre strenge Askese. Du könntest wie er sein, wenn du etwas üben würdest. Ein Mensch, der fließend in Englisch schreiben kann, hat diese Fähigkeit nicht auf einmal erworben. Er musste es lange üben.' Ich sagte auch zu Keshab Sen: ‚Wie kann man so eine akute Krankheit wie die Weltlichkeit heilen, ohne in die Einsamkeit zu gehen? Sie ist wie die schlimmste Form von Typhusfieber.

Wenn du Flaschen mit Chutney und Krüge mit Wasser an dem Ort aufbewahrst, wo ein Kranker an diesem Fieber leidet, wird er bestimmt versucht sein, das eine zu essen und das andere zu trinken. Dann wird es für den besten Arzt unmöglich sein, ihn zu heilen. Lustobjekte sind wie die Flaschen mit Chutney, und der Wunsch zu genießen ist wie der Durst nach Wasser. Weltlicher Durst hat kein Ende. Wie kann der Kranke geheilt werden, solange der Gegenstand für den Durst in seiner Reichweite aufbewahrt wird? Deshalb sage ich, ziehe dich vom Ort zurück, wo diese Gegenstände sind, und bleibe eine Zeitlang in der Einsamkeit. Wenn die Krankheit geheilt ist, kannst du in der Welt leben, ohne von ihr versucht zu werden. Dann lebst du wie König Janaka.'

Aber am Anfang musst du sehr wachsam sein. Mache in der Einsamkeit beständig fromme Übungen. Wenn ein Feigenbaum jung ist, muss man ihn mit einem Hag schützen, sonst wird er von den Schafen und dem Vieh gefressen. Aber wenn der Stamm dick geworden ist, ist der Hag nicht länger nötig. Du kannst einen Elefanten an ihn binden, ohne ihn zu verletzen. Wenn du nach der Übung in Einsamkeit wahres Bhakti (Hingabe an Gott) erlangt und spirituelle Stärke gewonnen hast, dann kannst du nach Hause gehen und in der Welt leben. Nichts kann dich verderben."

Richter (sehr erfreut): "Verehrter Herr, das ist die schönste Lehre. Wir müssen in der Einsamkeit üben, aber wir vergessen es immer und denken, dass wir sofort wie König Janaka werden. Es hat mir großen Frieden und Freude gebracht zu hören, dass es nicht unbedingt nötig ist, die Welt zu verlassen, und dass Gott auch Zuhause erkannt werden kann."

Entsagung und weltliche Menschen

Sri Ramakrishna: "Warum solltest du Entsagung üben? Wenn du kämpfen musst, ist es besser, es von der Festung aus zu tun. Du wirst gegen die Sinne, gegen Hunger, Durst und andere Wünsche kämpfen müssen. Es ist leichter, von der Festung der Welt aus zu kämpfen. In diesem Zeitalter hängt unser Leben von materieller Nahrung ab. Wenn du einen Tag lang nichts zu essen bekommen kannst, bist du von Gott abgelenkt.

Ein Mann sagte einmal zu seiner Frau: ,Ich werde die Welt verlassen.' Die Frau dachte sehr praktisch und erwiderte: ,Warum willst du für Essen von Haus zu Haus wandern? Wenn du etwas zu essen brauchst, ist es dann nicht besser, in ein Haus zu gehen als in zehn Häuser oder noch mehr?'

Warum solltest du Entsagung üben? Es ist viel bequemer, zuhause zu leben. Du brauchst dich nicht um Nahrung zu kümmern. Dann hast du deine Frau bei dir. Wenn immer dein Körper etwas braucht, wirst du es sofort haben. Wenn du krank bist, hast du viele, die dich pflegen. Janaka, Vyasa, Vasishta und andere erlangten zuerst das Gottesbewusstsein und lebten dann in der Welt. Sie hatten zwei Schwerter in ihren Händen – das der Weisheit und das der Arbeit."

Richter: "Verehrter Herr, wie können wir diese wahre Weisheit erkennen?"

Sri Ramakrishna: "Wenn sich wahre Weisheit einstellt, scheint Gott nicht mehr weit weg zu sein. Er ist nicht länger dort, sondern hier im Herzen. Er ist nicht länger dies, sondern das. Er wohnt in allen. Wer immer Ihn sucht, findet Ihn."

Richter: "Ich bin ein Sünder. Wie kann ich sagen, dass Gott in mir wohnt?"

Sri Ramakrishna: "Ihr sprecht immer von Sünde und Sünder. Das ist die christliche Lehre. Habt Vertrauen in den heiligen Namen des Herrn. Durch die Kraft des Glaubens werden alle Sünden weggewaschen."

Richter: "Verehrter Herr, wie kann ich solchen Glauben haben?"

Ramakrishna: "Zuerst gib dich Gott hin. In einem eurer Lieder heißt es: ‚Oh Herr, kannst Du ohne Hingabe erkannt werden, nur durch gute Werke und Opfer?' Du musst mit ernsthafter Sehnsucht in Stille um das beten, was wahre Hingabe und selbstlose Liebe für Gott bringt. Vergieße Tränen der Reue, bis du es erlangt hast."

Ein Brahmo-Verehrer: "Verehrter Herr, wann haben sie Zeit dafür? Sie müssen in ihren Büros arbeiten."

Überlasse alles Gott.

Ramakrishna (zum Richter): "Überlass dich dem Willen des Herrn und setze zu Seinen Gunsten eine Bevollmächtigung auf. Wenn jemand völlig von einem guten Menschen abhängig ist, tut dieser ihm dann etwas Böses? Lege innerlich deine ganze Last auf Ihn und sitz still da, ohne Angst. Was immer Er dir zu tun gegeben hat, das tue. Ein Kätzchen ist nicht eigenständig. Es miaut und miaut und bleibt, wo die Katzenmutter es hinlegt. Sie kann es auf ein sanftes Bett legen oder auf den harten Küchenboden. Das Kätzchen ist immer zufrieden und hängt völlig vom Willen der Mutter ab."

Die Pflicht des Familienvaters

Richter: "Wir sind Familienväter mit bestimmten Pflichten. Wie lange müssen wir diese erfüllen?"

Ramakrishna: "Natürlich hast du deine Pflichten. Du musst deine Kinder erziehen, deine Frau unterhalten und genug sparen, um deine Familie nach deinem Tod zu unterhalten. Würdest du das nicht tun, wärest du herzlos und grausam. Selbst große Weise wie Sukadeva übten sich in Güte. Wer weder Herz noch Freundlichkeit besitzt, ist kein Mensch."

Richter: "Wie lange müssen wir für den Unterhalt unserer Kinder sorgen?"

Ramakrishna: "Bis sie volljährig sind. Wenn der junge Vogel sich um sich selbst kümmern kann, pickt er nach der Mutter, wenn sie ihm nahekommen will."

Richter: "Was ist die Pflicht der Frau gegenüber?"

Gott kümmert sich um jene, die Ihn erkannt haben.

Ramakrishna: "Solange du lebst, solltest du ihr spirituellen Rat geben, sie unterhalten und für sie sorgen. Wenn sie treu ist, spare genug, um ihr nach deinem Tod ein angenehmes Leben zu ermöglichen. Aber wenn sich das Gottesbewusstsein einstellt, können dich keine weltlichen Pflichten mehr binden. Wenn du dann nicht an morgen denkst, wird Gott für dich denken. Wenn du Gottesbewusstsein erlangst, wird Er sich um deine Familie kümmern. Wenn ein Zemindar (Grundbesitzer) stirbt und einen minderjährigen Sohn hinterlässt, dann kümmert sich ein Vormund für das Kind um das Anwesen. Das sind rechtliche Angelegenheiten. Du kennst sie alle."

Richter: "Ja, verehrter Herr."

Bijoy: "Oh, wie großartig, wie wundervoll sind diese Worte! Wer mit unerschütterlichem Geist und einem Herz, das vor Hingabe und Liebe für Gott überfließt, an den Herrn denkt, um den wird sich der Herr zweifelsohne kümmern. Der Herr trägt alles für ihn wie der Vormund für den Sohn des Zemindar. Oh, wann werde ich diesen Zustand erreichen! Wie gesegnet sind jene, die ihn erlangt haben!"

Ein Brahmo-Verehrer: "Verehrter Herr, kann wahre Weisheit in der Welt erlangt werden? Kann Gott in der Welt erkannt werden?"

Ramakrishna: "Du bist hin- und hergerissen. Du willst beides genießen, Gott und die Welt. Natürlich kann Gott von einem Menschen erkannt werden, der in der Welt lebt."

Zeichen wahrer Weisheit

Brahmo-Verehrer: "Was ist das Zeichen dafür, dass einer, der in der Welt lebt, wahre Weisheit erlangt hat?"

Ramakrishna: "Wenn die Wiederholung des Namens des Herrn dir Tränen in die Augen treibt, einen Schauer durch deinen ganzen Körper jagt und deine Haare zu Berge stehen lässt. Das spirituelle Auge muss geöffnet werden. Es ist offen, wenn der Geist gereinigt ist. Dann wird die Gegenwart der Göttlichkeit überall erkannt, und jede Frau erscheint als die Göttliche Mutter. Alles ist im Geist. Der unreine Geist bringt Anhaftung an die Welt und der gereinigte Geist die Erkenntnis Gottes. Der unreine Geist eines Mannes haftet an Frauen. Frauen lieben von Natur aus Männer und Männer Frauen. Daraus entsteht Anhaftung und Weltlichkeit."

Die Göttliche Mutter in allen Frauen

„Jede Frau repräsentiert die göttliche Mutterschaft. Dieselbe Göttliche Mutter erscheint in allen Frauen in verschiedener Gestalt. In den Schriften heißt es, dass Narada mit diesen Worten zu Rama gebetet hat: ‚Oh Rama, Du bist der Purusha. Du erscheinst in Gestalt aller Männer, und Sita, Deine Prakriti, erscheint in Gestalt aller Frauen. Du bist der Mann, und Sita ist die Frau. Wo immer die männliche Gestalt ist, ist sie Deine Manifestation, und wo immer die weibliche Gestalt ist, ist sie die Manifestation von Sita, der Göttlichen Mutter.'"

Anhaftung an den Körper

„Solange es Anhaftung an Weltlichkeit und Durst nach Lustobjekten gibt, besteht die Anhaftung an den Körper. Wenn die Anhaftung an die Welt abnimmt, wendet sich der Geist dem Atman oder wahren Selbst zu, und die Anhaftung an den physischen Körper nimmt ab. Wenn die Anhaftung an die Welt völlig verschwunden ist, stellt sich Selbsterkenntnis ein, und der Atman ist vom physischen Körper getrennt.

Wenn man eine gewöhnliche Kokosnuss halbiert, ist es sehr schwer, den Kern aus der Schale zu lösen. Aber wenn sie getrocknet ist, löst sich der Kern von selbst aus der Schale. Du kannst es spüren, wenn du sie schüttelst. Ein Mensch, der Gott erkannt hat, wird wie die trockene Kokosnuss. Seine Seele trennt sich von seinem Körper, und alle Anhaftungen an den Körper verlassen ihn. Er wird nicht von den Freuden und Schmerzen des Körpers beeinträchtigt. Er sucht keine körperliche Bequemlichkeit. Er geht wie eine befreite Seele von einem Ort zum anderen.

Ein wahrer Verehrer meiner Göttlichen Mutter erlangt völlige Freiheit in diesem Leben und ist immer glückselig. Wenn du bemerkst, dass Tränen fließen und bei der Wiederholung des Namens des Herrn ein Schauer den Körper überkommt, dann weißt du, dass die Anhaftungen an Sinnesobjekte abgenommen haben und der Verehrer auf dem Weg zur Erkenntnis ist.

Wenn zum Beispiel das Streichholz trocken ist, entzündet es sich in dem Augenblick, in dem man es anreißt. Aber wenn es nass ist, kannst du es fünfzig Mal anreißen, und du kannst trotzdem kein Feuer bekommen. Ebenso ist es, wenn der Geist vom Wasser der Lust und vom Durst nach weltlichen Objekten durchtränkt ist. Die göttliche Erleuchtung stellt sich nicht ein, so sehr du es auch versuchst. Es ist eine reine Verschwendung von Zeit und Mühe. Aber wenn das Wasser weggetrocknet ist, stellt sich sofort spirituelle Erleuchtung ein."

Brahmo-Verehrer: "Durch welche Methode kann das Wasser wegtrocknen?"

Die Göttliche Mutter wird die weltliche Anhaftung heilen.

Ramakrishna: "Bete zur Göttlichen Mutter mit einem ernsthaften und aufrichtigen Herzen. Wenn du Sie siehst, wird das Wasser der weltlichen Anhaftung wegtrocknen. Die Anhaftung an Lust und Wohlstand wird von dir abfallen. Wenn du Sie als deine eigene Mutter spüren kannst, wird es in demselben Augenblick geschehen. Sie ist nicht wie eine Patentante, sondern Sie ist deine eigene Mutter. Geh zu Ihr und bitte Sie hartnäckig um das, was du willst."

Stolz und Egoismus

„Ein hartnäckiges Kind hängt am Kittel seiner Mutter und bettelt um einen Pfennig, um sich einen Papierdrachen zu kaufen. Die Mutter mag damit beschäftigt sein, sich mit anderen Mädchen zu unterhalten, und zuerst nicht nachgeben wollen. Sie sagt: ‚Nein, dein Vater hat es verboten. Ich spreche mit ihm darüber, wenn er nach Hause kommt.' Aber wenn das Kind zu weinen beginnt und nicht nachgibt, sagt die Mutter zu ihren Gefährtinnen: ‚Wartet eine Minute. Ich muss das Kind beruhigen.' Dann holt sie den Schlüssel zu ihrer Schublade, öffnet die Geldkassette und gibt ihm, worum es bettelt. Ähnlich flehst du deine Mutter an und bittest Sie. Sie wird sicherlich zu dir kommen."

(Er wandte sich dem Richter zu): „Was ist die Ursache von Stolz und Egoismus? Kommen sie von der Erkenntnis oder der Unwissenheit? Egoismus ist die Eigenschaft von Tamas und entsteht aus der Unwissenheit. Er ist eine

Schranke, die die Seele daran hindert, Gott zu schauen. Wenn er stirbt, hören alle Schwierigkeiten auf. Von welchem Nutzen ist es, egoistisch zu sein?

Dieser Körper mit all seinen Bequemlichkeiten und seinem Luxus wird nicht lange bestehen. Ein Trunkenbold rief aus, als er beim Durga-Fest eine mit Juwelen und kostbarem Schmuck schön dekorierte Götterstatue sah: ,Mutter, Du kannst Dich mit all diesen wertvollen Dingen schmücken, aber nach drei Tagen tragen sie Dich hinaus und werfen Dich in den Ganges.'[98] Deshalb sage ich zu euch allen, ob ihr nun Richter oder große Persönlichkeiten seid, ihr seid es nur für wenige Tage. Deshalb sollt ihr nicht stolz oder egoistisch wegen irgendetwas sein."

Drei Arten von Charakteren

„Der Charakter der Leute kann in drei Arten eingeteilt werden – in Tamas, Rajas und Sattva. Jene, die der ersten Klasse angehören, sind egoistisch. Sie schlafen zu viel, essen zu viel, und Leidenschaft und Ärger überwiegen in ihnen.

Jene, die der zweiten Klasse angehören, haften zu sehr an der Arbeit. Sie lieben schöne, passende Kleidung und sind sehr gepflegt. Sie kümmern sich um Luxus und ein reich mit Möbeln ausgestattetes Haus. Wenn sie sich hinsetzen und Gott verehren, tragen sie gern wertvolle Gewänder. Wenn sie etwas aus Wohltätigkeit geben, dann kehren sie es heraus.

Jene, die der dritten Art angehören, sind sehr still, friedvoll und schlicht. Sie kleiden sich nicht besonders. Sie führen ein einfaches Leben und verdienen sich ein bescheidenes Einkommen, weil ihre Bedürfnisse klein sind. Sie schmeicheln nicht für selbstsüchtige Zwecke. Ihre Wohnung ist bescheiden. Sie kümmern sich nicht um die Kleidung ihrer Kinder. Sie sind weder auf Berühmtheit aus, noch kümmern sie sich um die Bewunderung oder Schmeichelei anderer. Sie verehren Gott, tun Gutes und meditieren still und im Verborgenen. Diese Sattva-Eigenschaft ist die letzte Stufe der Leiter, die auf das Dach der Göttlichkeit führt. Ein Mensch, der diesen Zustand erreicht hat, muss nicht lange auf das Gottesbewusstsein warten."

---

[98] [In Kalkutta ist das Durga-Fest das Hauptfest des Jahres. Am Ende wirft man die Durga-Statue in den Ganges.]

(Zum Richter): "Du hast vor einer Weile gesagt, dass alle Menschen gleich sind. Aber jetzt siehst du, wie sich die Charakteren unterscheiden."

II.

Bijoy Krishna Goswami

Musik unterbrach eine Weile das Lehren, und als Bhagavan Sri Ramakrishna sie hörte, ging er erneut in Samadhi ein. Die Brahmo-Verehrer sangen das Sankirtan. Danach nahmen alle Anwesenden ihre Sitzplätze wieder ein. Bijoy setzte sich direkt vor Sri Ramakrishna. Es war die Stunde für einen weiteren Brahmo-Gottesdienst, bei dem Bijoy, der der Leiter des Brahmo Samaj war, aus den Veden vorlesen und eine Ansprache halten sollte. Bevor er zum Podium ging, bat er Sri Ramakrishna um seine Erlaubnis, indem er sagte: „Bhagavan, bitte segne mich. Dann kann ich mit dem Gottesdienst beginnen."

Egoismus und Erkenntnis

Ramakrishna: "Wenn der Egoismus gegangen ist, ist alles vollbracht. ‚Ich halte einen Vortrag, und du hörst zu', dieses ‚Ich'-Empfinden solltest du nicht haben. Der Egoismus kommt von der Unwissenheit und nicht von der Erkenntnis. Wer frei vom Egoismus ist, erlangt Erkenntnis. Das Regenwasser sammelt sich an einem niedrig gelegenen Ort. Es fließt von einem hochgelegenen Ort herunter. Ebenso sammelt sich das Wasser der Weisheit in einem demütigen Herzen.

Es ist sehr schwer, ein spiritueller Führer (Acharya) zu sein. Man verliert leicht sehr viel dadurch. Wenn viele Leute Ehre und Respekt zeigen, werden gewöhnliche Prediger egoistisch und leicht verdorben. Sie können nicht mehr weiterkommen. Sie erlangen lediglich etwas Ruhm. Vielleicht sagen die Leute: 'Oh, Bijoy Babu ist ein guter Prediger' oder: ‚Er ist sehr weise.' Das ist alles. Denke niemals: ‚Ich rede.' Ich sage zu meiner Göttlichen Mutter: ‚Oh Mutter, ich bin lediglich ein Werkzeug in Deinen Händen. Du tust alles. Wie Du mich führst und mich reden lässt, so werde ich reden.'"

Bijoy (sehr demütig): "Bitte gib mir deine Erlaubnis. Ohne deine Erlaubnis kann ich nicht mit dem Gottesdienst beginnen."

Ramakrishna (lächelnd): "Wer bin ich, um dir eine Erlaubnis zu erteilen? Bitte den Herrn um Erlaubnis. Wenn sich echte Demut einstellt, gibt es keine Angst."

Bijoy wiederholte seine Bitte, und Sri Ramakrishna sagte: "Du kannst gehen und wie du es gewohnt bist beginnen, aber halte deinen Geist auf Gott gerichtet."

Bijoy begann den Gottesdienst mit einem Gebet an die Göttliche Mutter. Nachdem der Gottesdienst vorbei war, kam er vom Podium herunter und setzte sich erneut neben Sri Ramakrishna. Bhagavan sagte zu ihm: „Du hast zur Göttlichen Mutter gebetet. Das war sehr gut. Man sagt, dass die Mutter ihr Kind mehr anzieht als der Vater. Du kannst deine Mutter mehr drängen als deinen Vater. Du kannst größere Forderungen auf alles stellen, was deiner Mutter gehört, als auf das, was deinem Vater gehört."

Das absolute Brahman und die Göttliche Mutter

Bijoy: "Wenn Brahman die absolute Göttliche Mutter ist, hat Sie dann eine Gestalt oder ist Sie gestaltlos?"

Ramakrishna: "Das absolute Brahman und die Mutter des Weltalls sind ein und dasselbe. Wo es keinerlei Aktivität gibt, dort herrscht der Zustand des absoluten Brahman. Wo es aber Entwicklung und Zerstörung gibt, dort manifestiert sich die Göttliche Mutter. Wenn das Wasser des Meeres still ist, ohne eine Welle oder ein Kräuseln, dann ist das wie der Zustand des Absoluten. Wenn das Wasser in Bewegung ist und Wellen hat, ist das wie der Zustand der kreativen Energie oder der Göttlichen Mutter.

Die Göttliche Mutter hat sowohl eine Gestalt als auch keine Gestalt. Du glaubst an die gestaltlose Göttlichkeit. Deshalb kannst du dir meine Mutter als gestaltlos vorstellen. Wenn du festen Glauben hast, wird dir die Göttliche Mutter zeigen, wie Sie ist. Dann wirst du wissen, dass Sie nicht nur absolutes Sein ist. Sie wird zu dir kommen und mit dir sprechen. Hab Vertrauen, und du wirst alles erhalten.

Wenn du an die gestaltlose Gottheit glaubst, musst du diesen Glauben felsenfest machen. Aber sei nicht dogmatisch. Du darfst nie über Gott dogmatisieren. Du darfst nicht sagen, dass Er so ist und nicht anders. Du kannst sagen: 'Ich glaube an eine gestaltlose Gottheit, aber was Er sonst noch ist, weiß Er allein. Ich weiß es nicht. Ich kann es nicht verstehen.' Der kleine Verstand des Menschen kann nicht das ganze Wesen Gottes erfassen. Wie kann ein Gefäß, das nur ein Pfund fassen kann, fünf Pfund enthalten? Wenn Gott sich einem Menschen durch Seine Gnade offenbart und ihn Sein Wesen verstehen lässt, dann erkennt er Ihn und nicht eher. Das Absolute und die Göttliche Mutter sind eins."

Bijoy: "Wie können wir die Göttliche Mutter schauen und das Absolute erkennen?"

Die Schau der Göttlichen Mutter und des Absoluten

Ramakrishna: "Bitte und flehe mit ernsthafter Sehnsucht und Aufrichtigkeit. Wenn das Herz gereinigt ist, dann wirst du die Schau haben, ebenso wie du in reinem Wasser die Widerspiegelung der Sonne sehen kannst. Die Widerspiegelung der absoluten Mutter des Weltalls mit Gestalt ist im Spiegel des

Egos des Verehrers zu sehen. Aber der Spiegel sollte gut poliert sein. Wenn er einen Schmutzfleck hat, ist die Widerspiegelung nicht vollkommen.

Wenn die Sonne auf dem Wasser des Egos zu sehen ist und es nicht möglich ist, die wirkliche Sonne zu sehen, sollte das reflektierte Bild der Sonne als absolute Wahrheit betrachtet werden. Solange das Ego wirklich ist, ist das reflektierte Bild der Sonne wirklich, nicht nur teilweise, sondern völlig. Dieses reflektierte Bild der Sonne ist die Göttliche Mutter. Wenn du das absolute Brahman erreichen willst, das unpersönlich und eigenschaftslos ist, dann beginne mit diesem reflektierten Bild und gehe auf die wirkliche Sonne zu. Der persönliche Gott oder Brahman mit Eigenschaften ist derjenige, der die Gebete erhört.

Bete zu Ihm, und Er wird dir die höchste Weisheit gewähren, weil derselbe persönliche Gott auch den unpersönlichen Aspekt hat, der das absolute Brahman ist. Die göttliche Energie, die die Mutter des Universums ist, ist ein anderer Aspekt desselben Brahman. Das alles geht in die absolute Einheit ein. Die Mutter kann Brahma-Jnana, die Erkenntnis des Absoluten, geben wie auch wahre Hingabe und völlige Liebe."

Werde eins mit allen.

„Gott ist der innere Herrscher aller. Gib den Egoismus auf, übergib deinen Willen Seinem Willen, und du wirst alles erhalten, was du dir wünschst. Wenn du mit anderen Leuten Umgang pflegst, solltest du sie alle lieben und völlig eins mit ihnen werden. Hasse niemanden. Beachte weder Kaste noch Glaube. Sage nicht, dass dieser Mensch an einen persönlichen Gott glaubt und jener an einen unpersönlichen Gott, dass dieser Mensch Gott mit Gestalt und jener Gott ohne Gestalt verehrt, dass dieser Mensch ein Hindu ist und jener ein Christ oder Moslem. Verurteile keinen.

Diese Unterschiede existieren, weil Gott es so eingerichtet hat, dass verschiedene Leute Ihn auf unterschiedliche Weise verstehen. Der Unterschied liegt im Wesen der Individuen. Wenn du das weißt, wirst du mit allen so eng wie möglich verkehren und sie so sehr lieben, wie du kannst. Wenn du dann nach Hause gehst, wirst du seliges Glück in deiner Seele genießen. Zünde die Kerze der Weisheit in der geheimen Kammer deines Herzens an. In diesem Licht erkenne das Gesicht meiner absoluten Mutter, und durch dieses Licht wirst du auch das wahre Wesen deines wirklichen Selbst erkennen."

Alle Glaubensrichtungen sind eine Familie.

„Wenn Kuhhirten das Vieh aus verschiedenen Richtungen auf die Weide treiben, bilden die Kühe eine Herde, als würden sie derselben Familie angehören. Aber wenn sie am Abend wieder zurückkehren, trennen sie sich, und jede Kuh geht in ihren eigenen Stall. So sind die Bhaktas verschiedener Glaubensrichtungen wie die Mitglieder einer Familie, wenn sie sich treffen, aber wenn sie unter sich sind, zeigen sie ihre besonderen Überzeugungen und ihren unterschiedlichen Glauben."

Es war spät am Abend. Ramakrishna stieg in Begleitung einiger Verehrer in den Wagen und kehrte nach Dakshineswar zurück.

KAPITEL XII: IM HAUS VON BALARAM

Balaram Basu

I.

Sri Ramakrishna traf gegen zehn Uhr morgens im Haus seines Schülers Balaram ein und frühstückte dort. Es war dieses Haus, das Bhagavan an diesem Tag als seinen wichtigsten „Weinberg" erwählte. Hier fesselte er einen Verehrer nach dem anderen mit dem Band der göttlichen Liebe. Hier hat er oft den Namen des Herrn gesungen und vor seinen Schülern getanzt.

Wie groß war die Liebe des Meisters für seine Schüler! Dort im Kali-Tempel, wo er alleine war, weinte er oft wie ein Kind, so sehr sehnte er sich nach ihnen. Wenn er nachts nicht schlafen konnte, sagte er zur Göttlichen Mutter:

„Oh Mutter, bitte ziehe sie in die Herde! Sie sind Dir so hingegeben! Oh, wie sehr sehne ich mich nach ihnen! Mutter, bring sie zu mir oder bring mich zu ihnen."

War das das Geheimnis, dass er so oft in Balarams Haus kam? Er erklärte jedem: „Balaram ist ein wahrer Bhakta. Er verehrt täglich den Herrn des Universums. Was er anbietet, ist deshalb immer annehmbar." Aber jedes Mal, wenn er in Bararams Haus kam, sagte er: „Geh und lade meinen Narendra und andere Schüler ein. Ihnen Essen anzubieten ist dasselbe, als es Gott selbst darzubringen. Sie sind keine gewöhnlichen Menschen. Sie sind Teile der Gottheit, die sich im Fleisch manifestiert." Oft kamen die Verehrer dort im „Durbar (Audienzsaal) von Gottes Liebe" zusammen.

Mahendra, der in einer Schule in der Nähe unterrichtete, hatte erfahren, dass Sri Ramakrishna in Balarams Haus zu Besuch war. Da er etwas Freizeit hatte, kam er um die Mittagszeit, um ihn zu sehen. Das Mittagessen war vorbei, und Bhagavan ruhte im Wohnzimmer aus. Seine jungen Schüler saßen um ihn herum. Gelegentlich nahm er Gewürze aus einem kleinen Beutel. Mahendra trat ein, verneigte sich und verehrte seine Füße.

Sri Ramakrishna (liebevoll): "Mahendra, du bist hier. Ist heute keine Schule?"

Mahendra: "Ich komme direkt von der Schule. Ich habe dort momentan nichts Wichtiges zu tun."

Ein Verehrer: "Nein, verehrter Herr, er schwänzt die Schule."

Mahendra (zu sich): "Ach, es ist, als hätte mich eine unsichtbare Kraft zu diesem Ort gezogen."

Bhagavan wurde ernsthafter und bat ihn, Platz zu nehmen. Er sagte: „Seit einiger Zeit kann ich kein Metall mehr berühren. Kannst du mir sagen warum? Als ich einmal meine Hand nach einer Metalltasse ausstreckte, war es, als wäre sie von einem gehörnten Fisch gestochen worden, und der Schmerz hielt lange an. Ich musste eine Kanne aus Metall benutzen, und ich dachte, dass ich sie tragen könnte, wenn ich sie mit einem Handtuch umwickle. Doch kaum hatte ich sie berührt, hatte ich auch schon unerträgliche Schmerzen in meiner Hand. Dann betete ich zu meiner Göttlichen Mutter: ‚Oh Mutter, ich werde nie wieder Metall berühren. Vergib mir dieses Mal.'"

Am Nachmittag saß Sri Ramakrishna immer noch in Balarams Wohnzimmer. Auf seinem Gesicht lag ein liebliches Lächeln, das sich in den Gesichtern der Schüler reflektierte. Girish Gosh[99], Suresh Mitra, Balaram, Latoo[100], Chunilall[101] und viele andere Schüler waren anwesend.

Ramakrishna (zu Girish): "Du solltest diesen Punkt besser mit Narendra (Vivekananda) diskutieren und sehen, was er zu sagen hat."

Girish: "Narendra sagt: 'Gott ist unendlich. Wir können nicht einmal sagen, dass alles, was wir hören oder sehen, sei es ein Gegenstand oder eine Person, ein Teil Gottes ist. Die Unendlichkeit ist eins. Wie kann sie Teile haben? Sie kann nicht geteilt werden.'"

Die göttliche Inkarnation

Ramakrishna: "Gott kann unendlich sein oder noch größer als die Unendlichkeit, aber Er kann durch Seine Allmacht Seine Essenz in einer menschlichen Gestalt manifestieren und sich unter uns inkarnieren. Tatsächlich inkarniert er sich als Mensch. Wie Er sich inkarniert, können wir nicht mit Worten erklären. Man muss es spüren und erkennen. Wir können nur durch eine Analogie eine schwache Vorstellung davon bekommen.

Wenn du zum Beispiel das Horn, das Bein oder das Euter einer Kuh berührt hast, hast du dann nicht die ganze Kuh berührt? Aber für uns Menschen ist die Milch das Wichtigste, und die kannst du nur vom Euter bekommen und von keinem anderen Körperteil. Die Inkarnation Gottes ist wie das Euter, durch das die Milch der göttlichen Liebe fließt. Um der Menschheit Seine

---

[99] Girish Chunder Gosh, der größte Hindu-Dichter, Dramatiker und Schauspieler des modernen Indien. Er ist der Gründer und Manager vieler Theater in Kalkutta. Er wird als „der Garrick" (berühmter englischer Schauspieler) von Indien betrachtet. Er übersetzte Shakespeares Macbeth ins Bengalische und spielte mit wunderbarer Begabung und Originalität die Rolle des Helden. Er ist ein Genie und der hingebungsvollste Laienschüler von Ramakrishna.

[100] Latoo, der hingebungsvolle Diener Ramakrishnas. Obwohl er ungebildet ist, hat er durch seinen rückhaltlosen Dienst und seine Hingabe an seinen göttlichen Meister spirituelle Ekstase erlangt. Er ist jetzt einer der Sannyasin-Schüler Ramakrishnas [Swami Adbhutananda].

[101] Babu Chunilall Bose ist ein freundlicher Laienschüler Ramakrishnas.

Essenz der göttlichen Liebe und Bhakti zu geben, inkarniert sich der Herr immer wieder in menschlicher Gestalt."

Girish: "Narendra sagt: 'Ist es möglich, Gott völlig zu verstehen? Er ist unendlich.'"

Ramakrishna: "Das stimmt. Wer kann Gott völlig verstehen oder nur eine Seiner Eigenschaften, sei sie groß oder klein? Warum müssen wir alle Seine Eigenschaften verstehen? Es genügt, wenn wir Ihn sehen und erkennen können. Zudem hat der Mensch, der Seine göttliche Inkarnation gesehen hat, Gott geschaut. Nimm einmal an, ein Mann geht zum Ufer des heiligen Ganges und berührt das Wasser. Er wird sagen: ,Ich habe den heiligen Fluss gesehen und berührt.' Er braucht nicht den ganzen Fluss von seiner Quelle bis zur Mündung berühren. Wenn ich deine Füße berühre, dann habe ich dich berührt. Wenn du zum Meer gehst und das Wasser berührst, dann hat du das ganze Meer berührt. Wie Feuer alles durchdringt, sich aber in brennendem Holz mehr zeigt, so ist Gott, obwohl Er alles durchdringt, in Seiner Inkarnation manifester."

Girish (lächelnd): "Ich für meinen Teil suche das Feuer. Ich halte gespannt nach dem Ort Ausschau, wo ich es finden kann."

Suche Gott im Menschen.

Ramakrishna (lächelnd): "Das Element Feuer zeigt sich im Holz stärker. Wenn du das göttliche Element suchst, musst du es im Menschen suchen, denn die Göttlichkeit zeigt sich im Menschen mehr als anderswo. Wenn du wiederum einen Menschen siehst, der von göttlicher Liebe überfließt, der verrückt nach Gott ist, der vom Wein der göttlichen Liebe berauscht ist, so kannst du an diesem Menschen erkennen, dass der Herr sich manifestiert hat. Das versichere ich dir. Es stimmt, dass Gott überall wohnt, aber Seine göttliche Macht (Sakti) zeigt sich an einigen Orten mehr als an anderen. Im Avatar (dem inkarnierten Gott) ist die Manifestation der Sakti sehr groß. Manchmal ist die Manifestation der göttlichen Kraft vollständig und vollkommen. Tatsächlich ist ein Avatar die Verkörperung der Sakti, der göttlichen Kraft."

Girish: "Narendra sagt: 'Er überschreitet den Geist, die Worte und die Sinne.'"

Girish Chunder Gosh

Ramakrishna: "Nein, Er ist nur außer Reichweite des unreinen Geistes, aber nicht des gereinigten Geistes (Manas). Er kann vom gewöhnlichen Verstand nicht begriffen werden, aber der gereinigte Verstand (Buddhi) kann Ihn erfassen. Geist und Verstand werden gereinigt, wenn sie völlig frei von Anhaftung an Lust und Wohlstand (Kamini und Kanchan) sind. Dann werden der gereinigte Geist und der gereinigte Verstand eins. In der Tat kann Gott durch den gereinigten Geist erkannt werden. Haben die Weisen und Heiligen Ihn nicht erkannt? Sie erkannten durch ihr wahres Selbst den höchsten Geist im Selbst."

Girisch (lächelnd): "Narendra wurde von mir in der Diskussion besiegt!"

Ramakrishna: "Oh nein, im Gegenteil. Er sagt: ‚Girish glaubt so sehr an den Avatar in menschlicher Gestalt, dass ich spüre, ich sollte nichts Gegenteiliges sagen.'"

Bhagavan wollte dann dem Gesang von Liedern zuhören. Balarams Wohnzimmer war voller Besucher. Jeder beobachtete Bhagavan, begierig darauf, seine Worte zu hören und zu sehen, was er als Nächstes tun würde. Tarapada wurde aufgefordert zu singen. Er sang ein Lied, das die Spiele Sri Krishnas, des Hirten der Menschen, beschreibt.

Suresh Mitra, ein anderer Schüler, saß etwas von Bhagavan entfernt. Sri Ramakrishna lächelte ihn liebevoll an, zeigte auf Girish und sagte zu ihm: „Sprichst du vom wilden Leben, das du einst geführt hast? Hier ist einer, der dir mehr als ebenbürtig ist."

Suresh (lachend): "Das stimmt, verehrter Herr. Er ist in dieser Hinsicht mein Dada (geachteter älterer Bruder)."

Girish (zu Bhagavan): "Ich habe mich in meiner Jugend nie ums Lernen gekümmert. Verehrter Herr, wie kommt es, dass die Leute darauf bestehen, mich einen Gelehrten zu nennen?"

Die Schriften und die Erkenntnis

Ramakrishna: "Weißt du, was ich übers Lernen und das Lesen der Schriften denke? Bücher und heilige Schriften zeigen alle den Weg zu Gott. Wenn du einmal den Weg kennst, wozu nützen dann noch Bücher? Jetzt kommt die Zeit für hingebungsvolle Übungen in der Einsamkeit.

Ein Mann hat einen Brief erhalten, in dem er gebeten wurde, bestimmte Artikel an seine Verwandten zu schicken. Er wollte diese Dinge kaufen, aber als er nach dem Brief suchte, war er verschwunden. Er suchte lange. Auch seine Leute suchten mit ihm. Schließlich wurde der Brief gefunden, und er war außer sich vor Freude. Begierig nahm er ihn und ging durch seinen Inhalt. Aber nachdem er wusste, welche Dinge gewollt waren, warf er ihn weg und machte sich daran, die gewünschten Artikel zusammenzutragen. Wie lange kümmert man sich um solch einen Brief? Solange man seinen Inhalt nicht kennt. Der nächste Schritt ist, sich zu bemühen, die Dinge zu beschaffen. Ebenso sagen uns die heiligen Schriften nur, was wir brauchen, um Gott zu erkennen. Nachdem du das weißt, solltest du hart darum kämpfen, diese

Dinge zu bekommen und das Ziel zu erreichen. Was nützt reine Büchergelehrsamkeit? Ein Gelehrter mag viele heilige Texte und Wissenschaften kennen, aber wenn sein Geist an der Welt haftet, wenn er die Sinnesfreuden genießt, hat er den Geist der Schriften nicht erfasst. Er hat sie vergeblich studiert."

Ramakrishna sagte dann zu Girish: „Narendra ist ein sehr hochstehender junger Mann. Er interessiert sich für alles – singen, Musikinstrumente spielen, aber auch für das Studium der verschiedenen Wissensbereiche. Er besitzt die Tugenden der Selbstbeherrschung, rechten Unterscheidung, Leidenschaftslosigkeit und viele andere Fähigkeiten."

(Zu einem Schüler als Nebenbemerkung): „Betrachte nur Girishs Hingabe an den Herrn und sein Glaube an Ihn."

Naran[102] zu Bhagavan: "Verehrter Herr, sollen wir nicht die Freude haben, dich singen zu hören?"

Daraufhin sang Bhagavan den Namen der Göttlichen Mutter des Universums.

DIE GELIEBTE MUTTER DES UNIVERSUMS

1. Oh meine Seele, schließe meine geliebte Mutter in dein Herz.
Nur du und ich allein sollen die Freude haben, Sie zu betrachten.
Kein anderer soll Sie sehen, kein anderer!

2. Wünsche – oh geh ihnen aus dem Weg, meine Seele. Wir wollen uns allein an Ihrer Gegenwart erfreuen.
Die Zunge soll unsere einzige Gefährtin sein, um zu Ihr zu rufen: „Mutter, Mutter!"

3. Es gibt schlechte Wünsche. Es gibt solche, die uns den Weg zur Weltlichkeit zeigen. Oh, sie sollen uns nicht nahekommen!
Möge das Auge der Weisheit, das uns zu Gott führt, Wache halten und uns vor dem Bösen beschützen.

---

[102] Naran war ein junger Laienschüler Ramakrishnas.

Bhagavan sang dann ein weiteres Lied, wobei er in die Rolle eines erschöpften und beladenen Menschen schlüpfte, der vom Gewicht der Versuchungen und Leiden der Welt gebeugt ist.

DIE MUTTER UND IHRE ERSCHÖPFTEN KINDER

1. Oh Mutter! Du bist ewige Seligkeit. Warum ist sie mir verwehrt?

2. Oh gute Mutter, meine Seele kennt nichts anderes als den Lotus Deiner heiligen Füße.
Warum kritisiert mich dann der Herrscher des Todes, der König der Gerechtigkeit? Sag mir, was ich diesem gefürchteten König antworten soll.

3. Oh Mutter, es war mein Herzenswunsch, Deinen heiligen Namen zu wiederholen und das Meer des Todes zu überqueren. Nicht einmal im Traum hatte ich die leiseste Vorstellung, dass ich von Dir im uferlosen Meer ertränkt werden würde.

4. Oh Mutter, Du Gemahlin der Ewigkeit, bei Tag und Nacht habe ich Deinen heiligen Namen wiederholt, der Deinen erschöpften Kindern Erlösung bringt. Aber siehe, meine endlosen Schwierigkeiten werden mich nie verlassen. Ich bedaure nur, dass kein anderer jemals Deinen Namen wiederholen wird, wenn ich nicht gerettet werde.

Als nächstes sang Bhagavan über die Freude der Göttlichen Mutter:

DAS GROSSE GEHEIMNIS

Mit Shiva spielt die Mutter immer, versunken in seliger Freude.
Sie ist völlig betrunken, aber Sie stürzt nicht.

Sie tanzt auf der Brust Ihres Gemahls.
Die Erde bebt unter dem Gewicht Ihrer Füße.
Beide haben den Höhepunkt der Verrücktheit erreicht.
Beide sind ohne Angst und frei.

Die Schüler hörten in tiefem Schweigen den Liedern zu. Was sie betroffen machte, war die Veränderung, die über Bhagavan gekommen war. Er war außer sich vor Freude über den Herrn, berauscht von grenzenloser Seligkeit.

Die Dämmerung hatte eingesetzt. Die Schüler verließen ihre Plätze nicht. Mit erhobenen Köpfen und begierigen Ohren hörten sie, wie Bhagavan den lieblichen Namen des Herrn sang, lieblicher als jemand anderer jemals zuvor. Ja, sie hatten nie ein Kind seine Mutter so lieblich „Mutter, Mutter!" rufen hören. Es war, als würden Nektartropfen von Bhagavans Lippen fallen.

Der unendliche Himmel, der Berg, der den Himmel küsst, das tiefblaue Meer, die grenzenlose Weite, die tiefe, dichte Wildnis – wozu sollte man zu ihnen auf der Suche nach dem göttlichen Vater und der göttlichen Mutter des Weltalls gehen? Wozu sollte man seine Aufmerksamkeit auf das Horn der Kuh oder ihre Füße oder irgendeinen anderen Teil ihres Körpers richten? Der Meister hat heute vom Kuheuter gesprochen, von dem man die Milch der göttlichen Liebe milkt. War es tatsächlich den Anwesenden gegeben, in diesem Zimmer die Vision des inkarnierten Gottes zu schauen?

Was sonst hätte in die Herzen der Schüler, die erschöpft und schwer beladen waren, den vollkommenen Frieden und die Freude des Herrn bringen können? Was anderes hätte dieses Tal der Tränen mit Freude überfluten können? War es möglich, dass der Mann vor ihnen der inkarnierte Gott war? Ob er es war oder nicht, Geist, Herz und Seele gehörten ihm, um damit zu machen, was er wollte. Er war für sie bereits der Polarstern dieses rätselhaften Lebens. Es lag nun an ihnen zu beobachten, wie in seiner großen Seele das höchste Sein, die Ursache aller Ursachen, reflektiert wurde. So dachten einige der Schüler bei sich. Sie spürten, dass sie wirklich gesegnet waren, als sie Bhagavan den Namen der Göttlichen Mutter und Haris [Vishnus], des Herrn, singen hörten, der alle Schwierigkeiten, alle Sünde und Schuld fortnimmt.

Gebet zur Göttlichen Mutter

Als das Singen des Namens vorbei war, betete Bhagavan zur Mutter. Es schien, als hätte der Gott der Liebe eine menschliche Gestalt angenommen, um die Menschen zu lehren, wie man beten soll. Er sagte: „Mutter, ich unterwerfe mich Deiner Gnade. Möge der Lotus Deiner Füße mich immer vor dem bewahren, was Deine Kinder von Dir wegführt! Gute Mutter, ich suche nicht die Freuden der Sinne. Ich suche keinen Ruhm. Auch sehne ich mich nicht nach den Siddhis (Yoga-Kräften), die einen befähigen, Wunder zu wirken. Worum ich bitte, oh gute Mutter, ist reine Liebe für Dich, die unverdorben von Wünschen ist, unvermischte Liebe, Liebe, die nicht nach den Dingen dieser Welt trachtet, Liebe für Dich, die unaufgefordert aus der Tiefe der unsterblichen Seele aufsteigst. Gewähre mir auch, oh Mutter, dass Dein Kind, das von Deinen faszinierenden Mächten (Maya) verzaubert ist, Dich nicht vergisst, ja, Dich nicht vergisst, indem es ins liebliche Netz des Samsara, das Du gewoben hast, verstrickt wird. Oh, gewähre, dass es nicht verhext wird und diese Dinge liebt!

Oh gute Mutter, siehst Du nicht, dass Dein Kind niemanden außer Dich in der Welt hat? Ich weiß nicht, wie ich in tiefer Hingabe Deinen Namen singen soll. Mir fehlt das Wissen, das zu Dir führt, die echte Liebe (Bhakti) für Dich! Oh gewähre mir in Deinem unendlichen Erbarmen diese Liebe!"

War dieses Abendgebet für diesen Gottesmann erforderlich, der den Namen des Herrn Tag und Nacht sang, für ihn, aus dessen heiligem Mund der unaufhörliche Strom der Gebete an den Höchsten floss? Tat der Meister dies, um die Menschheit zu lehren, wie sie leben und beten soll?

III.

Girish hatte Sri Ramakrishna in sein Haus eingeladen. Er sollte an diesem Abend kommen. Bhagavan sagte zu ihm: „Glaubst du nicht, dass es zu spät sein wird?"

Girish: "Nein, verehrter Herr. Du kannst gehen, sobald du willst."

Es war gegen neun Uhr am Abend. Balaram hatte seine Gaben für Sri Ramakrishnas Abendessen vorbereitet. Der gnädige Bhagavan würde seine Gefühle nicht verletzen. Er sagte zu Balaram: „Schicke das Essen, das du für mich vorbereitet hast, zu Girishs Haus hinüber." Dann machte er sich auf den Weg, gefolgt von seinen Schülern.

Als er die Treppe vom ersten Stock hinunterging, wurde er wie ein anderes Lebewesen. Er sah aus, als sei er in Gedanken an Gott verloren, als wäre er völlig betrunken. Es schien, dass das Sinnesbewusstsein ihn zu verlassen begann. Ein Schüler ging zu ihm nach vorn, um ihn bei der Hand zu fassen, falls er den Halt verlieren sollte. Bhagavan sagte zu ihm mit großer Zärtlichkeit: „Wenn du mich an der Hand hältst, werden die Leute sagen: ‚Er ist ein Trunkenbold.' Lass mich allein ohne Hilfe gehen." Er nahm die nächste

Abzweigung nur wenig von Girishs Haus entfernt. Die Schüler blieben zurück. Keiner wusste, welche göttliche Vorstellung sich den Weg in sein Herz gebahnt hat. Was ließ ihn plötzlich wie einen Verrückten gehen? War es, weil er an das Sein dachte, von dem es im Vedanta heißt, dass es Worte und Gedanken überschreitet?

Ramakrishnas Ekstase

Da kam Narendra. Oft hatte Bhagavan wie ein Verrückter: „Narendra, Narendra!" gerufen. Aber jetzt war Narendra da, und trotzdem wechselte er kein Wort mit ihm. Ist es das, was die Leute Bhava (Ekstase) nennen, ein Zustand, von dem gesagt wird, dass Chaitanya ständig in ihn versunken war? Wer kann das Geheimnis der göttlichen Ekstase durchdringen?

Sri Ramakrishna hatte das Ende der Gasse erreicht, die zu Girishs Haus führte. Die Schüler folgten alle. Er sagte jetzt zu Narendra: „Geht es dir gut, mein Kind? Ich hatte vorher nicht die Kraft, mit dir zu sprechen." Jedes Wort, das von seinen Lippen fiel, war voller Zärtlichkeit. Er hatte die Haustür noch nicht erreicht, als er plötzlich stehen blieb. Er sah Narendra an und sagte: „Dies ist eines von beidem – die menschliche Seele, und das andere ist der Kosmos." Betrachtete er tatsächlich die Seele und die Welt? Wenn ja, in welchem Licht? Er heftete seinen Blick auf das unbeschreibliche Brahman.

Ein oder zwei Wörter waren von seinen heiligen Lippen gefallen wie ein feierlicher Text aus den inspirierten Schriften. Oder war er ans Ufer des unendlichen Meeres gegangen und stand sprachlos dort, wobei er auf die endlose Ausdehnung schaute, und hatte ein oder zwei Echos gehört, die von der unaufhörlichen Stimme widerhallte, die aus der ewigen Tiefe emporkam?

IV.

Girish stand an der Tür seines Hauses, um Bhagavan zu empfangen. Sri Ramakrishna kam mit seinen Schülern herauf. Bei dem gesegneten Anblick fiel Girish ihm zu Füßen. Die Schüler betrachteten sie mit Ehrfurcht und Bewunderung. Girish empfing auf seinem Kopf den Staub seiner heiligen Füße und stand auf Bitte des Meisters wieder auf. Er ging ins Wohnzimmer voraus, wo Bhagavan und seine Schüler Platz nahmen. Sie sehnten sich danach, den Nektar seiner Worte, der ewiges Leben brachte, zu trinken.

Er wollte Platz nehmen, als er eine Zeitung neben sich liegen sah. Da Zeitungen mit weltlich gesinnten Leuten zu tun haben, mit weltlichen Angelegenheiten, mit Klatsch und Skandalen, waren sie in seinen Augen unheilige Objekte. Er gab ein Zeichen, und die Zeitung wurde entfernt. Daraufhin nahm er Platz. Nityagopal[103] verneigte sich vor seinen Füßen.

Totapuri

Bhagavan (zu Nitya): "Warum bist du nicht gekommen?"

Nitya: "Verehrter Herr, ich konnte nicht nach Dakshineswar kommen. Mir war nicht wohl. Ich hatte am ganzen Körper Schmerzen."

Bhagavan: "Geht es dir jetzt gut?"

Nitya: "Leider nicht besonders."

Bhagavan: "Du würdest besser ein oder zwei Stufen unter der höchsten Skala bleiben."

---

[103] Nityagopal war ein hingebungsvoller Bhakta, der einen sehr hohen Zustand der spirituellen Ekstase (Bhava) erreicht hatte. Er war ein junger Mann, der wie ein Sannyasin lebte, obwohl er dem Orden nicht beitrat. Gelegentlich kam er zu Sri Ramakrishna, um ihm die Ehre zu erweisen. Er betrachtete ihn als die Inkarnation Krishnas.

Nitya: "Gesellschaft bekommt mir nicht. Die Leute sagen alles Mögliche zu mir. Das macht mir Angst. Manchmal bin ich fast ohne Angst und spüre den Geist in mir."

Bhagavan: "Das ist nur natürlich. Wer ist dein beständiger Kamerad?"

Nitya: "Tarak. Manchmal tut er mir nicht gut."

Bhagavan: "Nangta (Totapuri)[104] erzählte immer, dass sie in ihren Math einen Siddha hatten, der übernatürliche Kräfte erlangt hatte. Er ging mit den Augen zum Himmel gerichtet umher und kümmerte sich nicht um seinen Gefährten Ganesh Gorgy. Doch als er starb, war er untröstlich."

Da überkam Bhagavan eine Veränderung. Er blieb für eine Weile stumm. Als er zum Bewusstsein zurückkehrte, sagte er: „Du bist hergekommen, nicht wahr? Auch ich bin hier." Wer konnte das Geheimnis dieser göttlichen Worte ergründen!

Unter den Schülern, die Ramakrishna zu Füßen saßen, glaubte Narendra nicht an die Inkarnation Gottes, während Girish einen brennenden Glauben besaß, dass Gott sich von Zeit zu Zeit in unserer Welt inkarniert. Bhagavan wollte, dass sie in seiner Gegenwart über dieses Thema diskutierten.

---

[104] Nangta ist der Name, den Sri Ramakrishna seinem spirituellen Lehrer im Advaita Vedanta gegeben hat. Nangta bedeutet wörtlich: Einer, der seinen Körper mit keinem Gewand bekleidet. Totapuri war sein wirklicher Name. Er war ein Sannyasin-Mönch der Sankara-Schule und ein großer Vedanta-Gelehrter. Er erreichte den höchsten Zustand von Nirvikalpa Samadhi, nachdem er vierzig Jahre geübt hatte. Er reiste von einem Ort in Indien zum nächsten und verbrachte nie mehr als drei Tage am selben Ort.

Als er nach Dakshineswar kam, lebte er unter den Bäumen im Panchavati und trug keine Kleidung. Nachdem er Ramakrishna gesehen hatte, wollte er ihn im Advaita Vedanta unterweisen. Ramakrishna antwortete wie ein Kind: „Ich werde meine Göttliche Mutter fragen. Wenn Sie mir Ihre Erlaubnis gibt, werde ich von dir lernen." Der Weise Totapuri freute sich über die Antwort. Er blieb elf Monate bei Ramakrishna, was für ihn sehr ungewöhnlich war. Er unterwies ihn in der Einheit von Jiva und Brahman, und innerhalb von drei Tagen erkannte Ramakrishna die höchste Einheit, indem er Nirvikalpa Samadhi erreichte. Als Totapuri seinen Zustand sah, erklärte er äußerst erstaunt: „Wie wundervoll ist das göttliche Geheimnis! Du hast in drei Tagen erlangt, was ich nach vierzig Jahren hartem Kampf erreicht habe." Seitdem betrachtete er Ramakrishna als seinen spirituellen Bruder.

Sri Ramakrishna (zu Girish): "Ich würde euch beide gern über dieses Thema in Englisch sprechen hören."

Die Diskussion begann. Sie wurde jedoch nicht in Englisch, sondern in Bengalisch geführt, mit einem englischen Wort hier und da.

Der manifeste Gott

Narendra: "Gott ist unendlich. Mit unserem armseligen Verstand können wir Ihn nicht wahrnehmen. Gott ist in jedem Menschen, aber Er manifestiert sich nicht in einem bestimmten Individuum."

Bhagavan (gütig): "Ich stimme zu. Er ist in jedem Gegenstand, in jedem Menschen. Nur besteht ein Unterschied in der Manifestation der göttlichen Energie in diesen Gegenständen. Die göttliche Energie, die sich in einigen Objekten manifestiert, führt einen von Gott weg und wird dann Avidya (Unwissenheit) genannt. Wenn sie zu Gott hinführt, spricht man von Vidya (Erkenntnis). Zudem ist die manifestierte Energie in einigen Gefäßen größer und in anderen kleiner. Deshalb sind nicht alle Menschen gleich."

Ein Schüler: "Wozu dient dieses nutzlose Gespräch?"

Bhagavan: "Es nützt viel."

Girish (zu Narendra): "Woher weißt du, dass Gott keinen menschlichen Körper annimmt und sich nicht inkarniert?"

Narendra: "Oh! Gott kann bestimmt nicht von Worten und dem begrenzten Geist erfasst werden!"

Gott wird von der gereinigten Seele erkannt.

Ramakrishna: "Genau, er ist jenseits des begrenzten, unreinen Geistes. Aber Er kann mit dem gereinigten Verstand (Buddhi) erkannt werden. Der gereinigte Verstand und die gereinigte Seele sind eins. Die heiligen Weisen (Rishis) erkannten den reinen, universalen Geist durch ihren gereinigten Verstand und ihre gereinigte Seele."

Girish (zu Narendra): "Wenn Gott sich nicht in menschlicher Gestalt inkarniert, wer kann dann diese schwierigen Probleme erklären? Er nimmt eine menschliche Gestalt an, um der Menschheit göttliche Weisheit und Liebe zu lehren. Wer sonst hat die Kraft, auf dieselbe Weise zu lehren?"

Narendra: "Warum? Er wird mich bestimmt im Herzen belehren."

Bhagavan (liebevoll): "Das stimmt. Er wird dich als innerer Herrscher des Herzens (Antaryamin) belehren."

Die Diskussion erhitzte sich. Sie wandte sich Dingen zu, die für das gewöhnliche Verstehen zu hoch sind: Ist Unendlichkeit untrennbar? Was sagte Hamilton über die Begrenztheit des menschlichen Wissens und Herbert Spencer, Tyndall und Huxley?

Ramakrishna: "Ich für meinen Teil mag diese Dinge nicht. Gott ist jenseits der Macht der Schlussfolgerungen. Er ist mehr. Ich sehe, dass alles, was ist, Gott ist. Wozu muss man dann über Ihn argumentieren? Ich sehe tatsächlich, dass alles, was ist, Gott ist. Es ist Er, der zu all diesen Dingen geworden ist. Dies ist ein Zustand, in dem der Geist und der Verstand (Buddhi) im Absoluten und unteilbaren Sein verloren sind. Wenn ich Narendra sehe, geht mein Geist in das unteilbare Absolute ein. Was sagst du dazu?"

Girish (lächelnd): "Gewiss, verehrter Herr, wir behaupten nicht, dass wir alles verstehen."

Ramakrishna: "Deshalb muss ich am Ende des Samadhi wieder mindestens zwei Stufen unter die höchste Stufe der Skala herunterkommen, bevor ich ein Wort sagen kann. Vedanta wurde von Sankara erklärt. Ramanuja[105], der die Lehre des qualifizierten Nicht-Dualismus gegründet hat, vertritt eine andere Auffassung."

Narendra (zu Bhagavan): "Herr, darf ich fragen, was mit Vishishtadvaitavada (dem qualifizierten Nicht-Dualismus) gemeint ist?"

---

[105] Ramanuja war der Gründer des Vishishtadvaita oder der qualifizierten, nicht-dualistischen Richtung des Vedanta. Er wurde etwa 1017 in Sri Parambattur geboren, einer Stadt bei Madras in Südindien. Er wird von seinen Nachfolgern als Inkarnation von Sesha oder Ananta betrachtet. Er schrieb Kommentare in Sanskrit über die Upanishaden, die Vedanta Sutras und die Bhagavad Gita und predigte seine Lehre in ganz Indien. Es heißt, er habe 120 Jahre lang gelebt und sei 1137 gestorben. Seine Lehren unterscheiden sich vom absoluten Monismus der Philosophie Sankaracharyas. Er hat heute Millionen Anhänger in allen Schichten der Hindus in Indien.

Der qualifizierte Nicht-Dualismus

Ramakrishna: "Es gibt eine Lehre, die Vishishtadvaitavada heißt. Sie ist die Sichtweise von Ramanuja. Das Absolute (Brahman) darf nicht getrennt von der Welt und der Seele betrachtet werden. Die drei bilden ein Einziges: drei in einem und eins in drei. Nehmen wir eine Bel-Frucht. Trennen wir die Schale, die Samen und den Kern voneinander. Nun nimm einmal an, jemand will wissen, wie viel die Frucht wiegt. Sicherlich genügt dazu nicht das Gewicht des Kerns allein.

Die Schale, die Samen und der Kern werden zusammen gewogen, damit man weiß, wie viel die Frucht wirklich wiegt. Wir schlussfolgern zwar von Anfang an, dass das Allerwichtigste der Kern ist – weder die Schale noch die Samen. Als nächster Schritt schlussfolgern wir, dass die Schale und die Samen zur selben Substanz gehören wie der Kern. Im ersten Schritt unserer Folgerung sagen wir: 'Nicht dies, nicht das.' Das heißt, dass das Absolute (Brahman) nicht die individuelle Seele ist. Aber Es ist auch nicht die Erscheinungswelt. Das Absolute (Brahman) ist die einzige Wirklichkeit. Alles andere ist unwirklich.

Im nächsten Schritt gehen wir etwas weiter. Wir sehen, dass der Kern von derselben Substanz ist wie die Schale und die Samen. Deshalb ist die Substanz, aus der wir unsere negative Auffassung des absoluten Brahman ableiten, dieselbe Substanz, aus der wir unsere negative Auffassung der endlichen Seele und der Erscheinungswelt ableiten. Unsere relative Erscheinung (Lila) muss zu diesem ewigen Sein zurückverfolgt werden, das auch das Absolute genannt wird. Deshalb, sagt Ramanuja, hat das Absolute (Brahman) durch die endliche Seele und die Erscheinungswelt Eigenschaften. Das ist die Lehre des qualifizierten, nicht-dualistischen Vedanta."

Spirituelle Erweckung ist nötig, um die Wirklichkeit zu sehen.

„Ich sehe dieses Sein als Wirklichkeit direkt vor meinen Augen! Warum sollte ich argumentieren? Ich sehe tatsächlich, dass das Absolute zu all dem geworden ist. Es erscheint als die individuelle Seele und als die Erscheinungswelt. Man muss eine Erweckung des Geistes im Innern gehabt haben. Wie lange muss man argumentieren und unterscheiden, indem man sagt: ‚Nicht dies, nicht das'? Solange man die absolute Wirklichkeit nicht erkannt hat.

Es sind nicht nur bloße Worte wie etwa: 'Ich sehe, dass Gott zu allem geworden ist.' Worte allein sind nicht genug. Der Geist muss durch die Gnade des Herrn bewegt werden. Spirituelles Erwachen wird von Samadhi gefolgt. In diesem Zustand vergisst man, dass man einen Körper hat. Man verliert alle Anhaftung an die Dinge dieser Welt. Man mag von nichts anderem mehr hören als von Gott. Man ist zutiefst in Schwierigkeiten, wenn man aufgefordert wird, von weltlichen Angelegenheiten zu hören. Wenn der Geist im Innern erwacht ist, ist die Erkenntnis des universalen Geistes der nächste Schritt. Es ist der Geist (spirit), der den Geist (Spirit) erkennt."

Verstandesmäßiges Begreifen und Erkenntnis

Nach der Diskussion sagte Bhagavan: „Ich habe beobachtet, dass Unterscheidung nur zu verstandesmäßigem Begreifen des Absoluten führt, was weit vom wahren Verstehen entfernt ist. Letzteres kann durch Meditation (Dhyana) in der Einsamkeit erlangt werden. Aber es unterscheidet sich sehr von der Erkenntnis durch Seine Gnade. Wenn Er uns in Seiner Gnade erkennen lässt, was der inkarnierte Gott ist und wie Er sich in einer menschlichen Gestalt manifestiert, dann muss man nicht länger argumentieren und erklären. Weißt du, wie das ist? Wie wenn jemand in einem dunklen Raum ein Streichholz an der Streichholzschachtel anreißt und es sofort einen Funken schlägt. So ist es, wenn der Herr so gnädig ist, den Funken für uns zu schlagen. Die Dunkelheit der Unwissenheit wird vertrieben, und alle Zweifel hören für immer auf. Kann Er durch solche Diskussionen erkannt werden?"

Bhagavan bat Narendra, sich neben ihn zu setzen. Er stellte viele liebevolle Fragen über ihn und umarmte ihn.

Narendra: "Verehrter Herr, ich habe drei oder vier Tage hintereinander in Einsamkeit über die Göttliche Mutter meditiert, aber nichts ist dabei herausgekommen."

Bhagavan: "Alles geschieht zu seiner Zeit. Sei nicht ungeduldig. Die Mutter ist niemand anderes als Brahman, das Absolute. Die Göttliche Mutter ist die Urenergie. Wenn Sie inaktiv ist, nennen ich Sie Brahman. Aber wenn Sie die Erscheinungswelt erschafft, erhält und zerstört, nenne ich Sie Sakti (Energie) oder Göttliche Mutter. Das, was du Brahman nennst, ist dasselbe wie meine Göttliche Mutter."

(Zu Girish): „Es wird spät."

Girish: "Es tut mir leid, aber ich muss dich verlassen, verehrter Herr, und zur Arbeit gehen, ich Unglücklicher!"

Bhagavan: "Du musst beiden Parteien dienen. Janaka diente Gott und war von der Welt unberührt. Somit kümmerte er sich um beides, diese Welt und die nächste. Er trank die Tasse Milch, vergaß aber die Seele nicht."

Girish: "Verehrter Herr, ich denke daran, meinen Beruf aufzugeben."

Bhagavan: "Nein, nein, du braucht so etwas nicht zu tun. Es ist richtig, wie es ist. Du tust vielen Gutes."

Narendra (sanft): "Noch vor einem Augenblick hat er Ihn als Herrn, den inkarnierten Gott, bezeichnet. Trotzdem hängt er immer noch stark an seiner beruflichen Arbeit."

Bhagavan ließ Narendra neben sich Platz nehmen. Er betrachtete ihn. Er setzte sich nach unten, um näher bei ihm zu sein. Narendra glaubte nicht, dass Gott sich inkarniert hatte, aber was bedeutete das schon? Ramakrishnas Liebe für ihn war so groß wie immer. Bhagavan berührte ihn und sagte zu ihm: „Fühlst du dich verletzt? Mach dir nichts draus. Auch wir sind einer Meinung mit dir und fühlen mit dir."

Streitgespräche verhindern die Erkenntnis Gottes.

Bhagavan fuhr fort: "Solange man über Gott Schlüsse zieht und argumentiert, hat man Ihn nicht erkannt. Ihr beide ward in Diskussionen verstrickt. Ich mag das nicht. Wie lange gibt es Lärm bei einem Fest, zu dem viele eingeladen wurden? Solange die Gäste nicht zu essen begonnen habe. Sobald die Speisen serviert wurden und sie davon nehmen, verschwinden drei Viertel des Lärms.

Je mehr Süßigkeiten herumgereicht werden, desto mehr hört der Lärm auf. Je näher du Gott kommst, desto weniger bist du in der Stimmung zu argumentieren. Wenn du zu Ihm kommst, wenn du Ihn als die Wirklichkeit schaust, dann enden aller Lärm und alle Streitgespräche. Dann ist die Zeit der Freude gekommen, die sich in Samadhi einstellt."

Nachdem Bhagavan das gesagt hatte, bewegte er sanft seine Hand über Narendras liebliches Gesicht und koste ihn, wobei er wiederholte: „Hari Om, Hari Om, Hari Om."

Was für ein Wunder ereignete sich da vor den Augen der Schüler! Als sie Bhagavan ansahen, bemerkten sie, dass ihn sein Sinnesbewusstsein zu verlassen begann. Als sie ihn erneut ansahen, bemerkten sie, dass es ihn völlig verlassen hatte. In diesem halbbewussten Zustand ruhte die Hand der Inkarnation der göttlichen Liebe auf Narendras Körper. Atmete er die Inspiration in ihn hinein, die Kraft, die von oben kommt? Dann kam eine neue Veränderung über Bhagavan. Er sagte mit gefalteten Händen zu Narendra: „Singe ein Lied, dann geht es mir wieder gut. Wie sonst kann ich auf meinen Füßen stehen. Mein Nitai[106], oh, er ist völlig betrunken, berauscht vom Wein der göttlichen Liebe, der Liebe für Gouranga (Chaitanya)."

Nach einer kurzen Weile war er wieder sprachlos wie eine Marmorfigur. Betrunken von der Freude am Herrn sagte Bhagavan: „Kümmere dich um Radha, damit du nicht in den Jamuna fällst. Oh, du bist verrückt von ekstatischer Liebe für Ihn, der sich in Brindavan als der Herr Sri Krishna inkarniert hat!" Erneut war er in tiefem Samadhi. Als er wieder zum Sinnesbewusstsein kam, wiederholte er Teile des berühmten Lieds: „Oh mein Freund, wie weit ist dieser gesegnete Wald entfernt, das Land, wo mein Geliebter ist? Sieh, der Duft meines Geliebten ist zu riechen! Ich kann keinen Schritt weitergehen, oh mein Freund!"

Jetzt hatte Bhagavan alles Bewusstsein der Welt verloren. In diesem Zustand kümmerte er sich um nichts und niemanden. Narendra saß vor ihm, aber offensichtlich sah er ihn nicht. Er hatte jedes Gefühl für Zeit und Ort verloren. Der Geist, das Herz und die Seele waren in Gott eingegangen. Plötzlich stand er auf und sagte: „Völlig vom Wein der göttlichen Liebe betrunken, mit Liebe für Gour (Gouranga)." Wenige Augenblicke später setzte er sich und sagte: "Von dort drüben kommt ein Licht, aber ich kann nicht einmal sagen, aus welcher Richtung es kommt." Da begann Narendra zu singen:

---

[106] [Nitai = Nityananda Prabhu war der Freund und Schüler von Chaitanya.]

1. Oh Herr, Du hast mich mit Deiner Vision gesegnet und all meine Schwierigkeiten beseitigt.
Du hast einen Zauber über meine Seele geworfen.

2. Die sieben Welten haben ihren Kummer vergessen, weil sie Dich als Wirklichkeit sehen!
Nicht zu sprechen von mir Armem, der Deines Erbarmens und Deiner Güte so sehr bedarf!

Als Bhagavan dem Lied zuhörte, verlor er erneut jedes Bewusstsein der äußeren Welt. Seine Augen waren geschlossen. Sein Körper und seine Glieder waren unbewegt. Er war in tiefem Samadhi.

Als das Samadhi vorbei war, fragte er: „Wer bringt mich heim in den Tempel?" Ein Kind, das nach einem Gefährten sucht! Es war spät geworden, und es war die zehnte Nacht der dunklen zwei Wochen. Sri Ramakrishna wollte in den Tempel von Dakshineswar zurückkehren. Er setzte sich in den Wagen, der ihn dorthin bringen sollte. Die Schüler standen auf beiden Seiten neben dem Wagen, um ihn zu verabschieden. Auch jetzt war er von der Freude am Herrn völlig betrunken! Der Wagen rollte davon. Die Schüler sahen ihm wenige Augenblicke nach. Dann ging jeder nach Hause.

KAPITEL XIII: EIN TAG IN SHAMPUKUR

Vivekananda

Sri Ramakrishna lebte auf Bitten seiner Laienschüler in Shampukur, die dort ein Haus für ihn gemietet hatten.

Es war gegen halb sechs nachmittags an einem Tag im Oktober. Vivekananda, Brahmananda, Ramakrishnananda, Saradananda, Abhedananda[107] und andere Schüler waren bei Sri Ramakrishna. Das große Nationalfest Durgapuja war vor wenigen Tagen gefeiert worden, aber es war für die Schüler schwierig gewesen, den Festlichkeiten mit ganzem Herzen beizuwohnen. Wie konnten sie sich freuen, wenn ihr Meister an einer ernsthaften Krank-

---

[107] [Vivekananda = Narendra, Brahmananda = Rakhal, Ramakrishnananda = Sashi, Saradananda = Sarat, Abhedananda = Kali]

heit litt?[108] Ihr einziger Gedanke war, ihm zu dienen, ihn zu pflegen und Tag und Nacht seinen kleinsten Wunsch zu erfüllen. Dieser hingebungsvolle und unvergleichliche Dienst für den Meister führte die jungen Schüler (Vivekananda und andere) zur großen Entsagung der Welt, wofür Bhagavan Sri Ramakrishna das vollkommene Beispiel war. Weil sie den Meister so sehr liebten, verließen sie ihr Zuhause und opferten die Pflichten und Vergnügen des Lebens, damit sie ihre ganze Seele seinem Dienst widmen konnten.

Trotz seiner Krankheit kamen täglich hunderte von Leuten, um ihm die Ehre zu erweisen. Sie wollten unbedingt seinen Segen erhalten und in seiner Gegenwart sitzen, und sei es nur für wenige Minuten, denn seine Gegenwart brachte den Herzen und Seelen aller Frieden und himmlisches Glück. Wer hatte jemals solch grenzenloses Mitgefühl gesehen? Er war um das Wohl aller, die zu ihm kamen, besorgt und immer bereit, ihnen zu helfen, indem er ihre Zweifel beseitigte und ihr spirituelles Auge öffnete. Zu dieser Zeit zeigte Bhagavan Sri Ramakrishna der Welt, dass er nicht von dieser Welt war, sondern die Verkörperung der unendlichen göttlichen Liebe.

Sein Zauber und die Faszination an ihm waren so groß, dass jeder, der in seiner Gegenwart war, das Gefühl für Zeit und Ort vergaß. Selbst Männer wie Dr. Sarkar[109], der der am meisten beschäftigte Arzt in Kalkutta war und normalerweise nur wenige Augenblicke bei jedem Patienten verbrachte, blieb stundenlang bei Bhagavan und manchmal den ganzen Tag. Er hatte soeben Sri Ramakrishna einen langen Besuch abgestattet. Als er aufstand, um zu gehen, sagte er zu Bhagavan, der mit Syam Babu[110] sprach: „Da du jetzt Syam Babu zum Reden hast, verabschiede ich mich."

Sri Ramakrishna: "Würdest du nicht gern einige Lieder hören?"

---

[108] [Ramakrishna war an Kehlkopfkrebs erkrankt, woran er am 16. August 1886 starb.]

[109] Dr. Mehendralal Sarkar war der beste Hindu-Arzt in Kalkutta in jener Zeit. Er war eine große Autorität in der Medizin, und seine Meinung hatte bei den angesehensten europäischen Ärzten Gewicht. Er war auch der Gründer der Science Association in Kalkutta, wo er gelegentlich wissenschaftliche Vorlesungen über Physik und Chemie hielt.

[110] Syam Babu war ein reicher Hindu aus Kalkutta und ein enger Freund von Dr. Sarkar.

Arzt: "Das würde ich sehr gern, aber deine Gefühle werden dann zu sehr beansprucht, und du wirst in Ekstase geraten."

Der Arzt nahm erneut Platz, und Vivekananda sang zur Musikbegleitung:

GOTT UND SEINE WERKE

1. Wundervoll und unendlich ist das Weltall, das Du gemacht hast! Sieh, es ist das Behältnis für alle Schönheit.

2. Tausende Sterne scheinen – ein Halsband von Gold, mit Edelsteinen bestückt. Unzählig sind die Monde und die Sonnen.

3. Die Erde ist geschmückt mit Wohlstand, und Deine Scheune ist voller Korn. Oh großer Herr!
Unzählig sind die Sterne, die singen: ‚Gut gemacht, Herr! Gut gemacht!' Sie singen ohne Unterlass.

KALI, DIE MUTTER DES UNIVERSUMS

1. Inmitten der tiefsten Dunkelheit, oh Mutter, bricht das Licht Deiner gestaltlosen Schönheit hervor.
Hierfür meditiert der Yogi in der Bergeshöhle.

2. Im Schoß der unendlichen Dunkelheit und getragen vom Meer des großen Nirvana fließt unaufhörlich der Duft des beständigen Friedens.

3. Oh Mutter, wer bist Du, die Du allein im Tempel des Samadhi thronst, die Gestalt der großen Gemahlin des Herrn der Ewigkeit annimmst und die Kleidung der Dunkelheit trägst?
Der Lotus Deiner Füße bewahrt uns vor Angst. In ihnen erglüht das Licht Deiner Liebe für Deine Kinder, und lautes Gelächter schmückt Dein geistiges Gesicht.

Arzt (zu Vivekananda): „Es ist für ihn gefährlich – dieses Singen. Es wirkt auf seine Gefühle, und das hat ernste Folgen."

Sri Ramakrishna (zu Vivekananda): "Was sagt der Arzt?"

Vivekananda: "Herr, der Arzt ist besorgt, dass dieses Singen dich in Ekstase (Bhava-Samadhi) versetzt."

Sri Ramakrishna (zum Arzt mit gefalteten Händen): „Nein, oh nein! Warum sollte es meine Gefühle beeinträchtigen? Mir geht es sehr gut."

Aber kaum hatte Bhagavan, der bereits sein Sinnesbewusstsein verlor, das gesagt, ging er in tiefes Samadhi ein. Sein Körper wurde bewegungslos. Seine Augen bewegten sich nicht. Er saß sprachlos wie eine Figur aus Holz oder Stein da. Alles Sinnesbewusstsein hatte aufgehört. Der Geist, das Prinzip der persönlichen Identität, das Herz, alles war vom gewohnten Kurs abgewichen zum einen Gegenstand hin, der Mutter des Universums.

Erneut sang Vivekananda mit seiner lieblichen, bezaubernden Stimme eine Melodie nach der anderen. Er sang:

DER HERR IST MEIN GEMAHL

Wie strahlend ist die Schönheit! Wie bezaubernd ist das Gesicht! Der Herr meines Herzens ist in meine (niedrige) Wohnstatt gekommen.

2. Sieh her, die Quelle meiner Liebe fließt über (vor Freude)!

3. Oh Herr meiner Seele! Du bist reine Liebe. Welche Reichtümer kann ich Dir anbieten? Oh nimm mein Herz, mein Leben, mein Alles. Ja, Herr, mein Alles, bitte nimm es an!

ES GIBT NICHTS GUTES ODER SCHÖNES OHNE DEN HERRN

1. Welche Bequemlichkeit kann es im Leben geben, oh gnädiger Herr, wenn die Biene der Seele nicht immer auf Deinen Lotusfüßen verweilt!

2. Was nützt unzähliger Wohlstand,
wenn Du, der wertvollste Edelstein, nicht sorgsam bewahrt wirst!

3. Ich betrachte nicht das zarte Gesicht des Kindes,
wenn ich in diesem Gesicht, das lieblich wie der Mond ist, nicht Dein liebendes Gesicht sehe!

4. Wie schön ist das Mondlicht! Doch ich sehe nur Dunkelheit, wenn beim Mondaufgang der Mond Deiner Liebe nicht auch in meiner Seele aufgeht.

5. Selbst die reine Liebe einer sittsamen Frau scheint unrein, wenn das Gold ihrer Liebe nicht mit dem Edelstein Deiner göttlichen Liebe besetzt ist.

6. Herr, wie der Biss einer giftigen Schlange ist der Zweifel an Dir, der Nachkomme der Unwissenheit.

7. Herr, was soll ich sonst noch zu Dir sagen?
Du bist das unbezahlbare Juwel meines Herzens, die Wohnstatt der immerwährenden Freude!

Vivekananda sang erneut:

DIE EKSTATISCHE LIEBE ZU GOTT

Wann wird göttliche Liebe mein Herz betreten? Wann werde ich, nachdem alle Wünsche erfüllt sind, den Namen des Herrn (Hari) singen, wobei mir Liebestränen aus den Augen strömen?

Wann werden mein Herz und meine Seele rein sein? Oh, wann werde ich zum Vrindavan der Liebe gehen? Wann werden die Fesseln der Welt abfallen? Wann wird die Dunkelheit meiner Augen vom Kollyrium der Weisheit vertrieben? Wann wird sich durch Deine göttliche Berührung das Eisen meines Körpers in Gold verwandeln?

Wann werde ich die Welt allein von Gott durchdrungen sehen und mich auf dem Weg der göttlichen Liebe verneigen? Wann werden meine religiösen Werke und tägliche Pflichten der Vergangenheit angehören? Wann wird mein Empfinden für Kaste und Familie vorbei sein?

Oh, wann werde ich mich über Furcht, Angst und Scham erheben? Wann werde ich von Stolz und sozialen Bräuchen frei sein? Mit dem Staub der Füße der wahren Bhaktas auf meinem Körper, mit der Inschrift der Entsagung auf meiner Schulter – wann werde ich mit beiden Händen das Wasser des Flusses der göttlichen Liebe trinken?

Sri Ramakrishna mochte folgendes Lied von Zaffir, dem Sufi-Dichter aus Hindustan, besonders:

Du bist die Zuflucht und Freude meines Herzens.
Alles, was ist, bist Du, alles in allen bist Du.

Nur in Dir habe ich meinen Geliebten gefunden,
Alles, was ist, bist Du, alles in allen bist Du.

Du bist die Wohnstätte all Deiner Geschöpfe.
Wo Du nicht wohnst, kann es dort ein Herz geben?
Deine Gegenwart hat jedes Herz betreten.
Alles, was ist, bist Du, alles in allen bist Du.

Du bist sowohl in den Menschen
als auch in den triumphierenden Engeln,
sowohl in den Hindus als auch in den Moslems.
Dein heiliger Wille hat alles wie Dich gemacht.
Alles, was ist, bist Du, alles in allen bist Du.

Seien es die Moscheen oder Hindu-Tempel,
vollkommen rein hat Deine Berührung jeden Teil gemacht.
Alle Häupter verneigen sich vor Dir in Verehrung.
Alles, was ist, bist Du, alles in allen bist Du.

Vom höchsten Himmel bis zur Erde, die sich vor uns ausbreitet,
von der ausgedehnten Erde bis zum Himmel bist Du.
Wo immer ich hinschaue, erscheinst Du mir.
Alles, was ist, bist Du, alles in allen bist Du.

Indem ich nachgedacht und darüber nachgesonnen habe,
habe ich es klar erkannt,
suchend habe ich nichts anderes gefunden als Dich.
Jetzt ist dem Dichter klargeworden:
Alles, was ist, bist Du, alles in allen bist Du.

Inmitten der Lieder kam Sri Ramakrishna wieder zu sich. Die Musik war
gedämpft. Dann folgte ein Gespräch mit Bhagavan, was immer bezaubernd
war, sowohl für die Gelehrten als auch für die Ungebildeten, für die Alten
und die Jungen, für Männer und Frauen, für die Großen und Bescheidenen.
Die ganze Gesellschaft saß stumm da und betrachtete schweigend sein

göttliches Antlitz. War jetzt eine Spur dieser ernsten Krankheit sichtbar, an der er litt? Da war nur Freude und das Strahlen himmlischer Herrlichkeit. Ramakrishna wandte sich dem Arzt zu und sagte:

Die drei Hindernisse auf dem Weg zur Vollkommenheit

"Gib deine Scheu auf, Doktor. Man sollte sich nicht scheuen, vor den anderen den Namen des Herrn zu wiederholen oder vor Freude zu tanzen, während man Seinen lieblichen Namen singt. Kümmere dich nicht darum, was die Leute sagen. Es gibt das Sprichwort: ‚Drei Hindernisse liegen auf dem Weg zur Vollkommenheit – Scheu, Verachtung und Furcht.' Der Scheue denkt: ‚Wie kann ich, der ich so bedeutend bin, zum Namen des Herrn tanzen? Was werden die anderen großen Leute sagen, wenn sie davon erfahren? Sie sagen vielleicht: „Was für eine Schande! Der arme Arzt hat den Verstand verloren! Er hat getanzt, während er den Namen des Herrn gesungen hat!"' Gib solche dummen Vorstellungen auf."

Arzt: "Das ist überhaupt nicht meine Art zu denken. Ich kümmere mich nicht darum, was die Leute sagen."

Wahres Wissen und Unwissenheit

Sri Ramakrishna (lächelnd): "Im Gegenteil, du kümmerst dich sehr darum. Überwinde Wissen und Unwissenheit, dann wirst du Gott erkennen. Das Wissen um die Verschiedenheit ist Unwissenheit. Die vom Egoismus erzeugte Gelehrsamkeit kommt von der Unwissenheit. Das Wissen, wodurch wir wissen, dass Gott überall existiert, ist wahres Wissen. Aber mit Ihm vertraut zu sein, ist Erkenntnis (Vijnana)."

Erkenntnis

„Nimm einmal an, du hast einen Dorn in deinem Fuß. Du brauchst einen zweiten Dorn, um ihn herauszuziehen. Wenn der erste Dorn herausgezogen ist, wirfst du beide fort. Ebenso musst du den Dorn des Wissens benutzen, um den Dorn der Unwissenheit loszuwerden. Dann musst du beides, Unwissenheit und Wissen, wegwerfen, um die völlige Erkenntnis Gottes, des Absoluten, zu erlangen, denn das Absolute ist über und jenseits des Wissens wie auch der Unwissenheit. Lakshmana sagte einmal zu seinem göttlichen

Bruder: ‚Oh Rama, ist es nicht seltsam, dass jemand, der Gott kannte wie Vashishta Deva, um den Verlust seiner Söhne weinte und untröstlich war?'"

Wissen ist relativ.

„Daraufhin erwiderte Rama: "Wer Wissen hat, hat auch Unwissenheit. Wer einen Gegenstand kennt, kennt auch viele Gegenstände. Wer das Licht kennt, kennt auch die Dunkelheit, aber Brahman, das Absolute, ist jenseits von Wissen und Unwissenheit und steht über der Tugend und dem Laster, über Verdienst und Verwerflichkeit, Reinheit und Unreinheit."

Syam Babu: "Herr, darf ich wissen, was übrig bleibt, nachdem beide Dornen weggeworfen wurden?"

Das absolute Brahman

Sri Ramakrishna: "Was übrig bleibt, ist das Absolute, das in den Veden Nityasuddha-bodharupam (die unveränderliche, völlig reine Quelle alles Wissens) genannt wird. Aber wie soll ich dir das erklären?

Nimm einmal an, jemand fragt dich, wie Ghee (geklärte Butter) schmeckt. Kannst du den Geschmack erklären? Das Äußerste, was du sagen kannst, ist, dass es genau nach Ghee schmeckt. Ein junges Mädchen fragte einmal eine Freundin: ‚Dein Mann ist gekommen. Erzähl mir, welche Art von Freude du empfindest, wenn du ihn triffst.' Daraufhin erwiderte die verheiratete Freundin: ‚Meine Liebe, du wirst das alles wissen, wenn du selbst einen Mann hast. Wie kann ich es dir erklären?'

In den Puranas steht, dass die Mutter des Universums sich als die Tochter der Gottheit des Himalaja inkarniert hat. Kaum war sie geboren, wurde der König der Berge mit einer Vision der verschiedenen Manifestationen der allmächtigen Mutter gesegnet. Da sagte er: 'Oh Mutter, lass mich Brahman sehen, von dem so viel in den Veden steht.' Das inkarnierte Kind erwiderte: ‚Oh Vater, wenn du das absolute Brahman sehen willst, dann musst du mit den heiligen Weisen Umgang pflegen, die allem entsagt haben. Was das absolute Brahman ist, kann nicht mit Worten ausgedrückt werden.' Im Tantra steht treffend: ‚Alle Dinge, mit der einzigen Ausnahme von Gott, dem Absoluten, sind unrein wie Essensreste geworden.'

Die Vorstellung ist, dass die heiligen Schriften der Welt, die mit Hilfe der Zunge gelesen und rezitiert wurden, dadurch beschmutzt wurden wie das Essen, das aus dem Mund ausgespuckt wird. Doch keiner war jemals in der Lage, mit Worten des Mundes das absolute Brahman zu beschreiben. Deshalb heißt es, dass das Absolute nicht durch den Mund beschmutzt wurde. Wer wiederum kann in Worten die selige Freude ausdrücken, die einer erfährt, der in der Gesellschaft mit dem Herrn und in Gemeinschaft mit dem absoluten Sat-Chit-Ananda [Existenz, Intelligenz und Seligkeit] ist? Nur jener weiß es, der mit solcher Erkenntnis gesegnet wurde."

Sri Ramakrishna sagte zum Arzt: „Wahre Erkenntnis stellt sich nicht ein, bis der Egoismus völlig verschwunden ist."

Egoismus und Erkenntnis

"Wann werde ich frei sein? Wenn das ‚Ich' zu existieren aufhört. Das Empfinden von ‚ich' und ‚mein' ist Unwissenheit. Das Empfinden von ‚du' und ‚dein' ist Erkenntnis."

Das Gebet eines wahren Bhakta

„Ein wahrer Bhakta sagt: ‘Oh Herr, Du bist der Handelnde, Du hast alles erschaffen. Ich bin nur ein Werkzeug in Deinen Händen. Ich tue nur, was Du mich tun lässt. Alles ist Dein Reichtum, Deine Herrlichkeit. Dir gehört das Universum, die Familie, die Verwandten. Nichts gehört mir. Ich bin Dein Diener. Es liegt an Dir zu befehlen und an mir, Dir mit ganzem Herzen und ganzer Seele zu dienen.'"

Egoismus

„Der Egoismus kommt zu jenen, die einige Bücher studiert und sich etwas Wissen angeeignet haben. Ich sprach einmal mit Tagore über das Wesen Gottes. Er sagte zu mir: ‚Ich weiß alles darüber.' Ich erwiderte: ‚Wer in Delhi war, geht nicht umher und sagt den anderen: „Ich war in Delhi" und so fort. Wer ein wirklicher Herr ist, prahlt nicht damit, ein Herr zu sein.'"

Syam Babu: "Herr, Tagore hat großen Respekt vor dir."

Eitelkeit

Sri Ramakrishna: "Mein lieber Herr, soll ich dir von der Eitelkeit der Frau, die im Tempel von Dakshineswar putzte, erzählen? Sie trug einige Schmuckstücke und war so eitel, dass sie immer, wenn jemand auf der Straße in ihre Nähe kam, rief: ‚Geh mir aus dem Weg! Geh mir aus dem Weg!' Was soll ich über die Eitelkeit der wohlhabenden Leute der höheren Kasten sagen!"

Ein Verehrer: "Wenn Gott der einzige Handelnde im Universum ist, woher kommen dann Gut und Böse, Tugend und Laster? Existieren sie, weil Er es will?"

Der Herr ist von Gut und Böse unberührt.

Sri Ramakrishna: "In dieser Welt der Relativität gibt es Gut und Böse, Tugend und Laster, aber sie berühren den Herrn nicht. Gott wird von ihnen nicht berührt – wie der Wind von dem guten oder schlechten Geruch, den er mitführt, unberührt ist. Seine Schöpfung ist von zweifachem Wesen. Sie besteht aus Gut und Böse, Wirklichem und Unwirklichem. Wie bei den Bäumen einige gute Früchte tragen und andere giftige, so gibt es unter den Menschen gute und böse, sündige Menschen. Die bösen Menschen haben ihren Platz in der Welt. Siehst du nicht, dass böse Menschen nötig sind, um die Gesetzesbrecher und Bösewichte einer Gemeinschaft zu regieren?"

Syam Babu: "Herr, uns wurde gesagt, dass einerseits der Mensch für seine Sünden bestraft wird, und dass andererseits Gott der einzige Handelnde ist und alle Geschöpfe demütige Werkzeuge in Seinen Händen sind. Wie gehen diese beiden Dinge zusammen?"

Sri Ramakrishna: "Du sprichst wie ein Goldhändler, der die Dinge mit seiner empfindlichen Waage abwiegt."

Vivekananda: "Was Bhagavan mit berechnend meint, bedeutet, dass du wie ein Verstandesmensch sprichst, der einen abwägenden Verstand besitzt."

Sri Ramakrishna: "Ich sage: ‚Podo, iss diese Mangos! Was nützt es zu zählen, wie viele Mangobäume im Garten stehen, wie viele tausend Zweige sie haben, wie viele Millionen Blätter und so fort? Du bist hier, um Mangos zu essen. Iss sie und geh.'"

(Zu Syam Babu): "Du bist in diese Welt gekommen, um durch religiöse Werke Gott zu erkennen. Deine erste Bemühung sollte sein, Liebe (Bhakti) für die Lotusfüße des Allmächtigen zu erlangen. Warum mühst du dich mit anderen Dingen ab? Was gewinnst du, indem du über Philosophie diskutierst? Weißt du nicht, dass vier Unzen Wein genügen, um dich betrunken zu machen? Warum fragst du dann, wie viele Fässer Wein es im Weinladen gibt? Wozu nützt eine solche vergebliche Berechnung?"

Arzt: "Gottes Wein ist unermesslich. Der Vorrat kann sich nie erschöpfen."

Lege die Sorgen auf Gott.

Sri Ramakrishna (zu Syam Babu): „Warum stellst du nicht eine Bevollmächtigung zu Gunsten des Herrn aus? Lass alle deine Sorgen und Verpflichtungen auf Ihm ruhen. Wenn jemand einem ehrlichen Mann traut, wird dieser Mann dann etwas Falsches tun? Gott allein weiß, ob Er Sünden bestraft oder nicht."

Arzt: "Gott allein weiß, was in Ihm vorgeht. Wie kann ein Mensch es erahnen? Er ist jenseits jeder menschlichen Berechnung."

Sri Ramakrishna (zu Syam Babu): „Ihr Leute aus Kalkutta bemängelt immer die göttliche Gerechtigkeit. Ihr beklagt oft, dass Gott parteiisch ist, weil er den einen glücklich und den anderen unglücklich macht. Ihr dummen Leute glaubt, Gott habe dasselbe Wesen wie ihr. Hem kam stets mit seinen Freunden nach Dakshineswar. Jedes Mal, wenn er mich sah, sagte er: 'Herr, es gibt nur etwas in dieser Welt, was es wert ist, dass man es besitzt, und das ist Ehre, nicht wahr?' Nur sehr wenige verstehen, dass das Ziel des menschlichen Lebens darin besteht, Gott zu erlangen."

Der subtile Körper

Syam Babu: "Herr, kann irgendjemand den subtilen Körper zeigen? Kann irgendjemand zeigen, dass der subtile Körper aus dem grobstofflichen Körper heraustritt?"

Sri Ramakrishna: "Jene, die wahre Bhaktas sind, kümmern sich nicht darum, dir das alles zu zeigen. Sie kümmern sich nicht im Geringsten darum, ob Dummköpfe sie respektieren oder nicht. Sie suchen nicht das Wohlwollen reicher Leute."

Syam Babu: "Herr, was ist der Unterschied zwischen dem grobstofflichen und dem subtilen Körper?"

Sri Ramakrishna: "Dieser physische Körper, der aus den grobstofflichen Elementen besteht, wird der grobstoffliche Körper genannt. Manas (Geist), Buddhi (Intellekt), Ahamkara (Ego) und Chitta [die Geistesbewegung], das alles ist im subtilen Körper. Der innere Körper, der die Freude am Herrn und göttliche Ekstase empfindet, wird Karana Sarira (kausaler Körper) genannt. Die Tantras nennen ihn Bhagavat-Tanu oder der Körper, der von der Göttlichen Mutter kommt. Jenseits davon ist Mahakarana, die erste große Ursache. Sie ist der vierte Zustand. Sie kann nicht mit Worten beschrieben werden."

Die Bedeutsamkeit von Übung

„Was nützt es, das alles zu hören? Übe, und du wirst Bescheid wissen. Wenn du das Wort ‚Siddhi, Siddhi' (Hanfblätter) wiederholst, wird dich das berauscht machen? Nein, du musst einige Hanfblätter schlucken. Es gibt Zahlenreihen wie 40, 41 usw., aber du kannst eine Zahl nicht von der anderen ableiten, wenn du nicht vom Fach bist. Für jene, die vom Fach sind, ist es überhaupt nicht schwer, eine bestimmte Zahl von der anderen abzuleiten. Da das so ist, sage ich, übe ein wenig. Wenn du das getan hast, ist es leicht für dich, die richtigen Vorstellungen vom grobstofflichen und subtilen Körper zu haben, vom Karana (dem kausalen Körper, der aus Freude besteht) und vom Mahakarana (der großen Ursache oder dem Bedingungslosen).

Wenn du betest, bitte um Bhakti, Hingabe zu Seinen Lotusfüßen. Nachdem Ahalya[111] vom Fluch befreit war, den ihr Ehemann ihr auferlegt hatte, sagte Rama Chandra: ‚Erbitte von mir eine Gunst.' Ahalya erwiderte: ‚Oh Rama, wenn Du mir eine Wohltat gewähren willst, dann gib, dass mein Geist immer auf Deine Füße gerichtet ist, die schön wie der Lotus sind. Oh, ich mag unter den Schweinen geboren werden, aber das spielt keine Rolle.'"

---

[111] Ahalya war die Frau des großen Logikers und Weisen Gautama. Sie war eine hingebungsvolle Frau, aber die Schurkerei ihres Verführers, der sich für ihren Mann ausgab, ließ sie unkeusch werden. Deshalb der Fluch, aufgrund dessen sie sich in einen Stein verwandelte. Die Berührung von Rama Chandra machte sie wieder menschlich.

Gebet um Bhakti

„Ich für meinen Teil bitte meine Göttliche Mutter einzig um Liebe (Bhakti). Ich lege Blumen auf Ihre Lotusfüße und bete mit gefalteten Händen: ‚Mutter, hier ist Unwissenheit, hier ist Wissen. Oh, nimm sie! Ich will sie nicht. Gewähre mir nur reine Liebe. Hier ist Reinheit (des Geistes und Körpers), hier ist Unreinheit. Was soll ich mit ihnen machen? Lass mich nur reine Liebe haben. Hier ist Sünde, hier ist Verdienst. Ich will weder das eine noch das andere. Lass mich nur reine Liebe haben. Hier ist das Gute, hier ist das Böse. Oh, nimm sie. Ich will sie nicht. Lass mich nur reine Liebe haben. Hier sind die guten Werke, hier sind die schlechten Werke. Oh, stelle mich über sie. Ich will sie nicht. Gewähre mir, dass ich nur reine Liebe habe.'"

Duale Existenz

„Wenn du die Früchte der guten Werke wie Wohltätigkeit annimmst, musst du auch die Früchte der schlechten Werke annehmen. Wenn du die Früchte des Verdienstes annimmst, musst du auch die Früchte der Sünde annehmen. Erkenntnis des Einen (Jnana) beinhaltet auch Erkenntnis des Vielen (Ajnana). Wenn du die Reinheit annimmst, kannst du das Gegenteil, die Unreinheit, nicht loswerden. Somit beinhaltet die Erkenntnis von Licht die Erkenntnis von Dunkelheit, seines Gegenteils. Die Erkenntnis von Einheit beinhaltet die Erkenntnis der Vielfalt."

Tierische Nahrung und Vegetarismus

„Gesegnet ist der Mensch, der Gott liebt! Was spielt es für eine Rolle, ob er Schweinefleisch isst? Andererseits, wenn ein Mensch von Gemüse lebt, aber an der Welt haftet und Gott nicht liebt, was gewinnt er dadurch Gutes?"

Arbeit mit einem auf Gott gerichteten Geist

(Zu Syam Babu): "Das Leben eines Familienvaters ist keineswegs falsch. Aber gib Acht, dass du ohne Anhaftung arbeitest, und halte deinen Geist immer auf die Füße des Herrn gerichtet. Nimm einmal an, ein Mensch hat ein Geschwür auf dem Rücken. Dieser Mensch spricht wie üblich. Vielleicht verrichtet er seine tägliche Arbeit. Aber der Schmerz lässt ihn beständig an das Geschwür denken. Auf dieselbe Weise sollst du deinen Geist beständig auf Gott gerichtet halten, obwohl du in der Welt bist. Eine Frau, die eine heimliche Liebschaft mit einem Mann hat, denkt die ganze Zeit, während sie sich um den Haushalt kümmert, an diesen Liebhaber. Lebe in der Welt wie eine solche Frau. Erledige deine vielen Pflichten, wobei sich deine Seele heimlich nach dem Herrn sehnt."

Die Theosophie

Syam Babu: "Herr, was denkst du über die Theosophie?"

Sri Ramakrishna: "Kurz gesagt, Leute, die sich um Schüler bemühen, gehören einer niederen Ordnung der Menschen an. Auch jene, die Kräfte suchen, gehören einer niederen Ordnung an. Solche Kräfte sind z.B. die Kraft, den Ganges zu überqueren oder die Kraft zu berichten, was eine Person in einem fernen Land sagt oder andere übersinnliche Kräfte. Für solche Leute ist es überhaupt nicht leicht, reines Bhakti (Liebe) für den Herrn zu erlangen."

Syam Babu: "Aber Herr, die Theosophen wollen den Hinduismus erneut auf eine feste Grundlage stellen."

Sri Ramakrishna: "Das mag sein. Ich bin nicht gut unterrichtet, welche Anschauungen sie haben oder was sie tun."

Syam Babu: "Die Theosophie stellt Fragen wie folgende: An welche Region ist die Seele nach dem Tod gebunden – an die Sphäre des Mondes oder der Sterne?"

Sri Ramakrishna: "Das glaube ich gern. Aber lass mich dir eine Vorstellung geben, wie ich denke. Jemand fragte Hanuman, den großen Gottliebenden: ‚Welcher Tag der zwei Mondwochen[112] ist heute?' Hanuman antwortete; ‚Mein lieber Herr, verzeih. Ich weiß nichts von den Wochentagen, dem Tag der zwei Mondwochen oder von den Sternen, die das Geschick eines bestimmten Tages vorhersagen. Darum kümmere ich mich nicht. Ich meditiere über Rama und nur über Rama.'"

Syam Babu: "Herr, die Theosophen glauben an die Mahatmas. Darf ich fragen, ob du die Mahatmas für wirkliche Lebewesen hältst?"

Sri Ramakrishna: "Wenn du mein Wort für die Wahrheit halten willst, dann würde ich ‚ja' sagen. Aber kannst du es dabei belassen? Komm, wenn es

---

[112 Periode zwischen dem Vollmond und Neumond und anders herum.]

mir besser geht. Glaube mir einfach, und ich werde mich darum kümmern, dass du Frieden findest. Bemerkst du nicht, dass ich weder Geld noch Kleidung oder andere Dinge annehme? Bei einigen Theateraufführungen wird von vermögenden Besuchern erwartet, dass sie die Schauspieler anfeuern, indem sie ihnen während der Vorstellung Geld schenken. Hier werden die Leute nicht dazu aufgefordert, solche Geschenke zu machen. Deshalb kommen so viele."

Dr. Sarkar

(Zum Arzt): "Was ich dir zu sagen habe, ist Folgendes – aber fühle dich nicht angegriffen! Du hast genug von den Dingen der Welt gehabt, Geld, Ruhm, Vorträge usw. Jetzt gib deinen Geist ein wenig Gott und komm ab und zu hierher. Es ist gut, den Worten zuzuhören, die von Gott handeln. Solche Worte erleuchten die Seele und wenden sie dem Herrn zu."

Kurz nachdem der Arzt aufgestanden war, um sich zu verabschieden, kam Girish herein. Der Arzt war so froh, ihn zu sehen, dass er sich wieder hinsetzte. Girish trat vor, begrüßte Bhagavan und küsste den Staub seiner heiligen Füße. Der Arzt beobachtete das alles schweigend.

Arzt: "Solange ich hier war, war Girish Babu nicht so freundlich zu kommen. Er muss gerade dann kommen, wenn ich gehen will."

Es folgte ein Gespräch über die Science Association und die Vorträge, die dort gehalten werden. Girish hatte Interesse an diesen Vorträgen.

Sri Ramakrishna (zum Arzt): "Wirst du mich einmal zu der Association mittnehmen?"

Arzt: "Mein lieber Herr, dort würdest du alles Sinnesbewusstsein verlieren beim Anblick der herrlichen und wundervollen Werke Gottes und der Intelligenz, die in diesen Werken aufleuchtet und dem Zweck, dem sie dienen."

Sri Ramakrishna: "Ach, tatsächlich!"

Die Verehrung des spirituellen Lehrers

Arzt (zu Girish): "Tu alles andere, aber bitte verehre ihn [Ramakrishna] nicht als Gott. Dadurch stürzt du einen solch heiligen Mann nur in den Abgrund."

Girish: "Herr, ich fürchte, es geht nicht anders. Er hat mich befähigt, dieses schreckliche Meer der Welt und das nicht weniger schreckliche Meer der Skepsis zu überqueren. Wie soll ich sonst solch einer Person dienen? Es gibt nichts an ihm, das ich nicht verehren kann."

Arzt: "Ich glaube, dass alle Menschen gleich sind. Was diesen heiligen Mann betrifft, glaubst du, ich kann ihn nicht verehren und den Staub seiner Füße küssen? Sieh her!" (Der Arzt bezeugte Bhagavan die Ehre und küsste den Staub seiner Füße.)

Girish: "Oh Herr, die Engel im Himmel sagen: ‚Gesegnet, gesegnet sei dieser glückverheißende Augenblick!'"

Arzt: "Du scheinst zu glauben, dass die Verehrung der Füße von jemanden bewunderswert ist. Du erkennst nicht, dass ich dasselbe bei jedem tun kann."

(Zu einem Herrn, der in der Nähe saß): „Herr, bitte erlaube mir, deine Füße zu verehren."

(Zu einem anderen): „Und auch du, Herr."

(Zu einem dritten): „Und du, Herr."

(Der Arzt verehrte die Füße vieler.)

Vivekananda (zum Arzt.): "Herr, wir betrachten Bhagavan als eine Person, die wie Gott ist. Lass es mich dir erklären. Es gibt irgendwo zwischen der Pflanzen- und Tierwelt einen Punkt, an dem es schwierig ist zu sagen, ob etwas Bestimmtes eine Pflanze oder ein Tier ist. Ebenso gibt es irgendwo zwischen der Welt der Menschen und der Welt Gottes einen Punkt, wo du nicht mit Gewissheit sagen kannst, ob eine Person ein Mensch oder Gott ist."

Arzt: "Gut, mein Freund, Dinge, die sich auf Gott beziehen, können mit keinem Vergleich erklärt werden."

Vivekananda: "Ich sage nicht Gott, sondern gottähnlicher Mensch."

Arzt: "Du solltest keinen solchen Gefühlen der Verehrung nachgeben. Was mich betrifft, so muss ich leider sagen, dass keiner in der Lage ist, meine inneren Gefühle zu beurteilen. Meine besten Freunde halten mich oft für hart und herzlos. Selbst du, mein guter Freund, schlägst mich vielleicht eines Tages mit den Schuhen und wirfst mich hinaus."

Sri Ramakrishna (zum Arzt): "Sag das nicht, Doktor. Diese Leute lieben dich so sehr! Sie beobachten dich und halten nach dir Ausschau wie Frauen, die sich im Brautgemach versammeln und darauf warten, dass der Bräutigam kommt."

Girish: "Jeder hier hegt den tiefsten Respekt für dich."

Arzt (sorgenvoll): "Mein Sohn, selbst meine Frau hält mich für hartherzig, und das aus dem einfachen Grund, weil ich von Natur aus abgeneigt bin, meine Gefühle zu zeigen."

Girish: "Herr, glaubst du nicht, dass es in diesem Fall besser wäre, dich zu öffnen, wenigstens aus Mitleid mit deinen Freunden? Du siehst ja, dass deine Freunde dich nicht verstehen."

Arzt: "Soll ich es sagen? Meine Gefühle sind aufgewühlter als die deinen."

(Zu Vivekananda): „Ich weine, wenn ich alleine bin."

Arzt (zu Sri Ramakrishna): "Herr, darf ich sagen, dass es nicht gut ist, dass du den Leuten erlaubst, deine Füße mit ihrem Körper zu berühren, während du in Samadhi bist."

Sri Ramakrishna: "Glaubst du, dass ich mir dessen bewusst bin?"

Arzt: "Aber du spürst doch, dass es nicht richtig ist, oder etwa nicht?"

Sri Ramakrishna: "Was soll ich über meinen Geisteszustand im Samadhi sagen? Wenn das Samadhi vorbei ist, frage ich mich oft: Kann das nicht der Grund für meine Krankheit sein? Die Sache ist, dass mich der Gedanke an Gott verrückt macht. Das alles ist das Ergebnis der göttlichen Verrücktheit. Da hilft nichts."

Arzt (zu den Schülern): "Er bedauert, was er tut. Er spürt, dass es falsch ist."

Sri Ramakrishna (zu Girish): "Du hast große Überzeugungskraft. Erklärst du es ihm bitte?"

Girish (zum Arzt): "Herr, du irrst dich. Er bedauert es keinesfalls, dass seine Füße die Verehrer berühren. Nein, das ist es nicht. Sein Körper ist rein, ohne Sünde. Er ist Reinheit an sich. Er ist sich aus Sorge für das spirituelle Wohl der Verehrer nicht zu schade zuzulassen, dass seine heiligen Füße sie berühren. Weil er ihre Sünden auf sich genommen hat, leidet sein Körper vielleicht an dieser Krankheit, so denkt er.

Denk an dich selbst. Du wurdest einmal krank, wie du uns erzählt hast, weil du streng studiert hast. Hast du es in dieser Zeit nicht bedauert, dass du bis spät in die Nacht aufgeblieben bist und gelesen hast? Beweist das, dass Lesen bis spät in die Nacht schlecht ist? Bhagavan mag es aus Sicht des Kranken leidtun. Aber er bedauert es keinesfalls aus Sicht eines Lehrers Gottes, der sich um das Wohl der Menschheit sorgt."

Arzt (irgendwie verwirrt): "Ich gebe zu, ich bin geschlagen. Jetzt gib mir den Staub deiner Füße."

(Zu Vivekananda): „Abgesehen davon muss ich zugeben, dass Girish über einen scharfsinnigen Verstand verfügt."

Vivekananda (zum Arzt): "Du kannst das Problem auch anders betrachten. Du widmest manchmal dein Leben der Aufgabe, eine wissenschaftliche Entdeckung zu machen. Dann kümmerst du dich nicht um deinen Körper, um deine Gesundheit oder irgendetwas. Die Erkenntnis Gottes ist die größte aller Wissenschaften. Ist es da nicht natürlich, dass Bhagavan seine Gesundheit dafür riskiert und vielleicht sogar geopfert hat? Wir verehren ihn wie einen Gott."

Der Arzt verabschiedete sich nun von Bhagavan und ging. In diesem Augenblick kam Bijoy herein und verneigte sich vor den Füßen Sri Ramakrishnas. Er hatte eine Pilgerreise zu verschiedenen heiligen Orten gemacht. Mahima sagte zu ihm: „Herr, du kommst soeben von einer Pilgerreise zurück. Du hast viele Dinge gesehen. Bitte erzähle uns davon."

Pilgerreisen sind nutzlos.

Bijoy: "Was soll ich sagen? Ich weiß jetzt, dass ich hier alles finde. Auf Pilgerreise zu gehen ist nutzlos. Es gibt einige Orte, wo du ein Sechzehntel oder höchstens ein Viertel von dem vorfindest, was du hier siehst. In Bhagavan finde ich alles. Ich habe keinen gefunden, der mehr besitzt als unser Bhagavan."

Ramakrishna (zu Vivekananda): "Sieh nur, welch wundervolle Wandlung sich in Bijoy vollzogen hat. Sein Charakter ist völlig anders geworden, als sei die Milch gekocht und eingedickt worden. Wenn ich den Hals und die Stirn sehen, kann ich den Zustand eines Paramahamsa [einer vollkommenen Seele] erkennen."

Mahima (zu Bijoy): "Herr, du isst nur sehr wenig, nicht wahr?"

Bijoy: "Ja, ich glaube, dass ich das tue."

(Zu Ramakrishna): "Verehrter Herr, ich habe von deiner Krankheit gehört und bin gekommen, um dich zu sehen."

Ramakrishna: "Was?"

Bijoy schwieg eine Weile und sagte dann: „Keiner kann deine Vollkommenheit verstehen, bis du es ihm ermöglichst."

Ramakrishna: "Kedar sagte zu mir, dass er hungerte, als er anderswohin ging, aber dass er hier immer reichlich zu essen gehabt hat."

Bijoy (vor Ramakrishna in die Hände klatschend): „Herr, ich erkenne dich jetzt. Ich verstehe deine Herrlichkeit. Du brauchst mir nichts darüber zu sagen."

Daraufhin ging Ramakrishna in Samadhi ein. Als er zurückkam, sagte er: „Wenn das so ist, dann soll es so sein."

Bijoy: "Ja, Herr, jetzt erkenne ich dich."

Als er das gesagt hatte, verneigte er sich vor Ramakrishna und drückte die Füße des Herrn an seine Brust. Bhagavan Sri Ramakrishna, der erneut jedes Sinnesbewusstsein verlor, ging ins Gottesbewusstsein ein und war bewegungslos wie eine gemeißelte Figur. Bei diesem wundervollen Anblick vergossen einige Verehrer Tränen der Freude und des Glücks, während andere hinknieten und zu Bhagavan zu beten begannen.

Jeder richtete seine Augen auf Sri Ramakrishna und erkannte in ihm sein Ideal, dem innersten Empfinden seines Herzens entsprechend. Einige sahen in ihm den vollkommenen Verehrer, während andere ihn als die göttliche Inkarnation in Menschengestalt erkannten. Mahima sang mit Freudentränen in den Augen: „Sieh, sieh, die Verkörperung der göttlichen Liebe!" Und nach einigen Minuten rief er, als würde er in Ramakrishna einen Blick auf das absolute Brahman erhaschen: „Unendliche Existenz, Intelligenz und Liebe, jenseits von Einheit und Verschiedenheit!"

Der Avatar

Nachdem Bhagavan Ramakrishna lange in diesem Zustand geblieben war, kam er erneut auf die menschliche Ebene hinunter und sagte: „Gott inkarniert sich in menschlicher Gestalt. Es stimmt, dass Er überall wohnt, in allen Lebewesen, aber die Wünsche der menschlichen Seele können nicht erfüllt werden, außer durch einen Avatar oder eine göttliche Inkarnation. Der Mensch sehnt sich danach, Ihn zu sehen, Ihn zu berühren, bei Ihm zu sein und Seine göttliche Gesellschaft zu genießen. Um solche Wünsche zu erfüllen, ist die Inkarnation Gottes nötig.

Wenn ein Avatar oder eine göttliche Inkarnation herabsteigt, wissen es die meisten Leute jedoch nicht. Nur die wenigen erwählten Schüler wissen es. Kann jeder das unsichtbare, absolute Brahman, die absolute Existenz, Intelligenz und Seligkeit begreifen?"

Rama

„Als der höchste Herr sich als Rama inkarnierte, wussten es nur zwölf Weise. Die anderen Heiligen und Weisen kannten Ihn als den Prinzen von Raja Dasaratha. Aber diese zwölf Weisen beteten zu Ihm mit den Worten: „Oh Rama, Du bist die unteilbare absolute Existenz, Intelligenz und Seligkeit. Du hast Dich in dieser menschlichen Gestalt inkarniert. Durch Deine Macht der Maya erscheinst Du als Mensch, aber in Wirklichkeit bist Du der Herr des Universums.“

KAPITEL XIV: DAS GARTENHAUS IN COSSIPORE

Swami Abhedananda (Kali)

I.

Bhagavan Ramakrishna wohnte für einige Monate in einem großen, schönen Garten in Cossipore, etwa zwei Meilen nördlich von Kalkutta. Hier war er beständig von seinen geliebten Sannyasin-Schülern umgeben und von jenen Schülerinnen, die ihm besonders ergeben waren.

Die Sannyasin-Schüler waren zwölf.[113] Die meisten von ihnen waren junge Männer aus vornehmen Familien und Absolventen der Universität von Kal-

---

[113] Narendra (Vivekananda), Rakhal (Brahmananda), Niranjan (Niranjananda), Sashi (Ramakrishnananda), Sarat (Saradananda), Baburam (Premananda), Kali (Abhedananda), Jogin (Yogananda), Latoo (Adbhutananda), Gopal (Advaitananda), Tarak (Shivananda) und Subodh (Subodhananda).

kutta. Sie hatten ihr Zuhause und ihre Verwandten für ihn verlassen. Ihr einziges Lebensziel war, ihrem Meister zu dienen, dem lebenden Gott auf Erden und der göttlichen Inkarnation in Menschengestalt. Die Liebe Sri Ramakrishnas hielt ihre Herzen und Seelen gefangen. In der Tat waren diese ernsten und aufrichtigen Schüler die Pfeiler, auf denen die göttliche Manifestation seine universale Mission aufbauen sollte. Die Krankheit, die Bhagavan auf seine physische Gestalt genommen hatte, war das Mittel, mit dem er seine Geliebten um sich versammelte und ihnen die Gelegenheit gab, ihren göttlichen Meister zu pflegen und ihm aufzuwarten. Sie opferten ihre persönliche Bequemlichkeit auf dem Altar wahrer Hingabe und dienten ihrem Herrn mit ganzem Herzen und ganzer Seele Tag für Tag und Nacht für Nacht. Ihre Hingabe war einmalig und ohnegleichen in der religiösen Geschichte des modernen Indien. Es waren diese jungen Schüler, die später die weltberühmten Swamis des Ramakrishna-Ordens wurden. Es gab auch Laienschüler wie Suresh, Balaram, Girish, Ram, Mahendra und andere, die häufig Ramakrishna besuchten und ihm dienten, indem sie den Haushalt mit allem Nötigen versorgten.

II.

Ramakrishna bewohnte das große Zimmer auf der zweiten Etage dieses schönen Hauses, das inmitten des geräumigen Gartens lag. Er saß auf seinem Bett, das auf dem Boden ausgebreitet war, und wurde von seinen Sannyasin- und Laien-Schülern umrundet. Es kam zu einem Gespräch über Sannyas (Entsagung) und das Leben eines Familienvaters. Girish fragte: „Bhagavan, was ist richtig – der Welt zu entsagen, um weltliche Sorgen und Leiden zu vermeiden, oder Gott zu verehren, indem man mit seiner eigenen Familie lebt?"

In der Welt leben oder ihr entsagen

Bhagavan bezog sich auf die Lehre der Bhagavad Gita und sagte: „Wer mit seiner Familie lebt, aber nicht an den Verwandten und den Dingen der Welt haftet, wer seine Pflichten erfüllt, ohne ein Verlangen nach den Ergebnissen seiner Arbeit, erlangt Gott auf dieselbe Weise wie einer, der der Welt entsagt hat, nachdem er erkannt hat, dass irdische Beziehungen und Gegenstände vergänglich und unwirklich sind. Jene, die der Welt nur entsagen, um weltliche Sorgen und Leiden zu vermeiden, gehören der untersten Klasse der

Sannyasins an. Wer Gott erlangt hat und in der Welt lebt, ist wie der Mann, der in einem Kristallpalast lebt und alles, was außerhalb wie auch innerhalb des Palastes ist, sieht."

Gartenhaus in Cossipore

Girish: "Bhagavan, warum kommt der Geist auf die Welt zurück, nachdem er eine sehr hohe Ebene erreicht hat?"

Die Unbeständigkeit des Geistes

Bhagavan: "Das ist für den Geist dessen, der in der Welt lebt, natürlich. Manchmal ist er auf einer hohen Ebene und manchmal auf einer niederen. Manchmal gibt es einen großen Aufruhr religiöser Gefühle, dann wieder legen sie sich, weil die Anziehungskraft von Lust und Reichtum sehr stark ist. Ein Verehrer, der in der Welt lebt, mag über Gott meditieren und Seinen heiligen Namen wiederholen, aber dann wird sein Geist wieder von der Kraft der Lust und des Reichtums angezogen wie eine Fliege, die sich manchmal auf die köstlichste Süßigkeit setzt und manchmal den Geschmack von Dreck oder einem verfaulten Kadaver genießt."

Ein wahrer Sannyasin

„Bei denen, die der Welt entsagt haben, ist das jedoch anders. Sie haben ihren Geist völlig von Lust und Reichtum losgelöst und ihn fest auf das Höchste gerichtet. Sie trinken beständig den Nektar göttlicher Liebe. Der Geist eines wahren Sannyasin kümmert sich um nichts weiter als um das Höchste. Er verlässt den Ort, wo weltliche Gespräche überwiegen. Er hört nur den Reden über die höchste spirituelle Wahrheit zu. Ein wahrer Sannyasin spricht nicht über weltliche Angelegenheiten. Er sagt kein Wort, das nicht vom spirituellen Ideal handelt. Eine Biene setzt sich nur auf Blüten, um den Honig zu trinken. Sie kümmert sich um nichts anderes."

Dann bezog sich Ramakrishna auf Rakhal (Swami Brahmananda), der eine Frau und ein Kind hatte, bevor er der Welt entsagte, und sagte: „Rakhal und andere wie er haben jetzt verstanden, was gut und was schlecht, was wirklich und was unwirklich ist. Sie haben erkannt, dass die irdischen Beziehungen vergänglich und kurzlebig sind. Sie werden nie wieder an der Welt haften. Sie sind wie Aale, die im Schlamm wohnen, aber von ihm unberührt bleiben."

Girish: "Ich verstehen das alles nicht. Du hast die Kraft, jeden unabhängig von der Welt und frei von Bindung zu machen. Du hast die Kraft, jeden vollkommen zu machen, sei er ein Sannyasin oder ein Familienvater. Wenn der malayische Wind weht, kann er alle Bäume in Sandelholzbäume verwandeln."

Die Würdigen werden vollkommen werden.

Bhagavan: "Aber Bäume wie der Bananenbaum oder der Baumwollstrauch werden nicht in Sandelholz verwandelt. So werden jene, die würdig sind, vollkommen werden. Weltlichkeit bedeutet Anhaftung an Lust und Reichtum. Viele weltlichen Leute betrachten den Reichtum als ihr Herzblut. Aber wenn du dich zu sehr um den Wohlstand kümmerst, wirst du vielleicht eines Tages nichts mehr davon besitzen.

In unserem Land errichten die Bauern Dämme aus Erde um ihre Felder. Bei jenen, die keinen Durchgang fürs Wasser offenlassen und die sich zu sehr um ihre Dämme kümmern, werden sie zuerst von den starken Wasserströmen weggespült. Aber in den Feldern jener, die eine Seite offenlassen, wird alles Mögliche angeschwemmt, und sie sind schließlich fruchtbarer. Jene, die ihre Reichtümer für den Dienst für den Herrn und die heiligen Weisen verwenden, nutzen sie am besten. Jene ernten gute Früchte von ihrem Reichtum, die ihn freimütig für die Armen und Bedürftigen und zum Wohl der Menschheit verwenden."

Bhagavan fuhr fort: "Ich kann nichts gebrauchen, was ich von Ärzten und Heilkundlern erhalte, die von den schmerzhaften Krankheiten anderer Leute leben. Doch bei den Ärzten, die freundlich, wohltätig und selbstlos sind, ist es anders."

III.

Er lehrte seinen Schülern Entsagung.

Um den Stolz und Egoismus seiner Schüler zu vernichten, sagte Sri Ramakrishna ihnen, sie sollten das nahtlose ockerfarbene Gewand des Sannyasin anlegen und die Bettelschale nehmen. Da er selbst ein vollkommener Sannyasin war, wollte er gern sehen, dass seine Schüler ihm auf dem Weg der Entsagung folgten. Bei verschiedenen Gelegenheiten sandte er sie aus, um Nahrung von Tür zu Tür zu erbetteln, wie Buddha und Sankara es mit ihren Schülern getan haben.

Eines Morgens rief er einige seiner Geliebten herbei – Narendra, Sarat, Jogen, Niranjan, Kali – und bat sie, mit der Bettelschale des Sannyasin für ihn ungekochtes Essen zu erbetteln. Das war für den Kastenstolz und auch für den Selbstrespekt der jungen Schüler in der Tat ein schwerer Schlag. Doch sie gehorchten dem Wunsch des Meisters, nahmen die Bettelschale in die Hand, gingen in der Nachbarschaft von Tür zu Tür, sammelten verschiedene Nahrungsmittel, brachten sie zu ihrem Meister und legten sie zu seinen heiligen Füßen nieder. Bhagavan Ramakrishna segnete sie und freute sich über ihre aufrichtige und ernste Hingabe. Auf diese Weise führte Bhagavan seine Schüler in das Leben völliger Entsagung ein.

IV.

Die Bedeutung seiner Krankheit

Eines Abends kümmerten sich seine treuen Diener Sashi (Ramakrishnananda) und Kali (Abhedananda) um Sri Ramakrishna und warteten ihm auf.

Bhagavan sagte: „Die Krankheit meines Körpers kommt von den Sünden derer, die kommen und meine Füße berühren. Ich reinige die Sünder, indem ich ihre Sünden auf mich nehme und für sie leide. Er, der Rama, Krishna, Buddha, Christus und Chaitanya war, ist jetzt Ramakrishna geworden. Gesegnet sind jene, die diese Wahrheit kennen. Meine Göttliche Mutter hat mir gezeigt, dass das Foto dieses Körpers auf den Altären stehen und in verschiedenen Häusern wie die Bilder anderer Avatare verehrt werden wird. Meine Göttliche Mutter hat mir auch gezeigt, dass ich zurückkommen muss und dass meine nächste Inkarnation im Westen sein wird."

V.

Narendra (Vivekananda) sehnte sich sehr nach der Erkenntnis des absoluten Brahman. Eines Tages sagte Bhagavan Ramakrishna in der Gegenwart anderer Schüler zu Narendra: „Ich habe den Schlüssel der Truhe, die die Schätze der höchsten Erkenntnis enthält. Ich werde diese Truhe nicht aufschließen, bevor du mein Werk vollendet hast, von dem ich wünsche, dass du es tust."

VI.

Heilung seiner Krankheit

Pandit Sashadhar kam eines Tages, um Bhagavan Ramakrishna die Ehre zu erweisen. Als er sah, wie krank er war, fragte er ihn: „Bhagavan, warum konzentrierst du dich nicht auf den kranken Teil und heilst dich somit selbst?"

Bhagavan antwortete: "Wie kann ich meinen Geist, den ich Gott gegeben habe, auf diesen Käfig aus Fleisch und Blut richten?"

Sashadhar sagte: "Warum betest du nicht zu deiner Göttlichen Mutter um Heilung von deiner Krankheit?"

Bhagavan antwortete: "Wenn ich an meine Mutter denke, verschwindet der physische Körper, und ich bin völlig ohne ihn. Deshalb kann ich um nichts bitten, was den Körper betrifft."

Als Sashadhar das hörte, verneigte er sich vor seinen heiligen Füßen und bat um seinen Segen.

VII.

Die Neuigkeit von Sri Ramakrishnas Krankheit verbreitete sich wie ein Lauffeuer unter denen, die ihn kannten oder von seiner göttlichen Persönlichkeit gehört hatten. Hunderte Leute kamen täglich, um ihn zu besuchen und ihm die Ehre zu erweisen. Einige kamen, um seinen Segen zu erhalten, um den Staub seiner heiligen Füße zu küssen oder um einige wenige Worte von ihm zu hören, und andere, um ihre Zweifel geklärt zu haben. Unter ihnen waren einige, die ihm mehr hingegeben waren wie Hari, Gangadhar, Sarada, Tulsi, der später dem Orden beitrat und als Turiyananda bekannt wurde, Akhandananda, Trigunatita und Nirmalananda. Bhagavan Ramakrishna empfing sie alle mit derselben Freundlichkeit und war immer bereit, ihnen zu helfen.

Seine Liebe zur Menschheit

Obwohl sein Körper schwach und erschöpft war, war sein Wunsch, der Menschheit zu helfen, dennoch so groß, dass er oft ausrief: „Ich würde zwanzigtausend Körper wie diesen hingeben, wenn ich dadurch einer einzigen Seele auf dem Weg der Rechtschaffenheit und des Gottesbewusstseins helfen könnte!"

Dr. Sarkar und andere Ärzte wiesen die Sannyasin-Schüler strikt an, keinem zu erlauben, in Bhagavans Nähe zu kommen, da er völlige Ruhe brauchte und keinerlei Aufregung haben durfte. Die Sannyasin-Schüler befolgten seinem Rat bis ins Detail und erlaubten nicht einmal den Laienschülern, in seine Nähe zu kommen oder seinen heiligen Körper zu berühren. Aber Sri Ramakrishna konnte diesen Zwang nicht ertragen. Er brach in Tränen aus, als er von dieser Einschränkung erfuhr. Sein Herz zerschmolz in göttlicher Liebe, und er erklärte, dass sein Leiden unendlich viel geringer sei als das der weltlichen Menschen, die unter der Last ihrer weltlichen Sorgen und Ängste stöhnten und keinen hatten, der sie über diese alltägliche Existenz erhob. Seine Liebe für die Menschheit war so groß, dass er sein körperliches Wohl missachtete. Er rief jeden zu sich, wie Jesus Christus all jene zu sich rief, die schwer beladen waren und sich nach Frieden und Ruhe sehnten.

Oft erklärte Bhagavan seinen geliebten Sannyasin-Kindern: „Die Göttliche Mutter wirkt durch diese Gestalt. Sie hat sie so lange erhalten, weil ihr Werk noch nicht beendet ist."

Seine Einheit mit allen

Als Bhagavan kaum sprechen und Nahrung schlucken konnte, sagte er: „Ich spreche und esse jetzt durch so viele Münder. Ich bin die Seele aller individuellen Seelen. Ich habe unendlich viele Münder, Köpfe, Hände und Füße. Meine reine Gestalt ist geistig. Sie ist sozusagen verdichtete absolute Existenz, Intelligenz und Seligkeit. Sie kennt weder Geburt noch Tod, weder Sorge, Krankheit noch Leid. Sie ist unsterblich und vollkommen.

Ich sehe das unteilbare, absolute Brahman (Sat-Chit-Ananda) sowohl in mir als auch überall um mich herum. Ihr alle seid wie Teile von mir. Das unendliche Brahman manifestiert sich durch so viele menschliche Gestalten. Menschliche Körper sind wie Kissenbezüge in verschiedenen Formen und Farben, aber die Baumwolle des inneren Geistes ist dieselbe. Wenn der Jiva (das Ego) in diesen Geist eintritt und eins mit ihm wird, gibt es weder Schmerz noch Leid.

Ich bin der unendliche Geist (Spirit), der von einer menschlichen Haut bedeckt ist, die eine Wunde irgendwo am Hals hat. Der Geist (mind) beeinflusst den Körper und wird wiederum vom Körper beeinflusst. Wenn der Körper krank ist, wirkt sich diese Krankheit auf den Geist aus. Wenn man von heißem Wasser verbrüht wird, sagt man: ‚Dieses Wasser hat mich verbrüht‘, aber in Wahrheit ist es die Hitze, die verbrüht, und nicht das Wasser. Aller Schmerz ist im Körper, alle Krankheit ist im Körper, aber der Geist (Spirit) ist über dem Schmerz und jenseits der Reichweite der Krankheit.“

Der Zweck seiner Krankheit

„Meine Krankheit soll die Menschheit lehren, wie sie über den Geist (Spirit) denken und im Gottesbewusstsein leben soll, selbst wenn es großen Schmerz im Körper gibt. Wenn der Körper an der Qual des Schmerzes und an Hunger leidet, wenn es keine Abhilfe gibt, die in der Macht des Menschen steht, selbst dann zeigt die Mutter, dass der Geist (Spirit) der Meister des Körpers ist.

Meine Krankheit soll ein Beispiel der völligen Meisterschaft des Geistes (Spirit) über die Materie in diesem Zeitalter des Materialismus und Skeptizismus setzen. Meine Göttliche Mutter hat diese Krankheit über diesen Körper gebracht, um die Skeptiker der jetzigen Zeit zu überzeugen, dass der

Atman göttlich ist, dass das Gottesbewusstsein heute so wahr und praktikabel ist wie es in der vedischen Zeit war, dass man Freiheit von allen Banden erlangt, wenn man die Vollkommenheit erreicht.

Meine Göttliche Mutter hat durch Ihr Kind gezeigt, was mit den verschiedenen Yogaarten gemeint ist und wie die Menschen dieser Zeit sie erlangen können. Sie hat auch gezeigt, dass alle Schriften wahr sind, dass alle Religionen wie Wege sind, die zum selben gemeinsamen Ziel der unendlichen Göttlichkeit führen. All meine religiösen Praktiken, Yogaübungen und hingebungsvollen Übungen waren zum Wohl der anderen und nicht zu meinem eigenen Wohl gedacht. Meine Mutter hat durch diese Gestalt ein lebendiges Beispiel in dieser Zeit gesetzt. Wer immer ein Sechzehntel von dem, was ich gesagt und getan habe, übt, wird sicherlich das Gottesbewusstsein in diesem Leben erlangen."

LITERATURVERZEICHNIS

Müller, Max: Ramakrishna: His Life and Sayings. – 1898, kostenlos im Internet unter: https://www.sacred-texts.com/hin/rls/index.htm

Ramakrishna: Leben und Gleichnis: Die Botschaft des größten indischen Heiligen. – München: Barth, 1975

Ramakrishna: Das Vermächtnis. – München: Goldmann, 1991 (Übersetzung von Kurt Friedrichs)

Satyamayi: Sri Ramakrishna: Ein Lebensbild. – Schopfheim: Heinrich Schwab Verlag, 1967

Shri Ramakrishna: Gespräche mit seinen Schülern. – Frankfurt am Main: Verlag der Weltreligionen, 2008 (Übersetzung von Martin Kämpchen)

Sri Ramakrishna: Ein Werkzeug Gottes sein: Gespräche mit seinen Schülern. – Zürich: Benziger, 1997 (Übersetzung von Martin Kämpchen)

Swami Nikhilananda: Sri Ramakrishna: Eine Biografie. – Norderstedt: BoD, 2020 (i. Vb.)

Torwesten, Hans: Ramakrishna: Ein Leben in Ekstase: Biographie. – Zürich: Benziger, 1997

Vivekananda: My Master, - 3rd ed. – New York, 1901, freies Download unter: http://www.vivekananda.net/PDFBooks/My_Master.pdf